8 YETENEĞİ

Yoga Sayesinde İçsel Huzuru Kazanmanın Yolları

Gurmukh Kaur Khalsa
Cathryn Michon

Çeviri: Güneş Tokcan

PANAMA

İNSANIN 8 YETENEĞİ
Yoga Sayesinde İçsel Huzuru Kazanmanın Yolları

Gurmukh Kaur Khalsa
Cathryn Michon

Panama Yayın No: 317

ISBN: 978-975-2444-44-7

Genel Yayın Yönetmeni
Caner Vural

Çeviri
Güneş Tokcan

Kapak Tasarımı
Leyla Çelik

Birinci Baskı: Temmuz 2017

Baskı-Cilt: Ayrıntı Matbaası
Sertifika No: 13987
Yayıncı Sertifika No: 18439

Panama Yayıncılık
Yüksel Caddesi 7A/7
Kızılay-ANKARA
Tel-Fax: (0.312) 432 14 89
www.panamayayincilik.com
info@panamayayincilik.com

Depo
Libya Caddesi 25/B
Küçükesat-ANKARA

İNSANIN 8 YETENEĞİ

Yoga Sayesinde
İçsel Huzuru Kazanmanın Yolları

Gurmukh Kaur Khalsa
Cathryn Michon

BİR DUA

Bırakın rüzgâr arkanızda olsun,
melekler sizinle dans etsin
ve bilinciniz
zafere giden yolda size rehberlik etsin.
Bırakın Melekler,
Kutsal Ruhlar,
Avatarlar ve Tanrı'nın
tüm Yeniden Doğumları
sizin için dua etsin.
Tüm insanların
huzuru ve zenginliği için
hissettiğiniz sevginin saflığında
yücelin ve her şeyi kutsayın.
Zamanın ne istediğini hatırlayın;
Zamanın ve mekânın gereksinimlerini koruyun.
Kutsal, soylu,
güzel, cömert ve
eksiksiz olursunuz.

(Yogi Bhajan)

Bu kitap, sevgili eğitmenim Yogi Bhajan'a ve onun yönetiminde bulunup beraberce bu kadim öğretileri Batı'ya, bize, altmışlı yılların arayış içindeki insanlarına ulaştıran Altın Eğitmenler Zinciri'ne; bana yaşam veren ebeveynlerime; sevgili kızım Wahe Guru Kaur'a, onun kuşağına ve sonraki beş kuşağa; son yirmi yıl içinde kapımızdan içeri girerek bu öğretilerin sonucunda değişim gösterenlere ve şu anda tüm dünyada Kundalini Yoga ve Meditasyonu'nu öğretenlere adanmıştır.

İÇİNDEKİLER

ÖNSÖZ

Bu değişen dünyada, insanlar derin bunalımlar sonucu içten içe tükenmektedirler. Bu süreci tersine çevirmek, bu çağın acil bir gereksinimidir. Trilyonlarca düşünce, milyonlarca duygu, yüz binlerce heyecan ve binlerce arzu vardı. İnsanlık bir değirmen taşında öğütülmektedir ve biz, bu acı veren değirmen taşını ters yöne çevirerek bir mutluluk kaynağına dönüştürmeliyiz, çünkü mutluluk bizim doğuştan gelen hakkımızdır. Bu çalışma bu amaca hizmet etmektedir. Tanrı, bu çalışmayı yapan herkesi kutsasın.

Yogi Bhajan

EGZERSİZ VE ÇİZİMLERİN LİSTESİ

TEŞEKKÜR

Harper Collins'ten sevgili editörüm Diane Reverand'a; bu işe gösterdikleri güven nedeniyle Jane Dystel ve ajansına; önsezisi nedeniyle Cathryn Michon'a, bu projeyi bir sona ulaştıran Tej Kaur'a, ayaklarımın yere basmasını sağlayan kocam Gurushabd Singh'e; desteği ve sevgisiyle yanımda olan Madene Stevens'a ve "Golden Bridge"te bana cesaret veren tüm öğrencilere teşekkür etmek istiyorum.

YAŞAMIMA KISA BİR BAKIŞ

İzin verirseniz, henüz beni tanımayanlara kendimi tanıtmak istiyorum. Adım Gurmukh ve neredeyse yirmi yıldır Kundalini Yoga eğitmeni olarak kutsanıyorum. Kundalini Yoga, bir zamanlar çok sıkı korunarak gizli tutulan, çok değerli ve kadim bir bilimdir. Bu yoga, herhangi birinin yaşamını iyileştirme ve daha iyiye taşıma potansiyeline sahiptir.

Sevgili eğitmenim, Yogi Bhajan'la ilk kez 1971'de, Arizona'da Tucson'da karşılaştım. Amerika Birleşik Devletleri'ne 1969'da gelişinden beri, bir Kundalini Yoga ustası olarak görevi, bu kutsal bilimi öğretecek eğitmenler yetiştirmekti. Onunla ilk kez göz göze geldiğimde şaşkınlık içinde kalmıştım. Kendimi kısaca tanıttım; insanın içine işleyen o delici bakışlarıyla bana baktı. Hemen orada, daha ilk karşılaşmamızda bana adımı, yani "Gurmukh'u" verdi; sözcük anlamı, "kutsal bilgeliğin sözlerini yaşayan, soluyan ve kalbinin derinliklerinde bu özle iletişime geçen" demektir.

O sırada bana şunu söylediğini hatırlıyorum: "Bu yola girmeseydin sana ne olabileceğini bilmiyorsun. Çok ileri gidebilirsin. Tamamen değişeceksin."

Burada yaşadığım bu deneyimin bende uyandırdığı derin minnettarlık sayesinde, hayatımı, Kundalini Yoga ve Meditasyonu aracılığıyla, başkalarının kendi ruhlarıyla bağlantıya geçmelerine yardımcı olmaya adadım. Bunun, iç dünyanızın derinliklerine inmek için tek yol olmadığını biliyorum, fakat insanları acı çekme durumundan huzura, hatta coşku duyma durumuna nasıl hızlı ve güçlü bir şekilde dönüştürdüğüne de tanık oldum.

Kocam ve kızımla beraber Los Angeles'ta yaşıyorum. Kısa bir süre önce "Golden Bridge" (Altın Köprü) adlı bir yoga merkezi açtık. Bu merkezin pek çok insana yardımcı olması ve hizmet etmesinden ötürü minnettarım.

Ben bir Sih'im. Her yıl ruhumu tazelemek için Hindistan'a giderim; bu ülkenin beni eğitmesine ve beni istediği gibi şekillendirmesine izin veririm. Ruhsal derslerimden en önemlilerinin çoğunu bu ilginç ve güzel ülkede aldım.

Hindistan'da pek çok yere gideriz, fakat çoğunlukla kuzeye, Sihler'in ruhsal barınağı olan Amritsar'daki Altın Tapınak'ı ziyaret ederiz. Dört yüz yıldan fazla bir zamandır duaların ve ilahilerin hiç eksik olmadığı bu muhteşem altın yapı büyük bir göl ile çevrilidir. Dünya üzerinde, çok yüksek bir titreşim yayan ve dünyayı bir arada tuttuğu söylenen enerji girdapları vardır. Buralarda, insanlar, dünyada barışın sağlanması için sürekli dua ederler. İşte Altın Tapınak da, her türden hayat tarzına ait insana açık dört kapısıyla, böyle yerlerden biridir.

Altın Tapınak'ta her gün, on bin insana yemek verilir ve barınma olanağı sağlanır. İnsanlar, beraberce dua edip, ilahiler söyleyip, yemek yediklerinde, dünya üzerinde de barış olacaktır.

Hindistan'da en çok sevdiğim yerlerden ikincisi ise, Kutsal Dalai Lama'nın, sürgündeki Tibetli Budistlerin arasında yaşadığı Dharamsala'dır. Kültürleri inanılmaz ölçüde naziktir. Amerika'da kimi araçların üzerinde "Tibet'e Özgürlük" (Free Tibet) yazan çıkartmalar görürseniz, bu sloganın "Sevecenlik dolu bir geleneği kurtarın!" anlamına geldiğini bilmelisiniz.

Son gezilerimden birinde, Tanrı bana asla unutamayacağım bir armağan verdi. Şehrin, toprak ana caddesinde yürüyordum. Bir köşeyi döndüğümde, yolun her iki yanında da insanların toplanmış olduklarını gördüm. Rahibeler, keşişler, Tibetli çocuklar, esnaftan pek çok insan vardı. Sanki bir festival için toplanmışlardı. Hintliler patlamış mısır satıyorlardı, sanki şehirdeki herkes oradaydı.

Dalai Lama'nın arabasının geçmesini bekliyorlardı. Delhi'ye gitmek için tapınaktan ve evinden ayrılmıştı, oradan da İsrail' e ve sonra da Afrika'ya uçacaktı. Hepimiz bekliyorduk. Çevrede küçük köpek yavruları dolanıyordu. Güvenlik görevlileri yolu açık tutmaya çalışıyordu. Ben de, bir rahibe ile bir keşiş arasında sıkışıp kalmıştım. Yol boyunca çocuklar oyun oynuyorlardı. Bir eşek sürüsü, tapınağa granit taşıyordu. Kalabalığın içinde yer yer yabancılar görünüyordu. Ne zaman bir araba yaklaşsa, onun geldiğini sanıyorduk.

Sonunda, o an geldi. Tepenin eteğinden aşağıya doğru, altın renkli araba, önünde ve arkasında güvenlik cipleri ile birlikte yaklaştı. Arabası bize doğru yaklaşırken, ellerini alnında birleştirmiş ve gülümseyerek eğilen Kutsal Dalai Lama ile bir an için göz göze geldim.

İşte o anda bir şey oldu. Sanki, zaman durdu. Her şey eridi; renkler birbirine karıştı, hiçbir şey hareket etmedi. Arabası yavaşça geçip giderken sessiz bir "Ah" duydum, varolan her şeyin ta özünde yankılanan bir sesti ve bir an için her şey *Bir* oldu. O anda, tek ve yüce bir ruhtan yayılan sıcaklık ve aydınlık beni fazlasıyla şaşırtmıştı. Bu kutsal insandaki aydınlık hepimizi tamamen kaplamıştı.

Bu harika *Bir* olma duygusunu hayatımda sadece birkaç kez yaşadım. Kızım dünyaya geldiğinde de aynı duyguya kapılmıştım. O gün, Dharamsala'da duyduğum *Bir Olma* duygusu sadece bir an sürdü. Dalai Lama, yoldan yukarı doğru ilerleyerek gözden kayboldu. Renkler ayrışıp belirginleşti, zaman tekrar ilerlemeye başladı ve geri geldik fakat hepimiz bir şekilde değişmiştik. Bu alçakgönüllü insan, bir insanın sahip olabileceği ve tam anlamıyla geliştirilmiş aydınlık hakkında bir deneyim yaşamamızı sağlamıştı.

Bu kitap, bir esin kaynağı olabilir ve suyun yüzeyinde çıkardığı dalgacıklar, diğer insanların yaşamlarına daha fazla neşe ve gelişimin gelmesine küçük bir parça katkıda bulunabilirse, bu benim için büyük bir ayrıcalık ve onur olacaktır. Sat Nam.

Gurmukh Kaur Khalsa

GİRİŞ

Bir gün, biri bana, Kundalini Yoga ve Meditasyonu'na başlamadan önce ne yaptığımı sordu. Bir an için ona gözlerimi dikip baktım, bunu kabalık olsun diye yapmamıştım, gerçekten de hatırlamıyordum. Şimdi, çok farklı bir insanım. Yoga ve meditasyon yolunu izlerken, hücresel düzeyde iyileşip geliştiğime ve ruhumda bir gezi yaparak kendi gerçeğimle bağlantıya geçtiğime inanıyorum. Bunu yaparak, başka insanlara hizmet etmiş oldum. Tüm bunlar, Kundalini Yoga ve Meditasyonu adlı inanılmaz derecede derin ve şifa verici bilim sayesinde oldu. Bu hayattaki amacımın bir bölümünün, öğrendiklerimi başka insanlara da aktarmak olduğuna inanıyorum.

Yoga ve meditasyon çalışmaktan ötürü oluşan mucizeler konusunda fazlasıyla şevkliyim. **Meditasyon yapmayı öğrenmek, anlamayı arzuladığınız her şeyi hayatınızın içine sokacaktır.**

Yaşadığınız hayat değil, bu hayata kattığınız cesaret önemlidir.

Hayatta herkese olduğu gibi, karşıma meydan okumalar çıktığında, kendimi iyileştirmek için kullanabileceğim araçlara sahibim. Bunlardan bazıları çok basittir ve sadece birkaç dakikamı alır.

Yoga, kişisel gelişimle değil, kendini kabul etmeyle ilgilidir.

Gittikçe daha fazla sayıda insan yoga ve meditasyona ilgi göstermeye başladı ve bu beni hiç şaşırtmadı. Yoga yapmanın, "kişisel gelişimle" ilgili çılgınlıklardan biri olmadığını anlamak çok önemlidir. Bu, bir *kendini kabullenme* çalışmasıdır ki, bu da çok farklı bir şeydir. Gerekli olan, "onarılmanız" değil, sadece ne kadar harika ve mükemmel olduğunuz kavramıyla bağlantıya geçmenizdir. Yoga, sizin gerçekte kim olduğunuzu hatırlamanız ile ilgilidir. İşte bu nedenle, en basit düzeyde yapsanız bile yoga yapmak, tıpkı benimkini değiştirdiği gibi, sizin hayatınızı da değiştirebilir. Mutluluk, doğuştan gelen bir haktır. İnsan olma deneyimi yaşayan ruhsal bir varlık olarak doğdunuz.

Kundalini Yoga'daki en büyük meydan okuma genellikle egzersizin kendisi değil. kişinin kendisini Yoga yapmaya ikna etmesidir. Hayatımın büyük bir bölümünde yoga öğretmiş olmam gerçeği, en çok ihtiyaç duyduğum anda yoga yapmayı hatırlayacağım anlamına gelmez. Bazen, dikkatimi tekrar yoğunlaştırmam gerektiğini ve kendimi daha iyi hissetmek için bir şeyler yapmamın üç, beş dakikadan fazla sürmeyeceğini bilirim, fakat yine de olumsuz zihnim savaşı kazanır. Bezen kendimi yoga yapmaya ikna etmek, deneyebileceğim en ileri düzey yoga hareketinden bile daha zordur.

Acı, güvenebileceğimiz bir seçimdir. Acı, anlaşılmaz değildir, o her zaman bizim için oradadır.

Eğer mutluluğa, şifa bulmaya, değişime doğru bir adım atabilirsek mucizeler gerçekleşmeye başlar. Bu kitapta anlatılan Kundalini Yoga ve Meditasyonu, mutluluğa giden o küçük adımları atmanın bir yoludur.

Bu kitapta anlatılanlardan birini bile deneseniz -bir soluma egzersizini, bir esnetmeyi, bir meditasyonu- bir yerlerde benim sizin için yüksek sesle tezahürat yaptığımı bilin, çünkü bu ilk adımı atmanın en zor yapılan şey olduğunu ve sadece bunu yaparken bile kendi adınıza olağanüstü bir zafer kazandığınızı biliyorum.

MANTRALAR: NASIL İŞE YARARLAR?

Kundalini Yoga'da, genellikle bize, yüksek sesle ilahi söylerken ya da sessizce meditasyon yaparken "mantra" denilen bir hareket ya da bir soluma tarzı eşlik eder. Mantralar, bilincimizde bir değişiklik yaratmak için tekrar tekrar, hiç durmadan yinelediğimiz seslerdir.

İlahi söylemek size ilk başta biraz garip görünebilir, fakat şifa bulmak için güçlü bir araçtır. İnsanlar sık sık bana, belirli bir meditasyon sırasında belirli bir ilahiyi söylemenin ne amaca hizmet ettiğini sorarlar. Sözcükler sadece sözcük olmaktan ileri gelen anlamları nedeniyle değil, tam bir açıklamayı aşan bilimsel bir nedenden ötürü seçilmişlerdir. Kullandığımız tüm mantraların kökeni "Naad" bilimine, yani seslerde saklı olan sırlara dayanmaktadır.

Ağzımızın üst damağı boyunca sıralanmış, seksen dört meridyen noktası vardır. Mantralar bize verilmiş özel armağanlardır. Uzun zaman önce, son derece gelişmiş insanlar, derin bir meditasyon durumuna girdiklerinde, dillerinin ağızdaki bu meridyen noktalarına belirli düzenlerde değmesini sağlayan bazı sesler çıkarıyorlardı. Bu, tıpkı piyano çalmaya benzemektedir; nasıl belirli notalara vurularak çok güzel bir şarkı besteleyebiliyorsak, söylediğimiz her sözle ya da bu durumda, söylediğimiz her mantra ile belirli "anahtarlara" dokunmuş oluruz. Doğru anahtar dizisine vurulursa, beyindeki hipotalamus, talamus ve hipofiz bezi, zihnimizi meditasyon durumuna, hatta kendinden geçme (vecd) aşamasına getirecek şekilde uyarılmış olur. Uyuşturucular olmadan böyle bir dünya yaratabilsek nasıl olurdu bir düşünsenize.

İşte bu nedenle, insanların dedikodu yaptıkları, sürekli sövdükleri ya da genel olarak "alçak titreşimli" konuşmalar yaptıkları bir odaya girdiğinizde odanın içinde bunaltıcı ve ağır bir hava olur. Şarkıların söylendiği ve insanın moralini yükseltici türde konuşmaların yapıldığı bir odaya girdiğinizde ise, odanın içerisinde bir hafiflik ve huzur hissedersiniz. Deneyimlediğiniz şeyin, Naad bilimi ile fazlasıyla ilgisi vardır.

Mantralar, bu kadim kişiler tarafından belirlenmiş birkaç küçük sözcük içinde huzur verici titreşimler vermeleri nedeniyle seçilmiştir. Onları söylediğimizde beynin kimyasal dengesini değiştiren, beyindeki bazı parçaları uyarırız. Bu değişime uğramış kimyasal birleşim, zihnimizde daha rahatlamış ve genişlemiş bir bilinçlilik durumunun oluşmasını sağlar.

"Gelecekte, günümüzde ortaya çıkan ve giderek artan zihinsel rahatsızlıklar, ilaçlar yoluyla iyileştirilemeyecek. O zaman, Naad Yoga'da kullanılan ilahi söyleme çalışması en etkili yöntem olacak. Bu, size dengeli bir durum sağlayacak."

Yogi Bhajan

Kundalini Yoga'da kullandığımız en güçlü mantralardan biri, "Ben gerçeğim" anlamına gelen Sat Nam'dır. Bu güzel, saf ses, Latincedeki Amen'e çok benzer. Her yoga dersini uzun, çınlayan bir "Sat Nam" ile bitiririz.

Hepimiz tüm gün boyunca, sürekli olarak, yüksek sesle ya da sessizce çeşitli mantralar kullanırız; bunlar, "Bu zor", "Yorgunum", "Ne yapacağımı bilmiyorum", "Bu bir daha asla olmayacak", "Bunaldım", "Yeterince zaman yok" ya da "Yeterince para yok" gibi cümleler olabilir.

Tekrarlama yoluyla gerçekliğimizin birer parçası olduklarını fark etmeyiz bile. Konuştuğumuz şekilde davranır, düşündüğümüz şekilde yaşarız. Eğer mantranız "Bunaldım" ise bunalırsınız veya mantranız "Bu bir daha asla olmayacak" ise o şey bir daha asla olmaz. Başlangıçta söz vardı ve söz, Tanrı idi. Tanrı için kullandığımız sözcükler kendimiz ve diğer insanlar için son derece güçlüdür.

MUDRA'LAR: SİHİRLİ EL HAREKETLERİ

Kundalini Yoga ve Meditasyonu'nda bazen, mantralarla birlikte "mudra"lar da kullanırız. Bu özel el hareketleri, bedene enerji kazandırmak için tasarlanmıştır; mantralar ve gözlerdeki toplanma noktaları ile birlikte kullanıldıklarında beynimize bazı mesajlar gönderirler. Varoluşumuzda, sakin ve meditatif durumlar yaratmaya yardımcı olurlar.

ÇAKRALAR

Bu kitabın amacı, kendi çakra merkezlerimizin farkında olma konusunda size yardımcı olmak ve Kundalini Yoga ve Meditasyonu'nun engin bilgisine adım atmanızı sağlayarak hayatınızı zenginleştirmektir.

"Büyük bir bilgiye sahip insanlar, bu çakralar ile ilgili her şeyi ortaya çıkarmışlardır; işleyişlerini, bedenimizde nasıl çiçek açtıklarını, seslerini, sonsuzluklarını, kendi aralarındaki ilişkileri, göçlerini açıklamışlardır. Çakraların ne olduklarını ve bir insanın hayatının, tamamen bu çakralara dayandığını

bulmuşlardır. Bunu geliştirip, bir bilime dönüştürmüşlerdir. Bu bilim de Kundalini Yoga'yı meydana getirmiştir. Kundalini Yoga işte böyle doğmuştur."

Yogi Bhajan

Çakra, Sanskritçe "tekerlek" anlamına gelen bir sözcüktür. Çakralarınızın her birinin sağlığınız, mutluluğunuz ve refahınız için önemli ve özel bir enerjiyi yayarak dönen girdaplar olduklarını düşünün. Bu sekiz enerji merkezi bu bölümün sonundaki resimde gösterildiği gibi, omurganızın dibinde başlar ve yukarıya, başınızın tepe noktasına dek çıkar.

"Evrenin enerjisi sizindir. Bu, sizin doğuştan gelen hakkınızdır. Onu istemeniz yeterlidir."

Yogi Bhajan

Bu merkezler, ilk üç çakrayı ifade eden "alt üçgen" ve "üst üçgen" diye ikiye ayrılırlar. Ortada, göbek deliğinde birleşirler. Sekizinci çakra olan "aura", tüm bedensel yapınızı saran bir kabarcık gibidir ve varoluşunuzun bir bütün halindeki en yüksek noktası ya da yansımasıdır.

Çakralar, tek bir özellik ya da duygudan daha fazlasını yansıtmalarından ötürü karmaşıktırlar. İşlevlerini anlamanıza yardımcı olmak için bu kitapta, bedenimizdeki bir yeteneği ve bir gölge duyguyu vererek her çakranın özünü aktardım.

İnsan bedenindeki bu sekiz yetenek, insanoğlunu yeryüzündeki tüm diğer hayvanlardan farklı kılan armağanlardır.

"Yetenek sizi her yere götürür. Yeteneğin yaratamayacağı hiçbir şey yoktur. Yeteneğin ulaşamayacağı hiçbir yer yoktur. Size her konumu, her yeri verir. Yetenek, bilinçliliğinizi ve sezgilerinizi kullandığınız sonsuzluğun aracıdır."

Yogi Bhajan

Her çakra, açık olduğunda ve en üst düzeyde bir yoğunlukla titreştiğinde hayatımızı iyileştirmek için kazanabileceğimiz özel bir yetenek, bir armağan ya da bir beceri ile bağlantılıdır. Her biri geleneksel olarak bir renkle ilişkilidir.

Bazen, olumsuz bir duygusal durum, psikolojik bir sorun, belirli bir çakra ile ilgili görülür. Bunlar çok kalıplaşmış ilişkiler değillerdir, çünkü duygular birbirlerini örtme ve birbirlerine karışma eğilimi gösterirler. Bu nedenle, konuyu basitleştirmek için çakraları "gölge duygular" ile bağladım ve kişinin, insan ruhunun daha karanlık tarafı ile başa çıkmasına yardımcı olacak yoga araçlarını anlattım.

"Sorunlarınızı çözmeyin, onları çözündürün, böylece bir daha ortaya çıkmazlar."

Yogi Bhajan

Bu harika çakralar, insanları yeryüzündeki tüm diğer hayvanlardan farklı kılmaktadır. Sundukları gücü onurlandırmaya ve yetenekleri geliştirmeye başladığımızda, birey ve tür olarak da iyileşmeye, şifa bulmaya başlarız.

Eğitmenim Yogi Bhajan, bana çakraları, bir aracın vitesleri olarak düşünmeyi öğretmişti; her biri de gitmek istediğimiz yere ulaşmamız için gerekli ve yararlıdırlar. Kundalini Yoga'yı, "farkındalık yogası" diye adlandırırız, çünkü size, içinizde bulunan enerjinin nasıl farkına varacağınızı ve sonra da gerek duyduğunuzda nasıl yumuşakça "vites" değiştireceğinizi öğretir.

> **"Hayatta başarılı olmak, çevrenizde olup biten olaylarla başedebilmek için, nasıl vites değiştireceğinizi öğrenmelisiniz. Eğer kendi vitesinizi nasıl değiştireceğiniz üzerinde bir denetiminiz olmazsa kim olursanız olun, hayat sizin için bir felaket haline gelecektir. Kendi enerjinizi nasıl denetleyeceğinizi öğrenmelisiniz.**
>
> **Kundalini Yoga gerçekte budur. Size, vites kutusunu, gaz pedalını ve vitesleri denetiminiz altına almayı öğretir."**
>
> **Yogi Bhajan**

Meydan okuma durumu, çoğumuz için bir ya da iki viteste takılıp kalmamız, hep onları kullanmamız demektir. Güç düzeyini değiştirmeyi beceremiyoruz. Bir otoyolda sadece birinci viteste gitmeye ya da bir tepeyi dördüncü viteste çıkmaya çalıştığınızı düşünün. Oldukça zor değil mi? Fakat çoğumuzun her zaman yaptığı da budur.

Bir çakranın dengesi bozulduğunda, enerjisinin yayılması engellendiğinde ve doğasında var olan yeteneği ihmal ettiğimizde, rahatsızlık yaşayabilir, hasta olabiliriz. Öğrenci yetiştirdiğim otuz yıl boyunca, insanların bedenlerine nasıl davrandıklarının, duygusal ve ruhsal "tıkanıklıkların" bedenlerinde nasıl ortaya çıktığının gayet iyi farkına vardım. Artık, insanlara bakıp, kalplerini diğer insanlara açmada zorluklar yaşayıp yaşamadıklarını ya da kendilerinden söz etmenin onlara zor gelip gelmediğini anlayabiliyorum.

Bu kitap, bedensel, zihinsel ve ruhsal düzeyde basit meditasyon ve yoga teknikleri kullanarak, bedenimizdeki sekiz yetenek hakkındaki farkındalığınızı artırmanıza yardımcı olacaktır. Asıl inanılmaz olan ise, bu basit araçların, meditasyon ve çalışmaların günde sadece üç dakika kadar bir süre almasıdır!

Aşağıdaki tablo, size çakra sistemi hakkında genel bir bilgi verecektir:

BİRİNCİ ÇAKRA - Bedende bulunduğu bölge: Boşaltım organları

YETENEK: Kabullenme

RENK: Kırmızı

GÖLGE DUYGU(LAR): Kızma, gücenme, sertlik

ELEMENT: Yer

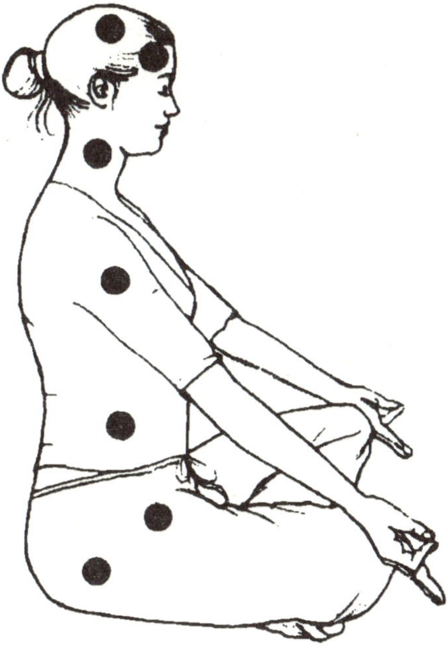

İKİNCİ ÇAKRA - Bedende bulunduğu bölge: Cinsel organlar

YETENEK: Yaratıcılık

RENK: Portakal rengi

GÖLGE DUYGU(LAR): Aşırı uçlara gitme, suçluluk

ELEMENT: Su

ÜÇÜNCÜ ÇAKRA – Bedende bulunduğu bölge: Göbek deliği

YETENEK: Kararlılık

RENK: Sarı

GÖLGE DUYGU(LAR): Öfke, açgözlülük, hırs

ELEMENT: Ateş

DÖRDÜNCÜ ÇAKRA - Bedende bulunduğu bölge: Kalp merkezi

YETENEK: Sevecenlik, şefkat

RENK: Yeşil

GÖLGE DUYGU(LAR): Korku, bağımlılık

ELEMENT: Hava

BEŞİNCİ ÇAKRA - Bedende bulunduğu bölge: Gırtlak

YETENEK: Doğruluk

RENK: Mavi

GÖLGE DUYGU(LAR): İnkar, yalanlama, sertlik

ELEMENT: Eter

ALTINCI ÇAKRA - Bedende bulunduğu bölge: Üçüncü göz noktası

YETENEK: Sezgi gücü

RENK: Çivit mavisi

GÖLGE DUYGU(LAR): Zihinsel karmaşa, bunalım

ELEMENT: Yok

YEDİNCİ ÇAKRA - Bedende bulunduğu bölge: Başın tepe noktası

YETENEK: Sınırlandırılmamış olmak

RENK: Mor

GÖLGE DUYGU(LAR): Acı, ıstırap, keder

ELEMENT: Yok

SEKİZİNCİ ÇAKRA - Bedende bulunduğu bölge: Elektromanyetik alan (Aura)

YETENEK: Parlaklık, aydınlık

RENK: Beyaz

GÖLGE DUYGU(LAR): Yok

ELEMENT: Yok

İlk beş çakranın, yeryüzünde bulunan bir element -toprak, su, ateş, hava ve eter- ile ilgili olduğunu fark etmişsinizdir. Pek çok insan ilk dört elementi bilse de, "eter" sözcüğüne yabancı olabilir. Eter, eskilere göre dünya atmosferinin ötesinde bulunan ince, göksel bir enerjidir. Çakralar boyunca ilerleyip, daha yüksek zihinsel ve ruhsal diyarlara doğru yükseldikçe, bu çakralarla ilgili elementler dünyasal olmaktan çıkar.

Şehvet, öfke, hırs, gurur ve bağımlılık, çakra diye adlandırılan bedenimizdeki sekiz enerji merkezinde meydana gelen dengesizlikten kaynaklanan insana ait özelliklerdir. Bu dengesizlikler kalıcı duruma geldiklerinde, genellikle zihinsel ve bedensel sorunlar yaşarız.

İnsanlar, bana sık sık, belirli bir çakrada meydana gelen ve bedensel bir hastalık olarak kendini belli eden duygusal tıkanıklıklarla gelirler. Belirli duygu ve yeteneklerin bedenimizde belirli bölgelerde bulundukları düşüncesi yeni değildir, fakat bazı insanların bu konuda aşırıya kaçtıklarını ve ne zaman hasta olsalar bunun bir şekilde kendi hataları olduğuna inandıklarını düşünüyorum. Bu tutum, olaya olumsuz bir şekilde bakmak demektir; bedenimizi ve ruhumuzu iyileştirmede yarardan çok zarar getirir. Hasta olmak sizin suçunuz değildir. Hastalanmak, hayat deneyiminin bir parçasıdır ve herkes bu deneyimden geçer. Bu, ölümlü olmak demektir.

Zihninizi, bedeninizi ve ruhunuzu iyileştirmede etkin ve olumlu bir rol oynayabilirsiniz.

Bedeninizi, Tanrı'nın size verdiği mükemmel bir armağan olarak görün, çünkü bilinçlilik yoluna, bedenimizi sevmek ve takdir etmekle başlarız. İnsan ırkının en büyük sekiz yeteneği, sekiz çakrada, bedendeki sekiz ana güç bölgesinde bulunmaktadır. Bu sekiz yetenek, Tanrı'nın bizi yeryüzündeki tüm diğer canlılardan farklı kılan armağanıdır. Mutlu olmak, doğuştan gelen bir hakkınızdır. Bu sekiz yeteneğin kullanılması ve geliştirilmesi, Tanrı'nın sizin için istediği mutluluk kapısını açan anahtarlardır.

Mutluluk doğuştan gelen hakkınızdır.

Bedenimiz, Tanrı'nın bize armağanıdır. Burada olmak için ona ihtiyacımız vardır. Çünkü, bedenimizi sevmek ve takdir ederek bilinçlilik yoluna gireriz. Mutluluk doğuştan gelen hakkınızdır. Tüm çakralarımızı açmak ya da dengelemek, mutluluk kapısını açan anahtarlardır.

"Hayatımızın gerçek amacı mutluluktur, hayatımızın gerçekte gittiği yön mutluluğa doğrudur."

Dalai Lama

Bu sekiz enerji merkezini, içerdikleri yetenekleri günlük hayatımızda kullanmak için mükemmel bir şekilde dengelemek neredeyse olanaksızdır. Fakat endişelenmeyin, hedefimiz mükemmellik değildir. Amaç, her çakradan yayılan enerjinin farkına varmak ve gerek duyduğumuzda onu çağırabilmektir. Diyelim ki, bir toplantıda bir sunum yapmak için davet edildiniz. Düşüncelerinizi açıkça aktarabilmek için, gırtlağınızda bulunan beşinci çakra ve sunuşunuza özel bir vurgu ve kararlılık havası vermek için üçüncü çakra üzerinde yoğunlaşmalı, bu çakralardaki enerjinin vitesini değiştirmelisiniz. Öfke dolu bir eleman, en küçük zorluk karşısında bile patlıyorsa, ateşe ateşle karşılık vermeyin. Ona dördüncü çakranızla yanıt vermeye çalışın, bu öfke dolu patlayışının ardındaki korku ve güvensizliği iyileştirmek için sevecenliği kullanın.

Bedenlerimiz, iç içe geçmiş karmaşık dünyalar gibidir. Nerede başladığını ve nerede bittiğini biliriz fakat çok büyük ve hiçbir zaman anlayamadığımız gizemlerle doludurlar. İnsanın tasarlamış olduğu hiçbir makine insan bedeni kadar karmaşık ve ustalıklı değildir. Kadim çakra sistemi, kendimizi anlamanın bir yoludur. Bunun içinde, sürekli devam eden inanılmaz derecede usta bir karşılıklı etkileşim vardır

Her çakrada saklı bulunan yeteneği geliştirmenize yardımcı olacak özel Kundalini Yoga hareketlerini ve meditasyonlarını seçtim. Size de bunlardan bir ya da ikisini seçmenizi ve en azından üç dakika boyunca yapmayı denemenizi öneriyorum. Kendi öğrencilerime de egzersiz ve meditasyon yapmaya üç dakika ile başlamalarını ve bu süreyi yediye, sonra on bire ve sonunda da otuz bir dakikaya çıkarmalarını öneririm. Meditasyon yapma sürenizi daha artırmaya çalışarak gösterdiğiniz gelişimi görebilirsiniz.

"Bir yoginin hayatı, güzel, cömert ve harikulade neşeli bir yarın hazırlamaktır. İşte bu bir yogidir."

Yogi Bhajan

Böyle özel egzersiz sürelerinin konulmasının nedeni, Kundalini Yoga geleneğinde, her sayının sayısal anlamına dayanmaktadır. Egzersiz süresi ne kadar artarsa, çalışmanın yararı da o kadar artar. Kundalini Yoga'da hareketleri genellikle yirmi altı kez yaparız. Yirmi altı adet omurumuz olmasından ötürü, yirmi altı tekrar bizim için önemlidir.

Daha büyük bir meydan okumaya girmek ve gerçekten daha hızlı bir ilerleme görmek istiyorsanız, hareket tekrar sayısını elli dörde, hatta yüz sekize kadar çıkarabilirsiniz!

Önemli olan ne yaptığınız değil, yaptığınız şeye yüklediğiniz cesaret ve kararlılıktır.

Meditasyonun, herhangi bir şeyi mükemmelleştirmek ya da herhangi bir şeye ulaşmakla ilgisi yoktur. İnsanlar, gerçekten meditasyon yaptıklarını hissetmek için, bir kendinden geçme, esrime durumuna girmeleri ya da normalden daha farklı bir durumda olmaları gerektiğini düşünürler. Bu da olabilir fakat, aslında meditasyon, zihnin aydınlık odasıdır. Zihnimiz, tek bir göz kırpma süresinde binlerce düşünceyi serbest bırakır. Sadece, tıpkı okyanustaki bir dalgayı izler gibi bir tutum takının, dalgalar gelip giderken hatırlamadan ya da incelemeden bu düşünceleri izleyin. Gerçek armağan, tüm bu düşüncelerin ortasında oturmak ve hiçbirine tepki vermemektir. Dikkatinizi tekrar nefes alış verişinize, çıkardığınız sese veya bedeninizin aldığı duruşa döndürmeye devam edin. Kundalini meditasyonları, genellikle nefes ya da ses yöntemlerinden ve bazı özel duruşlardan oluşur, yani üzerinde dikkatinizi yoğunlaştırabileceğiniz pek çok şeye sahipsinizdir.

"Her düşünce bir heyecan ve bir duygu olabilir. Her heyecan ve duygu, arzuya dönüşebilir, bu arzular, gerçekleşebilmek için tüm hayat enerjinizi alırlar.

Fakat, her düşünceyi kullanır, onu akıl süzgecinden geçirir ve bilinciniz ile sınarsanız, ne olursa olsun başarılı olursunuz. Bu, hayatın basit bir sırrıdır."

Yogi Bhajan

Acil bir durumda, örneğin, birisi hastaneden çağrıldığında şöyle deriz: "Tamam, derin bir nefes al ve sakinleş." Nefes almanıza izin vermezseniz, kendinizi yaşamın önemli bir armağanından yoksun bırakmış olursunuz. Kendinize, yeterince nefes alıp verme fırsatı tanımanız genellikle gereksinim duyduğunuz ve yapılması gereken ilk şeydir. Nefes, bedava alınan bir şeydir, fakat genellikle bunu kendimize çok cimrice, tıpkı bir sadaka gibi veririz. Mantıklı olmasa da hepimiz bunu yaparız.

Bu özel meditasyon yöntemini öğrenmeden önce, bana oturup "meditasyon" yapmam söylendiğinde boşu boşuna uğraşmıştım, çünkü ne anlama geldiğini bile bilmiyordum. Artık meditasyonu daha az gizemli ve daha kolay bir duruma getiren özel araçlara sahip olduğum için çok mutluyum.

Gerçek bir değişim yaşamak ve herhangi bir çakradaki yeteneği geliştirmek istiyorsanız, o enerji merkezinin üzerinde kırk gün boyunca, kendinizi rahat hissettiğiniz süre kadar meditasyon yapmanızı öneririm. Görece daha kısa bir süre ile başlayabilir ve sonra bu süreyi kırk günlük dönem boyunca artırabilirsiniz. Eğer bu dönem sırasında süreyi artıramadığınız bir gün olursa, tekrar üç dakikaya geri dönebilirsiniz, böylece kırk günlük çalışma dönemini kesintiye uğratmamış olursunuz.

Gördüğünüz gibi bu araçları kullanmanın pek çok yolu vardır. Seçtiğiniz yolun yeterince iyi olmadığını düşünmenizi istemiyorum. Bir şeyi üç dakika ya da otuz dakika boyunca yapıp yapamadığınızın bir önemi yoktur. Bir işte önemli olan ne yaptığınız değil, o işi yaparken verdiğiniz dikkat yoğunluğu ve derinliktir.

Tabii ki, en az düzeyde bile olsa bu çalışmaları yaptıktan sonra, hayatınızda gerçek bir ilerleme görmeniz ve hayatınızı değiştiren bu araçları kullanmaya daha fazla zaman ayırmaya istekli olmanız benim en büyük dileğimdir. Bir ömür boyu süren eğitmenliğim sırasında Kundalini Yoga ve Meditasyon yönteminin sağaltım alanında mucizeler yarattığını gördüm. Hayatınızın herhangi bir alanında iyileşme istiyorsanız ve bu çalışmayı yapmaya istekliyseniz, siz de mucizelerle karşılaşacaksınız.

HER ÇAKRADA SAKLI OLAN GİZEM

İnsanlardaki kabullenme yeteneğini denetleyen ilk çakra, boşaltım organlarımızın bulunduğu bölgededir. Temelimizi, güvenliği ve alışkanlıklarımızı burada buluruz.

Üreme organlarımızın bulunduğu bölgede yer alan ikinci çakra, içimizdeki yaratıcılık yeteneğini bulduğumuz yerdir.

Üçüncü çakra, solar pleksus (göğüs boşluğu) bölgesindedir, mide, karaciğer ve dalak gibi pek çok iç organı denetler. Bu bölge, enerji, dünyasal güç, denetleme ve düzenleme/eşgüdüm duygusu ile ilişkilidir. Ateş elementi tarafından yönetilir.

Alt üçgen dediğimiz bölgeyi oluşturan birinci, ikinci ve üçüncü çakralardan üçüncüsü, aralarında en ustasıdır. Yaşamımızdaki kavramsallaşmayı, hayal gücümüzü sağlayan ve tamamlayan bir itici güçtür. Bir şeylere inanıp onu yapma kararlığını gösterme gücünü burada buluruz.

Dördüncü çakra olan kalp merkezinde ise sevecenliği buluruz.

Gırtlak bölgesindeki beşinci çakra, bedenimizde, kelimenin tam anlamıyla "sesimizi bulduğumuz" bölgesindedir. Bu çakra kişideki dürüstlük yeteneğini barındırır.

Altıncı çakra, yogilerin "üçüncü göz noktası" dedikleri, kaşların arasındaki noktada bulunur ve sezgi gücünü içerir. Bu noktada, fiziksel ve duyudışı görme yeteneğimizi buluruz.

Yedinci çakra, başın tepe noktasında yer almaktadır.

Epifiz bezi diye bilinen, minicik endokrin organının yeri tam olarak, yeni doğmuş bir bebeğin başındaki yumuşak noktanın (bıngıldak) olduğu başın tepe noktasıdır. Bu çakra, insandaki sınırlandırılmamış olma yeteneğini denetler. Fiziksel bedenimizin ruhsal merkezidir.

Bu sınırlandırılmamış olma deneyimi dünyadaki pek çok dinde farklı adlara sahiptir. Ben de herhangi bir dinle özel bir bağlantı olmadan, bu ruhsal bağlantıyı tanımlamak için "sınırlandırılmamışlık" sözcüğünü seçtim.

Son çakra, yogi dilinde elektromanyetik alan denilen alanı içerir. Bu bizim auramızdır, fiziksel bedenimizi çevreleyen ve sekizinci çakrayı oluşturan enerji alanıdır. Batı bilimi, bu alanın varlığını fiziksel bir gerçek olarak kanıtlamıştır. İnsanın aydınlanma ve ışıma yeteneği bu çakrada bulunur.

Gördüğünüz gibi, her enerji merkezinin hayatımızda derin bir etkisi vardır. Herhangi bir zamanda, aralarından biri ile olan bağlantımızı kaybedebilir, dengemiz bozulabilir ve kendimizi "bitmiş" hissedebiliriz. Bu kitabın hedefi, günlük yaşamımız sırasında bu merkezlerden her biri ile bağlantıya geçmenin, bu merkezleri güçlendirmenin ve dengelemenin yollarını bulmaktır. Bu süreç, bazen, "çakraları dengelemek" diye de adlandırılır. Bu, hayatımızın gerçek amacıdır; değişmez ve gösterilen çabaya değen bir süreçtir.

> **"Eğer hayatınızı doğru yaşamak istiyorsanız, kendi içinizde de dengeyi kurmalısınız. Yaşam neşesi, yaşama mutluluğu dengedir."**
>
> **Yogi Bhajan**

Çakralarımızda ya da enerji merkezlerimizde dengesizlik olduğunda, "Kötü bir gün geçiriyorum", "Bugün hiç havamda değilim", "Bugün hiçbir şey yolunda gitmiyor" gibi cümleler kullanırız. Çakralarımız dengeliyse, "Ne güzel bir gün", "Ne harikulade bir gün. Her şey o kadar yolunda gidiyor ki!" gibi ifadeler kullanırız. Ve bu, her şey düzenli olduğunda ve enerji tüm bedeninizde dolaştığında oluşur.

Yoga, nefes ve açılar bilimidir. Evrenin enerji alanı ve fiziksel bedenimiz içinde kendini nasıl gösterdiği ile uyum içinde olan bilge atalarımız tarafından geliştirilmiş, kadim bir bilimdir. Yoga çalışırken, kollarımızı, ellerimizi, parmaklarımızı ve bedenimizi bazı açılar yaratarak özel duruşlarda tutarız. Güçlü nefes çalışmaları ile birleştirildiğinde bu duruşlar, ruhsal dünyamızda inanılmaz değişiklikler yaratırlar.

"Bizden önce, bilgeler yolu açmışlardır. Biz ise ilk adımı atıyoruz."

Yogi Bhajan

Yoga, pek çok hayvanın kendilerini zinde tutmak için yaptığı hareketlere benzer. Bir insanın, kaslarımızın bir sistem dahilinde esnetilmesinin ve rahatlatılmasının bizi hayat boyu zinde tutabileceğini anlamak için sadece bir kedinin yaptığı beden esnetme hareketlerini izlemesi ve bir kuşu izlediği sıradaki hareketlerinin olağanüstülüğünü görmesi yeterlidir.

Hareketi, nefes ve ruhsal anlam ile birleştirmede biricik kapasitemiz sayesinde yoga doğmuştur. "Yoga" sözcüğünün karşılığı "birliktir". Nefes ve hareket birliğinin mutlak amacı, beden, zihin ve ruhun, çevremizi saran evrensel enerji içinde uyumlu bir şekilde erimesidir. Biz buna "yoga çalışması" diyoruz ve Kundalini Yoga sınıflarında da bu çalışmayı yapıyoruz. Fakat gerçek yoga, sınıfta öğrendiklerinizi alıp günlük hayatta yaşatmanızdır.

Yogaya yeni başlayan kişiler bana, "Zor mudur? Yoga yapabilmek için sporcu olmam gerekir mi?" diye sorarlar. Daha yogayı denemeden, yoga yapma düşüncesinden vazgeçerler, çünkü yoganın dansçıların ve akrobatların yaptıkları bir şey olduğuna inanmaktadırlar. Dünya çapında sporcular olan öğrencilerim olduğu gibi, organlarından birini kaybetmiş, belden aşağısı felç olan ya da kalp sorunu olup tedavi gören öğrencilerim de vardır. Kesinlikle herkes yoga yapabilir ve yoga, herkes için bir meydan okumadır. Ve en basit aşamada bile olsa yoga yapmaya başlayan herkes, değişime uğramıştır. Yoga yöntemlerinin mutlaka tıbbi bir öneri olarak görülmesi ya da tedavi amaçlı bir bakımın yerini tutması gerekmez; kişinin, bedeninin karmaşıklığı ile başa çıkması için duyarlı olması gerekir. Sınırlarınızın farkına vardıktan sonra, sadece duyarlı olmanız ve devam etmeniz yeterli olacaktır!

"Yoga zor mudur?" sorusuna gelirsek; evet, zordur. Çeşitli nedenlerden ötürü zordur. Bazen, fiziksel anlamda zordur, bazen de zihninizin "Maymun Zihni" dediğimiz bölümünü kurcalayıp, canını sıktığı için zordur. Maymun zihni, zihninizin, daha yüksek bir yaşam sorularını düşünmek istemeyen parçasıdır. Sadece, maymun "Muzum nerede?" diye sorarken, insan, "Şekerli çöreğim, sigaram ya da kremalı kahvem nerede?" diye sorar. Ayrıca, maymun zihin, muzların ya da kremalı kahvelerin geldiğinden emin olmak için size yalan da söyleyecektir. Size, yaptığınız bu yoganın sıkıcı, anlamsız, saçma bir şey olduğunu söyleyecektir. Maymun zihniniz, yogayı olduğundan daha zor olarak gösterecektir, çünkü değişmek istememektedir.

Yani, maymun zihnimiz bize, değişimi haber veren ve "zor" gibi gözüken yoga gibi uygulamaları yapmaktan vazgeçmemizi söyleyecektir. Bence, tarihin, her şeyin kolayca olmasını istediğimiz bir noktasındayız. Kolaylığa çok değer veriyoruz. Her şeyi iyileştirip düzeltecek bir hap istiyoruz. Korunmayı, iyileşmeyi istiyoruz ve bunu hemen istiyoruz. Yaşamımızın ve çocuklarımızın yaşamının acısız geçmesini istiyoruz. Peki, yeni bir diyeti, yeni bir ilacı ya da yeni bir dini denerken gerçekte ne arıyoruz? İşler istediğimiz gibi kolayca ve mükemmel gitmeyince cesaretimizi kaybediyoruz. Kundalini Yoga bir meydan okuma olabilir, fakat bir ağrı kesici değildir, amacı acılarımızı gizlemek değildir. O, acılarımızı iyileştirir.

"Özgür olan bir özgürlük yoktur."

Yogi Bhajan

Bunu biliyorum, çünkü ben de böyle biriydim. Hayatımın büyük bölümünü, kolay, acısız bir düzelme arayarak geçirdim. Yirmili yaşlarımın başlarında, Haight'ta bir "çiçek çocuğu" olarak yaşarken, diyet haplarının bağımlısı olmuştum, çünkü bu bana özgürlüğe giden acısız bir yol gibi görünüyordu. Fakat tabii ki, değildi.

Acı, mücadelenin bir parçasıdır.

O döneme geri dönüp de düşündüğümde, birisinin yanıtı bildiğinden öylesine emin olduğumu görüyorum. Birisinin bana, hayatımı acı duymadan nasıl yaşayacağımı söylemesini istiyordum. Geriye dönüp baktığımda, hem hayatını yaşayıp hem de acıdan kaçınabilmeyi başarabilen biri olarak kimi düşündüğümü bulamıyorum. Artık, bu gezegen üzerinde, ne şimdi ne de geçmişte, insanlığın acılarından başarıyla uzak durabilen tek bir kişi bile olmadığını biliyorum. Acı, mücadelenin bir parçasıdır.

Gerçekte, bu gezegeni onurlandırmış, aydınlanmış varlıklar, insanlığın acıları ile uyum sağlamışlardır, öykülerinin ana fikri de genellikle budur. İsa için de, Buda için de, Musa için de, Gandhi için de bu geçerlidir. Nasıl oldu da bundan kurtulabileceğimi düşündüm ki?

Artık, acıyı insan olma anlaşmasının bir parçası olarak kabul ettiğim için, huzurun da varoluşumun doğal bir parçası olduğunu kabul etmekte özgürüm. Tanrı hepimizin, bir huzur ortamında yaşamamızı ister. Neşeli olma mutluluğunu içeren bu huzur, acı ve ıstıraba da izin verir, çünkü huzur, tüm durumları, yargılamadan kabul eden bir varolma durumudur. Huzur, biz dengede olduğumuzda, evrendeki yerimizi bildiğimizde, Tanrı'nın bizim için istediğini gerçekten kabul edebildiğimizde varolan bir varoluş durumudur. Denge ve huzurun ne olduğunu bana öğreten ise Kundalini Yoga ve Meditasyonu öğretisi oldu; bu öğreti bana sürekli konuşup duran maymun zihnimi nasıl susturacağımı, dikkatimi nasıl yoğunlaştıracağımı ve aldığım her nefes için nasıl minnettar olacağımı öğretti.

Kundalini Yoga ve Meditasyonu, bana bedenimi ve zihnimi yeniden biçimlendirmemde yardımcı oldu.

Bu yogayı öğrenmeye başladıkça, acıdan kaçınabileceğim ya da kaçınmayı isteyebileceğim yanılsamasından kurtulmaya başladım. Artık acı, rahatsızlık ve hatta basit bir sıkıntıyı bile öğrenmek için fırsat ve bir kutsama olarak görüyordum. Yine de trafik karmaşasını her zaman bir "gelişim fırsatı" olarak görmeyi başaramıyorum. Önceleri, bilinçsizce bunu yakınma fırsatı olarak görme hatasını yapabiliyorum. Bazen, bu trafik sıkışıklığı, markette sıra beklemek ya da günlük hayattaki herhangi bir sınav, beni doğrudan sabırsızlığa itiyor. Trafikte sıkışıp kalmamın kimin suçu olduğunu ya da bununla nasıl başa çıkabileceğimi düşünüyordum. Kundalini Yoga ve Meditasyonu, bedenimi ve zihnimi tekrar biçimlendirmemde bana yardımcı oldu, böylece "niçin ben" yanılsaması içinde çok uzun süre kalmıyorum, böyle bir yanılsamaya düşsem bile, "bunun da geçeceğini" hatırlıyorum.

Bu yoga meydan okuyucu olabilir, fakat belirli bir coşkunluk da sağlayabilir. Acı, rahatsızlık ve hatta basit bir sıkıntının bile üzerine çıktığınızda, nefes alıp vermekten ve hareketleri yapmaktan ötürü büyük bir neşe ve mutluluk duyabilirsiniz.

Bir keresinde, internet aracılığıyla, zorluklara meydan

okumanın bizi nasıl daha güçlü yaptığı paradoksunu çok güzel özetleyen bir öykü gönderilmişti.

Bir gün, bir kozada küçük bir delik açıldı ve bir adam bedenini bu küçücük delikten çıkarmaya çalışan kelebeği saatlerce seyretti. Sonra, kelebek sanki daha fazla ilerlemek istemiyormuş gibi durdu. Sanki, ilerleyebileceği kadar ilerlemişti ve artık daha fazla ilerleyemiyordu.

Ve adam, kelebeğe yardım etmeye karar verdi. Eline bir makas aldı ve kozayı keserek deliği büyüttü. Kelebek kolayca dışarı çıktı. Fakat bedeni kocaman, kanatları ise kuru ve buruşuktu. Adam, kelebeği izlemeye devam etti, çünkü zamanla kanatlarının büyüyüp bedenini taşıyabilecek kadar genişleyebileceğini umut ediyordu. Fakat bu olmadı.

Gerçekte, kelebek ömrünün geri kalanını o kocaman bedeni ve kuru, buruşuk kanatları ile etrafta sürünerek geçirdi. Uçmayı hiç başaramadı.

Adamın bu aceleci iyiliği içinde anlayamadığı, bu kısıtlayıcı kozanın ve kelebeğin o küçücük delikten dışarı çıkmak için verdiği mücadelenin, kelebek için gerekli olduğuydu, çünkü bu, Tanrı'nın, yaşam sıvısının kelebeğin bedeninden kanatlarına doğru akmasını sağlamak için bulduğu yoldu, böylece kelebek kozadan kurtulduğu anda uçmaya hazır olabilecekti.

Bazen mücadeleler, hayatımızda tam olarak gerek duyduğumuz şeylerdir. Eğer Tanrı, hayatımıza hiçbir engelle karşılaşmadan devam etmemize izin verseydi sakat kalırdık. Şimdi ve daha sonra olabileceğimiz kadar güçlü olmazdık. Asla uçamazdık.

Güç istedim...

Ve Tanrı, beni güçlü yapmak için karşıma zorluklar çıkardı.

Bilgelik istedim...

Ve Tanrı, bana çözmek için sorunlar verdi.

Zenginlik istedim...

Ve Tanrı, çalışmak için bana beyin ve güçlü kaslar verdi.

Cesaret istedim...

Ve Tanrı, üstesinden gelmem için bana tehlike verdi.

Sevgi istedim...

Ve Tanrı, yardım etmem için sorunlu insanlar verdi.

İyilik istedim...

Ve Tanrı, bana fırsatlar verdi.

İstediğim hiçbir şeyi elde etmedim.

İhtiyacım olan her şeyi elde ettim.

Bu öyküyü severim, çünkü Tanrı'dan, acı çekmekten kurtulmak için bir yol istemiştim ve Tanrı bana Kundalini Yoga'yı verdi.

Okumaya başlarken, bu sekiz enerji merkezinden her birinin, sizin içinizde olduğunu, bu çakralardan her birinin kozadan çıkıp doğmaya çalışan o kelebek gibi olduğunu bilmelisiniz. Öğrenme yöntemi gerçekte, zaten bildiğimiz bir şeyi tekrar ortaya çıkarma ve tekrar keşfetme yöntemidir. Bu yöntemi birlikte uygulayacağız.

Bu yolculuğun sonunda bedenimizdeki sekiz yeteneğin gelişeceğinden eminim. Biz insanlar, olağanüstü yaratıklarız. Bedenimizdeki Sekiz Yeteneği beraberce kutlamamız ve geliştirmemizin tam sırasıdır.

Bedenlerimiz, Sonsuzluk ile olan ruhsal bağlantımızı bilmemizi ve anlamamızı sağlayan araçlardır. Yetenekli, ruh şairi John O'Donohue, bu ilişkiyi, *Anam Cara: A Book of Celtic Wisdom* [Anam Cara: Kelt Bilgeliği Kitabı] adlı kitabındaki bir Kelt şiirinde çok güzel anlatmıştır.

DUYULAR İÇİN BİR KUTSAMA

Bedenleriniz kutsansın.
Bedeninizin, ruhunuzun sadık ve
en iyi dostu olduğunu anlayın.
Barış dolu ve neşeli olun
ve duyularınızın kutsal eşikler olduğunu bilin.
Kutsal olanın düşündüğünü, dimdik baktığını,
hissettiğini, işittiğini ve dokunduğunu anlayın.
Duyularınız sizi sarsın ve
sizi ait olduğunuz yere götürsün.
Duyularınız, evreni, buradaki varlığınızdaki
gizemi ve olasılıkları kutlamanızı sağlasın.
Yeryüzünün Eros'u sizi kutsasın.

1
BİRİNCİ ÇAKRA

KABULLENME

"Birinci çakra, toprak elementini, sizin o boğa gibi güçlü, cesaretli yanınızı temsil eder."

Yogi Bhajan

Birinci çakra, alışkanlıkların, yaşamımızı sürdürmek için öğrendiğimiz otomatik davranış ve derin içgüdüsel kalıplaşmış hareketlerimizin vatanıdır. Yeri, omurganın en altında, bağırsakların ve anüsün birleştiği güç merkezindedir. Kollarımızın ve ellerimizin, yayıldıkları yer olan kalp çakrası ile bağlantılı olmaları gibi, bacaklarımız ve ayaklarımız da birinci çakra ile bağlantılıdır. Burası zekâmızı, konumumuzu ya da yaşımızı hiç önemsemeden hepimizde derinlemesine yer etmiş olan bilinçsiz merkezimizdir. Birinci çakranın özelliği, "her şeyi en alt çizgiye indirmektir".

"Önce alışkanlıklar edinirsiniz, sonra da bu alışkanlıklar sizi oluşturur."

Yogi Bhajan

Geleneksel olarak birinci çakra ile kırmızı renk ilişkili bulunur. "Alt üçgen" diye adlandırılan bölgeyi birleştiren ilk üç çakramızda yanan ebedi ateşin en hararetli noktasıdır. Bu renk, gürleyerek yanan bir ateşin merkezindeki kor kırmızısı, sönük bir kil kırmızısı ya da yeryüzünün derinliklerindeki basınçla oluşmuş bir yakutun rengi olan koyu kırmızı olabilir.

Yeryüzüyle birinci çakra yoluyla bağlantı kurarız ve kendimizi, altımızdaki yeryüzüne tekrar döndürdüğümüz yer de burasıdır. Değişmez bir şekilde, burada, yeryüzünde olduğumuzu birinci çakramız yoluyla kabul ederiz. Hayata ilk kez "evet" dediğimiz yer burasıdır.

"Eğer kökler derine ulaşmıyorsa, ağaç kötü havaya dayanamaz."

Yogi Bhajan

Geçenlerde, bir bayan öğrencim erkek kardeşiyle aralarında geçen bir konuşmayı anlattı. Aralarında her zaman gergin bir ilişki olmuştu, bunun da nedenini alkolik bir babanın bulunduğu bir evde büyümelerine bağlıyordu. Kadının kardeşi, bu gerçeği asla kabul etmek istememişti ve onun bu olay hakkında kendini iyileştirmeye çalışmasıyla sık sık dalga geçiyordu.

Kadın, babasını kabul etmek istiyordu. Kardeşi ise, ortada bir sorun olduğunu bile kabul etmek istemiyordu ve kadının sürekli olarak bu konuyu açmasına sinirleniyordu. Kadın, babası ve onun alkol sorunu hakkında konuşmak istiyordu fakat artık denemekten vazgeçmişti. Kardeşinin onunla gerçek hiçbir şey hakkında asla konuşmayacağını hissetmişti. Sonuçta, aralarında hep bir bağ olsa da asla yakın olmamışlardı. Kadın, özellikle de anne ve babalarının ölümünden sonra bu yakınlığın kurulmasını çok arzulamıştı.

Son zamanlarda, kardeşi kendi ailesi ile bazı sorunlar yaşamaya başlamıştı. İnsanlar ona geçmişinde yaşadığı olayların, bugün yaşadıklarını etkiliyor olabileceğini söylediklerinde, onları dinlemeye başlamıştı. Genellikle olduğu gibi, duygusal bir krizin ortasında olmak ona da daha derin bir aşamanın kapılarını açmıştı.

Alkoliklerin yetişkinliğe ulaşmış çocuklarıyla ilgili kitaplar okuyor ve duydukları ile bağdaştırıyordu. Ablasının, tüm bu yıllar boyunca söz ettiği şeyler aniden bir anlam ifade etmeye başlamıştı. Bu konularla ilgili yaptıkları son konuşmanın üzerinden neredeyse on yıl geçmişti. Sonunda, ablasını arayıp babasının içki sorunu hakkında konuşmaya karar verdi.

Kadın, bu çağrıyı alınca ve onun, babalarının iflah olmaz bir alkolik olduğunu anlamaya başladığını söylediğini duyunca hem şaşırdı hem de sevindi. Bu konuşma her ikisi için de önemliydi; her ikisi de birbirlerini ve babalarını kabul ettiklerini ifade etmişlerdi. Kardeşi, babalarının onlara ne yaptığını ve bunu neden yaptığını anlamaya başlamıştı, bu da ona anlayış ve kabullenme sağlamıştı. Yıllardan beridir ilk kez, öğrencim kendisini kardeşine yakın hissedebileceğini düşünüyordu. Kabullenmenin inanılmaz gücü böyle bir şeydi işte.

Kabullenme bizi bedensel olarak açar. Beldeki katılık çözülür, alt karındaki sıkılık gevşer.

Sanırım, bu nedenle mirasyedi adamın öyküsü İncil'deki en bilindik hikayelerden biridir. Mirasyedi adamın öyküsündeki temanın bir başka çeşitlemesi de çok güzel ve esin verici bir öykü topluluğunun arasında bulunmaktadır. Bu öyküde, genç bir Yahudi erkeği, babasına başkaldırmaya karar verir. Bunu da, babasının her şeyden üstün ve değerli bulduğu inançlarından vazgeçerek yapar. Oğul, babasının onun kendi ruhsal yolunu seçmesine asla izin vermemesine kızmıştır. Bunun karşılığında, babası da kendi dinsel geleneklerini onurlandırmak için oğlunun reddine karşı duyduğu kızgınlığı gösterir. Baba, soykırımdan kurtulup sağ kalan bir kişidir. Akrabalarının uğrunda öldükleri dinin, ailesinde onurlandırılacağına yemin etmiştir. Oğlu, dine sırtını dönünce de baba da oğluna sırtını döner, onu reddeder ve evden kovar.

Arayış içinde olan ve yıllar boyunca dolaşan oğul, babasının geçirdiği kalp krizi sonucu ölüm döşeğinde olduğunu söyleyen eski bir dostuyla karşılaşır. Oğul, acı ve suçluluğa yenik düşer, çünkü babasının kırık kalbinin sorumlusu olduğundan emindir.

Oğulun kafasında tek bir düşünce vardır: Bir an önce geri dönüp babasına onu sevdiğini söylemek ve ondan kendisini affetmesini dilemek. Fakat bu imkansızdır. Kendini kaybolmuş ve yalnız hisseden oğul, İsrail'e, Yahudilerin yüzyıllardır mucizeler olması için dilekte bulundukları Ağlama Duvarı'na gitmeye karar verir. Çok geç olsa bile, babasının onu anlaması için dua etmek amacıyla oraya gitmek istemektedir.

Oğul, Ağlama Duvarı'nın yanına vardığında, babasının ona öğrettiği eski dualardan birini okumaya başlar. Sonra da, babasının onu sevdiğini ve neden olduğu acıdan ötürü üzgün olduğunu anlaması için yalvararak kendi duasını okur. Çevresine bakındığında, dilekte bulunan diğer insanların notlar yazdıklarını ve bu notları duvardaki çatlaklara yerleştirdiklerini görür. İnsanların dileklerini yazıp bunları duvara yerleştirdiklerini ve bu yerin duaların mucizevi yollarla gerçekleşmesini sağlayacak kadar kutsal olduğu için dua ettiklerini öğrenir.

Çevredeki diğer insanlar gibi oğul da bir not yazar. Bu notta, babasının kendisini anlamasını istemekte, onu hep sevdiğini hatta onu evden kovduğunda bile babasını sevmekten vazgeçmediğini söylemektedir. Her tarafı kağıtlarla kaplı duvarda, notunu koymak için bir yer arar. Sonunda bir yer bulur ve mektubunu taşların arasındaki daracık bir çatlağa sıkıştırır, bu sırada bir başka kağıt düşer. Avcuna düşen kağıdı alıp açtığında, gerçekten de bir mucize meydana gelir. Not babasının el yazısıyla oğluna yazılmıştır ve oğlunu sevdiğini, hatta oğlu inançlarını reddettiğinde bile onu sevmekten vazgeçmediğini yazmıştır. Her ikisinin birbirlerinin yollarını ve yaşamlarını kabul etmeleri arzusu sonunda gerçekleşmiştir.

Bu öyküdeki mucize, her iki insanın da notlarını eski bir duvardaki aynı küçücük çatlağa koymaları değildir. Buradaki mucize, iki adamın kendi kızgınlık duvarlarının üstesinden gelip, kabullenmenin iyileştirici mucizesini paylaşmalarına izin vermeleridir.

Gerçekten kabul etmek için, kendi insan doğamızla barış yapmamız gerekir. Kendi varlığımızı, birinci güç merkezimizde kabul etmeliyiz. Eğer bedenimizin bu bölgesinde dengeyi sağlarsak, kendimizi kendi derimizin altında evimizde, rahat ve güvende hissederiz, bu da bizim en basit düzeyde varolmamız için yeterlidir. Eğer kendimizi kendi bedenimizde desteklenmiş, kök salmış ve rahat hissetmezsek, kızgınlıkla dolu oluruz.

Eğer kendimizi kendi bedenimizde desteklenmiş, kök salmış ve rahat hissetmezsek, bu çakranın gölge duygusu olan kızgınlıkla doların.

Acı ve öfke ile dolu olan insanlar acınacak haldedirler, fakat yine de bir kısmı kendi zavallılıklarına sıkı sıkıya bağlı kalırlar, çünkü en azından bu duygu onlar için tanıdıktır. Acıdan kurtulmak için sadece daha yeni, daha büyük bir acıya yer açmak olduğunu kim söyler ki? Bu, tanıdık bir kötülüğün bir şekilde tanımadığınız bir kötülükten daha iyi olduğunu söyleyen eski bir ikilemdir.

Yakın bir zaman içinde, Golden Bridge adlı yeni yoga merkezimizi açtık. Dört yüz elli metre karelik bir yer bulduk, içini boşalttık, yeniden düzenledik ve onardık, bir rüya gerçek olmuştu. Bu merkezin her ayrıntısı ile ilgilenen bir grupla çalıştım. Henüz bir yönetici işe alınmadığı için de, çok fazla zaman, gerçek bir çözüme ulaşılamayan ve hepimiz için zor olan toplantılarda harcandı.

Sonunda bu grup, Golden Bridge merkezinin yöneticisi olmama karar verdi. Bu beni korkutmuştu; bu konumun gerektirdiklerini karşılayıp karşılamayacağımdan emin değildim. Tanrı ise, her zaman yaptığı gibi, bu güvensizliğimi yenmek için bana bir fırsat verdi; belimdeki ağrılar tekrar başladı. Büyük acılar içinde ve sırt üstü yatmak zorunda kaldım; tuvalete gitmek bile bir ıstıraptı.

Bu olay, tam da hamileler için verilen yoga dersi sırasında meydana geldi. O sırada dinlenen ve meditasyon yapan kadınları telaşlandırmak istemedim. Belimdeki omurları o kadar ciddi bir şekilde yerinden oynatmıştım ki kıpırdayamıyordum bile ve oturur duruma geçip dersi nasıl bitireceğimi sonra da sevgili müstakbel anneleri nasıl göndereceğimi de merak ediyordum.

Bunu yapmak on dakikamı aldı. Yastığımın üzerine tekrar uzanmak da acı dolu, tam bir on dakikayı aldı. Ders bittikten sonra, kocam beni taşıyarak Merkezden dışarı çıkardı ve eve götürdü, bir hafta boyunca yatakta uzanmış bir vaziyette kaldım. Sonradan öğrendim ki, bel ağrısı, insanların işe gidememe nedenlerinin başında geliyormuş.

Bedensel ve zihinsel olarak acı çekiyordum, fakat bunun bir geçiş dönemi olduğunu biliyordum, büyük bir değişiklik yoldaydı. Her ne kadar korku duysam ve çok büyük bir acı çeksem de, bir yanım da heyecandan ürperiyordu. Sürekli dua ettim, acıyı azaltmak için değil, bu olaydan ne öğrenmem gerektiğini anlamak için dua ettim.

Bu daha önce üç kez daha olmuştu. İlki otuzlu yaşlarımın başındaydı, oda arkadaşımın düğününde onun nedimesi olacaktım, en iyi arkadaşımı kaybedeceğimi düşünmüştüm ve bu da beni korkutmuştu. Kendimi çok yalnız hissetmiştim.

Bel omurum yerinden oynamıştı ve düğüne gidemedim. Arkadaşımın müstakbel kocası bir kiropraktordu.[1] Düğünden bir saat önce dairemize gelip beni iyileştirmeye çalıştıysa da işe yaramamıştı. Sonunda, beni oturma odasında, buz torbalarıyla baş başa bırakmıştı. Kıpırdayamıyordum! O dönemde, beden ve zihin arasındaki bağlantı hakkında hiçbir fikrim yoktu. Yirmi yıl sonra bile, hâlâ bu konuda benimle dalga geçerler.

İkincisi, kızımın doğumundan sonraydı. Kızımın sağlığı ve iyiliği hakkındaki tüm korkularım su üzerine çıkmıştı. Hayatımın bir döneminde, doğduktan yedi ay sonra ölen bir erkek evlada sahip olmuştum. Oğlumu kaybettikten sonra, tekrar hamile kalmam için yirmi yılın geçmesi

---

1 Chiropractor: Özellikle sırttaki ve boyundaki kemikleri, elle yoklayıp bastırarak hastalıkları tedavi eden kişi.

gerekmişti ve onun da aynı kaderi paylaşmasından korkuyordum.

Belimdeki sakatlığın üçüncü kez tekrarlanması ise annem öldüğünde olmuştu. Doksan iki yaşındaydı ve tüm diğer çocukları onun ölümünü sağlıklı bir şekilde karşılamışlardı. Artık çok yaşlıydı ve huzurlu bir şekilde bu dünyayı terk etmeye hazırlanıyordu, biz de ona yardım ediyorduk. Kız kardeşimin Florida, Gainesville'deki evinde, yatakta annemin yanına uzanarak, onun beni bebekken sardığı gibi ben de onu kollarımla sarmıştım. Ne olup bittiğinin her zaman farkında olmuyordu fakat zihninin açık olduğu çok güzel zamanlar da vardı. Onun küçük, zayıf, incecik bedenine sarılmıştım, "eve", Tanrı'nın yanına döneceğinden söz ediyorduk, bana hiç korkmadığını söyledi. Ona bunun iyi olduğunu söyledim, o da bana, gitmenin iyi olduğunu ve ölümden korkmadığını söyleyerek yanıt verdi. Onun yanına uzandım ve benimle birlikte, yirmi üçüncü ilahiyi, satır satır okudu; "Tanrı benim çobanımdır. Sıkıntı duymayacağım". Birkaç gün onunla kaldıktan sonra, kızımın yatılı okula devam ettiği Hindistan'a gittim. Orada çocukları eğitecektim; annemi bir daha bu dünyada göremeyeceğimi biliyordum. Onu, bir şifacı ve bu gezegendeki en iyi insanlardan biri olan kız kardeşimin bakımına bırakmıştım. Annemin, Tanrı'nın ellerinde olduğunu biliyordum.

Hindistan'a giden bir uçaktaydım. Avrupa'nın üzerinden geçerken, belimde garip bir his duymaya başladım. Böylesi bir acıyı, on üç yıldır, kızım doğduğundan beri hissetmemiştim. Gözlerim hiç olmadığı kadar yanmakta ve kaşınmaktaydı. Bunun geçeceğini düşünerek yolculuğuma devam ettim, fakat acı geçeceğine daha da arttı. Delhi'ye indiğimizde zorlukla yürüyebiliyor ve görebiliyordum. Endişeliydim. Eşyalarımı tren istasyonuna kadar nasıl taşıyacaktım? Çocukların Noel armağanları nedeniyle çok fazla çantam vardı. Güneş gözlüklerimi taktım ve adım adım, santim santim yürümeye başladım. Neyse ki görevliler bana yardım etti ve kuzeye giden trene bindim, normalde bu yolculuk altı saat sürerken, Ludhiana'daki demiryolu grevi nedeniyle on dört saat sürmüştü. İş anlaşmazlığı nedeniyle, tren hiçbir yerleşimin olmadığı bir yerde altı saat boyunca kaldı. İstasyonda kavga vardı. Pek çok kişi trenden atladı ve yollarına başka şekilde devam ettiler. Bense hiçbir yere gidemiyordum çünkü zorlukla yürüyebiliyor ve görebiliyordum. Hiçbir yere gidemediğim için de oturdum ve meditasyon yapıp dua ettim. Zihnim anneme gitti. Onun artık öte tarafa geçtiğini biliyordum.

Sonunda tren hareket etti, istasyondaki kavga kesilmişti ve biz de geçebildik. Amritsar'daki eski istasyona vardığımızda sabaha karşı iki olmuştu. Sevgili kızım ve arkadaşları beni atların çektiği bir arabada bekliyorlardı. Sonraki dört gün boyunca, bir konuk evinde sırt üstü ve gözlerim kapalı olarak yattım. Ne hareket edebiliyor ne de görebiliyordum. Yine de endişeli ya da korku içinde değildim. Annemin öldüğünü biliyordum ve benim de bir parçam onunla birlikte gitmişti. Acı, annemin bana verdiği armağanı, yani yaşamı, bedenimin onurlandırma biçimiydi.

Dördüncü gün, kızım okuldan geldi ve "Mataji" (Sevgili anneciğim anlamına gelir), "Teyzem aradı ve büyükannemin ruhunun bedenini terk ettiğini söyledi" dedi. Orada sessizce yattım ve "Wahe Guru" ("Mükemmel olan, Tanrı'nın yarattığının kendinden geçmesidir" diye çevrilebilir) sözcüklerini söyledim. Kızım, bir mum yaktı ve beş kez birlikte "Akal" ilahisini okuduk. Bu ilahi, "ölümsüz" anlamına gelir ve biri öldüğünde, onun Tanrı'nın yanına geri dönebilmesi için söyleriz. Bu kez bunu, kolayca, korkusuzca ve zarafetle bu dünyadan ayrılabilmesi için anneme adamıştık. İki gün içinde belim ve gözlerim normal sağlığına ve gücüne kavuştular. Bunun üzerinde düşünmeye hiç çalışmadım, tıpkı hayatımda olup biten pek çok şey üzerinde düşünmediğim gibi. Bu, Guru'nun, Tanrı'nın lütfuydu; Sih metinlerinde yazıldığı gibi, "Ek Ong Kar Sat Nam Wahe Guru". "Bu evreni yaratan tek bir Yaratıcı vardır. Gerçek, Yaratıcının Adıdır. Mükemmel olan, Yaratıcının Bilgeliğidir."

Daha sonra, kız kardeşim bana, annemin huzur içinde öldüğünü söyledi. Sadece son nefesini vermiş ve bir daha nefes almamıştı. Kız kardeşim, hemen onun yanı başındaymış ve sıcaklığın annemizin bedenini yavaşça terk etmesini hissederek uzun bir süre daha ona sarılmaya devam etmiş. Onun huzur içinde olmasından, çevresinin sevgi ile dolu olmasından ve onunla konuşacak ve ona veda edecek zamanımız olmasından ötürü şükran duyuyorum.

Geçmişte olanların hatırlanması, eski acıları ve çözümlenmemiş tartışmaları canlandırmıştı. Bana hayat ve besin veren annemin, artık yanımda olamayacağı düşüncesi, yaşamı devam ettirme hakkındaki korkuları su üstüne çıkarmış, bu da belimin bir kez daha zayıf düşmesine yol açmıştı.

Ancak, tamamen teslim olup kabullendiğinizde, hayatta ilerleyebilirsiniz.

Bel ağrımın her ortaya çıkışında, ağrının azalıp gittiği anı tam olarak hatırlayabiliyorum ve bu her zaman, kendimi, ailemi ve hayatımı kabul edip, teslim olduğumda oldu. Sonrasında hareket edebildim. Bunun dördüncü kez olmasından sonra, kendimi ve diğer herkesi kabul etmem gerektiğini anlamıştım.

"Affedilişimiz, af dilememizdedir."

Assisili Aziz Francis

Tüm bu bel ağrılarına minnettarım. Her biri bana, güven ve kabullenme yeteneğini verdi. Bedenimde bir "rahatsızlık" olan dönemlere baktığımda, minnetle doluyorum çünkü, bunlar öğrenmek için fırsatlardı -her ne kadar, acı çekerken bunu görmek zor olsa da. Bel ağrısını deneyimlediğim üç seferde, güvenmeyi öğrendim. Tanrı'ya güvenin - her şeyi yapan Tanrı'dır. Eğer kendinizi, son derece şiddetli bir bel ağrısı deneyimlerken bulursanız, yapabileceğiniz en iyi şey hiçbir şey yapmamaktır. Bu, çoğumuz için son derece zordur. Hemen iyileşmek isteriz. "Hiçbir şey yapma, sadece otur" sözü, işte bu duruma gerçekten uygundur. Kasılma, zamanla azalacaktır. Eğer zorlar ve bedeninizi dinlemezseniz, sadece sorunu daha fazla güçlendirirseniz.

ÖLÜ POZİSYONU

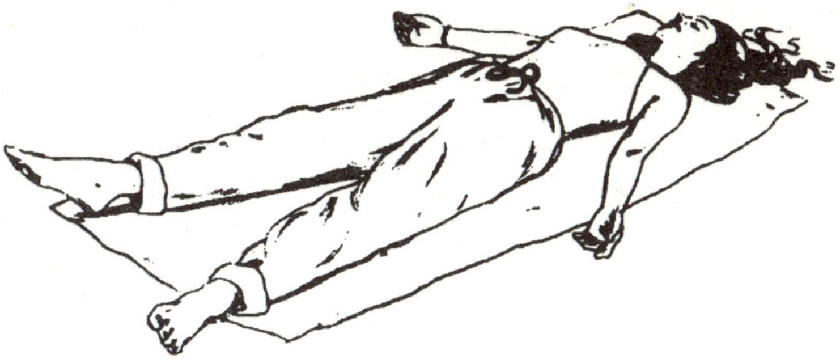

Bunda tek yapmanız gereken, meditasyondur. Yogada, "ölü pozisyonu" diye adlandırılan bir duruş vardır. Sırt üstü yere uzanarak, bacakları ileri uzatmak ve kollarınız yanlarda, avuçlar açık ve yukarıya bakar şekilde yatmaktan ibarettir.

Bu pozisyonu, her yoga sınıfının sonunda yaparız. Eğer isterseniz, ışık gelmesini engellemek için gözlerinizi örtebilirsiniz. Üzerinizi bir battaniye ile örtün ve eğer belinizin rahat olmadığını hissediyorsanız, dizlerinizin altına bir yastık koyun. Ölü pozisyonunda yatarken, burnunuzdan çok yavaşça nefes alıp verin. Bu, nefes alış verişinizi gözlemlemek ve onunla bağlantıya geçmek için çok iyi bir fırsattır, çünkü hiç uğraşmadan, kendiliğinden bir şekilde karnınızdan nefes alıp vermeye başlarsınız.

KÖK KİLİDİ

Bu çalışmaya ekleyebileceğiniz bir diğer yöntem, kök kilidini çekmek ya da *mul bandh*'dır. Anüs kaslarını, cinsel organları ve göbek deliğini aynı anda kasın. (Not: Eğer regl döneminizin ilk üç günündeyseniz bu kilidi yapmayın. Ayrıca eğer hamileyseniz, sadece birinci ve ikinci çakralarda sınırlı kalın ve buraları kasın.)

Bunu yapmanın en iyi yolu, burnunuzdan tam bir nefes alıp vermektir. Nefesinizi tam olarak verdiğinizde, kök kilidini çekin ve birkaç saniye boyunca tutun. Sonra, kök kilidini bırakın ve bir kez daha nefes almaya başlayın. Gözlerinizi kapalı ve yukarı bakar şekilde tutun. Tekrar nefes alana dek kök kilidini ne kadar tutabildiğinizi izleyin. Bu küçük içsel çalışma, yerden enerji çekmenize yardım eder. *Mul bandh,* güçlü bir beden ve zihin yapısı oluşturur.

"Birinci çakranın enerjisi uyarılıp, bedene dağıtıldığında kendinizi yenilenmiş hissedersiniz. Sonra, yer elementi, yani bedeninizin boğa gibi güçlü, cesur yanı canlanır. Yer elementine ihtiyaç duyduğunuzda tek yapmanız gereken zihinsel olarak bu bölgeyi sıkmaktır. Sonra kendi zirvenize çıkarsınız. Çakranız size bu konuda yardımcı olur."

Yogi Bhajan

Kundalini Yoga'daki en bildik imaj, yılandır. "Kundalini" sözcüğü, omurganın alt kısmında tıpkı çöreklenmiş bir yılan gibi yatan temel bir enerji olarak açıklanır. Çöreklenerek yatan bu yılanı uyandırırız ve çemberler açıldıkça, enerjisini omurgada yukarı aşağı dolaştırmaya başlar. Buna, "Kundalini'yi uyandırmak" denir. Omurganın işleyişinin ne kadar gizemli olduğunu düşündüğünüzde bu güzel bir imajdır. Omurilik zedelenmesinden ötürü sakatlanan insanların da onaylayacağı gibi, omurganın yapısı ve nasıl işlediği, modern tıpta da büyük ölçüde sır olarak kalmıştır.

EGZERSİZ
OMURGAYI BÜKMEK

Onlarca yıldır ve hatta daha ana rahmindeyken derinlere kök salmış endişelerimizin kaynağını bulmak ve onları bedensel düzeyde çözmek, inanılmaz duygusal değişimler başlatan bir katalizör olabilir. Eğer sadece aklınızdan geçirdiğinizde bile sizi geren eski bir endişeniz varsa, onu temizlemek için bir yol bulun yoksa zamanla o sizi hasta edecektir.

Başlangıç için şu egzersizi deneyin:

1. Yere, bacaklarınızla bağdaş kurarak, rahat bir şekilde oturun.
2. Ayak bileklerinizi ellerinizle tutun ve derin bir nefes alın.
3. Omurganızı öne doğru bükün ve göğsünüzü şişirin.

4. Nefes verirken, omurganızı geriye doğru bükün.
5. Başınızı hep aynı düzeyde tutun.
6. Bunu yüz sekiz kez ya da üç dakika boyunca tekrarlayın.

Etkileri: Bu pozisyonda yapılan omurgayı bükme çalışması, birinci çakrayı uyarır, gerilimi yok eder ve enerjinin omurgadan yukarı bir kanal boyunca yükselmesini sağlar, ayrıca bedenin alt bölgesindeki organların enerjisini dengeler. Bu çalışmayı yaptıktan sonra kendinizi daha sakin ve daha merkezlenmiş hissettiğinizi fark edebilirsiniz.

"Sadece birinci çakra üzerinde meditasyon yapın, sadece onu hissedin. Eğer kişi onu hissedebilirse, burada bulunan yetmiş iki bin siniri de hemen uyarabilir. Bu çakra üzerinde dikkatinizi yoğunlaştır-

dığınız anda, omurga sıvısı da, doğrudan beyninize doğru akmaya başlayacaktır."

Yogi Bhajan

İnsanlar, bana çok sık olarak, daha kabullenici olmak istediklerini, fakat bunu yapmaya nereden başlayacaklarını bilmediklerini söylerler. Sevgili eğitmenim Yogi Bhajan, şöyle der: "Taklit edin ve sonra gerçekten yapmaya da başlarsınız." Kabullenicilik, bu tür şeylerden biridir. Harekete geçin, duygu ve iyileşme bunu izleyecektir. Eğer birisini kabul etmek için mükemmel zamanı beklersek, bu zaman hiç gelmez. Eğer, birinin davranışlarının bizi artık sıkmayacağı anı beklersek, hiçbir kabulleniş olmaz. Kabullenme, zarafet dolu saf bir lütuf gösterme hareketidir.

Kabullenme, zarafet dolu ve saf bir lütuf gösterme hareketidir.

Yoga ve meditasyon yapmak, bizi günlük hayata açık olmaya ve onu kabullenmeye hazırlar. Derin bir şekilde nefes almak, nefesi tutmak ve sonra kök kilidini çekmek gibi basit bir şey bile, yere daha fazla kök saldığımızı hissetmemizi sağlar. Köklerimiz daha güçlü olduğunda, korku ve güvensizlik duymayız ve kabullenme kapasitemiz artar.

Yere kök saldığımda, önemli bir duygusal iş olan

kabullenme kapasitem daha fazla olur. Kabulleniş, yargılamanın tersidir.

GÜVENİ GELİŞTİRMEK İÇİN NEFES EGZERSİZİ

Bir başka basit çalışma, bir-üç dakika boyunca dikkatimizi nefes verme üzerinde yoğunlaştırmaktır. Burnunuzdan derin bir nefes alın ve sonra havayı son molekülüne kadar yine burnunuzdan verin. Her şeyi armağan etme deneyimini yaşayın.

Güven, en temel aşamada bir verme hareketidir.

Ancak, bizim yaşam gücümüz olan nefesin en son noktasına dek vermeye istekli olduğumuzda, gerçekten almayı kabul edebiliriz. Eğitmenim Yogi Bhajan, bize, kendinizden ne kadar çok şey verirseniz, evrenin de yarattığınız bu boşluğu doldurmak için o kadar acele ettiğini hatırlatır. Beden bunun canlı bir örneğini verir: Ciğerlerinizi boşalttığınızda, bir sonraki anda nefes alacağınıza ve hava ile dolacağınıza güvenmelisiniz. Dünyada, insanlara esin veren sözlerin hiçbiri, ciğerlerimizdeki tüm havayı vermek kadar bizi eğitemez.

Birkaç hafta önce, Los Angeles Dünya Müziği Festivali'ne katıldım. Açılış, Hollywood Bowl'daydı ve Saygıdeğer Dalai Lama bir konuşma yaptı. Dünyanın her tarafından müzisyenler gelmişi. Müzik, insana esin veriyor ve kendinden geçiriyordu. Her zamanki gibi, Saygıdeğer Dalai Lama'nın varlığı da esin vericiydi. Sevecenlik ve kabullenme ile ilgili sözleri binlerce kişinin kalbini gerçek bir barış dünyası için umutla doldurmuştu. Gösteri merkezinden, müziğin ve Dalai Lama'nın söylediği sözlerin sağladığı ılık bir mutluluk kozası içinde ayrıldığımı hatırlıyorum. Uzun bir konser olmuştu ve mutlu fakat yorgunduk. Gösteri merkezinden boşalan binlerce insandan her birinin, bir şekilde bu olaydan ötürü değiştiğini hissediyordum. Havada güçlü bir huzur duygusu vardı. Çevredeki insanların yüzlerindeki gülümsemelerden ve yaptıkları güzel hareketlerin gösterdiği gibi, tam bir kendini kabullenme, kendine saygı duyma ve kendini sevme, kalabalığa nüfuz etmişti.

Yoga ve meditasyonla bedeninizin farkına varmak, bedeninizi kabul etmenin ilk adımıdır.

İnsanların, bir şeyleri kabullenmedikleri zaman kullandıkları ifadeler bize çok şey anlatır. "Kin beslemek", "geçmişte takılı kalmak" ve "acı ile dolu olmak" gibi kavramlardan söz ederiz. Tüm bu ifadeler, bedensel bir esaret ve acı duygusu uyandırmaktadır. Kabullenmeme duygusunu yaşadığımız sürece, hayal dünyasının etkisi altındayız demektir. Genellikle bunun farkında olsak da, bir insanı kabul edemeyişimiz yüzünden o insanın hayatımızı denetim altına aldığı yanılgısını yaşamamıza izin veririz. Bu, sadece bizim durdurabileceğimiz bir döngüdür.

"Kin beslemek, tıpkı bir arı tarafından ölümcül şekilde sokulmak gibidir."

Anonim

Kabullenme ya da kabulleniş, dünyadaki hemen her dinin ana öğretisidir. İsa şöyle demişti: "Baba, onları affet, ne yaptıklarını bilmiyorlar. "İsa, bir kabullenme ve anlama ustasıydı. Bu, onun iki bin yıl sonra bile doğru kabul ettiğimiz öğretisinin esas mesajlarından biriydi.

Kuramsal düzeyde, kabullenme, yüce ve soylu bir idealdir. Pek çok insan, kabullenmenin bize büyük yararlar sağladığında fikir birliği etse de, sürekli olarak gücenme ve yargılama içinde yaşamayı seçtiğimizde ödenmesi gereken bedensel bir bedel olduğunu anlamamaktadırlar. Yargılamak ve aklımızı bu yargıya takmak, bedenimizde oluşan hastalıklar şeklinde kendini gösterir.

Eğer kendinizi kabul eder ve kendinizi eleştirmemeyi öğrenirseniz, bedensel, zihinsel ve ruhsal anlamda gerçek sağlığa ulaşırsınız.

Sindirim ve boşaltımla ilgili sorunlar, pek çok insanın kendini tam anlamıyla sağlıklı hissetmesine engel olan ve çeşitli endişelerden kaynaklanan nedenlerdir. Televizyonda sadece birkaç saat reklam seyretmeniz, bu ülkede bu tür sorunlar yaşayan insanların ne kadar çok olduklarını görmenize yetecektir.

Araştırmalar, düzenli bedensel çalışmanın, sağlıklı bir sindirim ve boşaltım için önemli bir unsur olduğunu kanıtlamıştır. Batıdaki çok az ya da hiç lif bulunmayan besinlerden oluşmuş diyetler de sindirim ve boşaltımla ilgili sorunların sorumlularından biridir. Sindirim ve boşaltım sorunlarını, bağırsakları çalıştırıcı katkı maddeleri ya da sindirim ilaçları almadan da çözmek mümkündür. Yoga ve meditasyon yaparak, olumlu bir zihinsel tutum geliştirerek, bol meyve ve sebze yiyerek kişi sağlığına kavuşabilir. Yedikleriniz, on sekiz saat içinde boşaltılmazlarsa, bedeninizi zehirlerler.

EGZERSİZ

ÇÖMELME YA DA KARGA POZİSYONU

En temel ve son derede yararlı yoga çalışmalarından biri de çömelmektir. Batı, çömelme sanatını unutmuştur. Tıpkı, Avrupa'da beyaz ekmeğin üst sınıfın ve siyah ekmeğin de köylülerin yediği bir besin olması gibi, çömelme köylülere, sandalyeye oturmak ise daha üst sınıflara ait bir alışkanlık olarak kalmıştır. Omurga da işte bu nedenle bozulur. Herkes, hatta en yaşlı insanlar bile, yemek pişirmek, süpürmek, yemek yemek, çene çalmak ve hatta tuvalet ihtiyacını gidermek için bile çömelirdi. Günümüzde, tuvalette çömelmek, modern tesisatlardaki düzen nedeniyle pek kolay olmasa da, günlük hayatımız içinde çömelmek, omurgamız ile sindirim ve boşaltım sistemimize, eczanelerde bulabileceğiniz yüzlerce sindirim ilacından daha fazla yardımcı olur. Kundalini Yoga'da, "karga pozisyonu" diye bilinen bir çömelme hareketini yaparız.

1. Bacaklarınızı bir omuz boyu ya da biraz daha genişçe açın. İdealde, ayaklarınız tam karşıya bakmalıdır, fakat dışa doğru açmak daha kolay geliyorsa öyle de tutabilirsiniz. Bu hareketi kolayca yapamayan kişiler, sırtlarını bir duvara verebilir ve aşağı doğru kayarak bu pozisyonu alabilir.

Eğer kendinizi zayıf hissediyorsanız, destek almak için her iki yanınıza da birer sandalye koyabilirsiniz. Çömelmek için ne yapmanız gerektiği önemli değildir. Sadece çömelin, karşılığını alacaksınız.

Eğer yarı yola kadar indiğinizde topuklarınızı yerden kaldırmak zorunda kalıyorsanız, oradan başlayın. Gittikçe daha fazla çömelmeye başlayacak ve kendinizi daha iyi hissedeceksiniz.

2. Çömeldiğinizde ellerinizi kavuşturun ve kollarınızı ileri doğru uzatın.
3. Sanki ufuktaki bir noktayı gösterir gibi işaret parmağınızı ileri uzatın.
4. Gözlerinizi onda bir oranında kısın ve dengenizi korumak için, ilerideki bir noktaya doğru bakın.
5. Ağzınızı açın, dilinizi dışarı çıkarıp uzatın ve ağzınızdan nefes alıp verirken belinizi de bu nefese uydurarak, ileri ve geri doğru bir pompa gibi oynatın. Bu, köpeklerin nefes alıp vermelerine benzer.
6. Bu şekilde bir dakika durarak başlayın ve bu süreyi üç dakikaya dek çıkartın.

Etkileri: Bu duruş, omurganın alt kısmını tamamen açar ve yerle bağlantıya geçmenizi sağlar. Bacak ve uyluk kaslarınız ile rektumdaki kasları güçlendirir. Zamanla bu duruşu çok rahatlatıcı bulacaksınız. Hindistan'da, insanların çoğunlukla, tamamıyla rahat olmak için çömelerek oturduklarını görürsünüz.

Çömelmek, insanların oturması için çok doğal bir yoldur. Ergonomik olarak en iyi tasarıma sahip iskemledir.

Bu duruşu aldığınızda, hayatınızdaki, anlamak ve kabul etmek istediğiniz insanlar hakkında, Tanrı'ya güvenmek ve tüm yargılarınızı geride bırakmak, düşünmek için çok iyi bir zaman yakalamış olursunuz.

Birini kabul etmek onun suçlarını bağışlamak demek değildir. Sadece, artık onun neden olduğu acı duygusu ile yanmak istemediğiniz anlamına gelir. Kendinizi öfkenin esaretinden kurtarmak için bir başkasını kabul edersiniz.

İşte size güzel bir kabullenme öyküsü. Bir grup Tibetli rahip, kendi kültürlerindeki sanatlardan biri olan kumdan bir mandala yapmaktaymışlar. Kuma yapılan mandala, yere, tamamen renkli kumdan yapılan, çok karmaşık ve dini bir resimdir. Bu sanatın güzelliği, kendi doğasından ötürü, geçici olmasıdır. Mandala, bir törenle kutsandıktan sonra, bozulur. Sonunda, harikulade renklerdeki kumlar toplanır ve bir göle ya da akarsuya dökülür.

Bu güzel mandala, San Fransisko'da yapılmıştı. Rahipler, günlerdir üzerinde büyük bir dikkat ve gayretle çalışmaktaydılar. Birdenbire, hiçbir uyarı olmaksızın, zihinsel olarak rahatsız biri odaya koşarak girdi ve kumu tekmeleyerek mandalayı mahvetti. Birkaç saniye içinde, yapılması günlerce süren bir iş yok olmuştu

Müzenin müdürleri ve o sırada çevreden geçen kişiler bundan çok rahatsız olmuşlardı. Hatta bazıları, göz yaşlarına boğuldu. Diğer yandan, rahipler, tüm "varoluşlarının" derinlerinden gelen bir şekilde sadece bu durumu kabul etmişler ve mandalayı tekrar yapmaya koyulmuşlardı. Tüm canlı varlıkları kabullenmek ve onlara saygı duymak, Budizmin ana unsurudur. Rahipler, mandalayı bozan kadının, işi şiddete dökecek kadar büyük bir acı içinde olduğunu ve onların anlayışına ihtiyaç duyduğunu görmüşlerdi. Sanki mandala hiç bozulmamışçasına, sadece gülümsemişler ve onu tekrar yapmaya başlamışlardı.

Öfke duyduğumuz kişi ile aramızda ortak herhangi bir nokta olduğunu iddia ettiğimiz sürece onu kabullenmemiz olanaksız olacaktır. Eğer, bunun yerine, diğer kişinin ne hissettiğini hayal etmeyi denersek, öfke ve kızgınlığın demir zincirlerinin gevşemeye başladığını hissederiz.

Empati duymak, sempati duymak anlamına gelmez. Sempati, "Senin gibi hissediyorum" derken, empati "Nasıl hissettiğini biliyorum" der. Empatinin en iyi yanı, sağlıklı bir ayrılığa olanak tanımasıdır. "Senin acını hissetmeye ihtiyacım yok, sadece benim de senin gibi acı çektiğimi hatırlamaya ihtiyacım var" der. Empati, hepimizin ayrı, fakat aynı zamanda birbiri ile bağlantılı olduğumuzu anlamamızla ilgilidir.

Garsonluk yapan bir bayan öğrencim, bana, müşterilerden bazılarının yaptıklarının kendisini inanılmaz derecede zorladığını söylemişti. Örnek olarak da bir müşterisini anlattı, bu, restorana öğle yemeği için neredeyse her gün gelen çok şık giyimli bir kadındı. Genellikle tek başına yemek yiyor, iş raporlarını okuyor ve yüksek sesle cep telefonu ile gevezelik yaparak diğer insanları rahatsız ediyordu. Restorandaki herkes ona "Bayan Huysuz" demekteydi, çünkü kadın her seferinde ya yemeği geri gönderiyor veya havalandırmanın onun üzerine üflediğinden yakınıyor ya da o gün yemek listesindeki bir çeşit olmadığında bunu üzerine alınıyordu. Kendi suçu olmayan şeyler için bile garson kızı azarlamak dışında bir şey düşünmüyordu.

Kadın hemen her gün gelmeye devam etmekteydi ve öğrencim onun gelişini endişe içinde bekliyordu.

Bir gün, Bayan Huysuz, yanında annesi olduğu anlaşılan ve tekerlekli iskemlede oturan bir kadınla birlikte restorana geldi. O gün, bu titiz müşteri gayet sessizdi. Alışılageldik ve yakınma dolu tüm davranışları, kendisinden daha da titiz olan annesine geçmişti. Annesi, kızından da daha çekilmezdi, kadın, tüm servis elemanlarını azarlamıştı. Kızı, utangaç, kendi hakkını korumaktan tamamen aciz, küçük, beş yaşında bir kız çocuğuna dönmüştü. Sanki kendisine vurmak isteyen birisinden kendini korumak istercesine iskemlesinde bükülmüştü.

Öğrencim bunu gördükten sonra, kendini Bayan Huysuz'un yerine koymaya başladı. Tüm hayatı boyunca kendisine uygulanan davranış tarzı, başkalarına neden bu kadar saldırgan davrandığını açıklıyordu. Öğrencim, bu saldırganlık döngüsüne bir son verebileceğine karar verdi. O günden sonra, bu can sıkıcı müşteriye sevgi, nezaket ve anlayışla davranmaya başladı.

Öykünün sonu ise umduğunuz gibi olmadı. Bu müşteri, öğrencimin gösterdiği anlayış dolu davranışlar karşısında yumuşamadı. Bunun yerine, kuşkucu ve sıkılmış göründü. Sanki gördüğü bu nezaketin bir kandırmaca olduğunu düşünüyordu. Bayan Huysuz, düşmanca duygular içinde yanmaktaydı ve Tanrı'nın da kendisine aynı şekilde karşılık vereceğini bekliyordu. Zorluklarla geçen bir hayat, onu ancak bu tür davranışlardan anlar kılmıştı.

Zamanla, Bayan Huysuz, restorana gelmekten tamamen vazgeçti. Öğrencim ise, her ne kadar müşterisi onun nezaketine yanıt vermemiş olsa da, bu durumun ona, kendi davranışlarını değiştirmek konusunda inanılmaz ölçüde yararlı olduğunu söyledi. "Kendimi daha hafif hissediyorum. Bu müşteriyi hep endişe içinde beklerdim, fakat birdenbire kendimi onun yolunu gözlerken buldum. Bu, kendimi o kadar iyi hissettirdi ki, kadının yanıtının ne olduğunun hiçbir önemi kalmadı. Onun beni sevip sevmediğini umursamıyordum. Ben kendimi seviyordum. "Bu, sevecenliği eyleme dökmenin sağladığı gerçek armağandı.

Garson kız, bir zamanlar kendisi gibi korkmuş ve kafası karışmış bir başka canlıyı görmüştü. Eğer kendinizi bir başkasının davranışına tepki verirken bulursanız, yapacağınız ilk şey bu kişinin yedi yaşında olduğunu hayal etmek olsun. Trafikte size yumruğunu sallayan adam, gerçekte onunla ilgilenmek için zamanı olmayan bir babaya sahip küçük bir çocuktan daha fazlası değildir. Resmi bir binadaki kaba memur, gerçekte kendisine pek çok kereler çirkin ve aptal olduğu söylenmiş utangaç, küçük bir kızdan başkası değildir. Eğer, incinme ve acıyı görmek için kendinize zaman ayırırsanız, sevecenlik hissetmek ve gününüze devam etmek sizin için kolaylaşır.

Sevecenlik duymadan yaşamak kişinin için için yanmayı kabullenmesi demektir. Zehir, bedeninizin her bir hücresine sızar ve genellikle de kanser gibi feci bir sonuca neden olur.

Dünyanın önde gelen kanser araştırmacıları, yıllardan beri, normal bir hücrenin birdenbire kanserli bir hücre haline gelmesine neyin neden olduğunu bulmaya çalışmaktadırlar. Yanıt henüz bulunamamıştır. Kabullenmemenin, sağlıklı hücrelerin değişime uğramasına neden olduğu düşüncesi diğer açıklamalar kadar olası gözükmektedir.

"Bağışlayıcılık olmadan, Hayat, Sonsuz bir Öfke ve Misilleme Döngüsü tarafından yönetilir."

Robert Assagioli

Bir lise öğretmeni, öğrencilerine kabullenmeyi öğretmek için kullandığı harika bir çalışmayı anlatmıştı. Bu düşünceyi başka bir öğretmenden almıştı ve o zamandan beri de her yıl öğrencilerine uygulatıyordu. Öğrencilerinden okula, temiz bir plastik çanta ve bir torba patates getirmelerini istiyordu. Yargıladıkları ve kabul edemedikleri her kişi için, bir patates alıp, üzerine o kişinin adını yazacaklar ve sonra da bu patatesi plastik çantaya koyacaklardı. Onlara kimseyi unutmadıklarından emin olmalarını söyledi. Kendilerine yanlış bir şey yapan herkesin adı bu çanta içinde olmalıydı. Dersin sonunda, çocuklardan çoğunun çantaları dolup taşmıştı. Sonra, bir hafta boyunca bu çantayı her yere beraberlerinde götürmeleri, uyurken yataklarının yanına ya da otobüste yan koltuğa koymaları söylendi. Çantayı asla gözlerinin önünden ayırmayacaklardı. Eğer öğrencilerden biri, yanında bu çanta olmadan görünürse, bu ödevden "F" alacaktı.

Hafta sonunda, öğrenciler, çantalarının ağırlığından

bitkin düşmüşlerdi. Öfke ve kırgınlıkları temsil eden bu çantayı her yere taşımak can sıkıcıydı. Ve daha da kötüsü, patatesler çürüyüp kokmaya başlamışlardı. Öğrencilerin, kırgınlık çantaları ağır ve hantaldı, hayatlarını da sefil bir duruma soktuğu görülüyordu. Sonunda öğretmen, onlara, bu patatesleri taşımanın, kırgınlıklarımıza tutunmak için ödediğimiz bedeli anlamanın çok iyi bir yolu olduğunu söyledi.

Neyse ki, hafta bittiğinde, patates dolu çantaları bırakmakta serbesttiler. Öğretmenleri onlara, şimdi hissettikleri hafifliğin, o ağır çantayı taşımaktan kurtulmaktan ötürü duyulan özgürlüğün, her patatesin temsil ettiği kişiye karşı duydukları kırgınlık ve yargılardan vazgeçmek ve onları kabul etmekle hissedecekleri duyguyla aynı olduğunu açıkladı. Öfke ve kırgınlık dolu duyguları taşımaktan duyulan rahatsızlık, küçük bir patatesinkinden çok daha ağırdı.

> **"Kendinizi sevin. Hayatınızı sevin ve geçmişi bırakın. Geçmişin acıları size sadece acı verir. Kendinize zarar vermek zorunda değilsiniz."**
>
> **Yogi Bhajan**

Bir öğrencim, kabullenici bir tutumun, bir ailenin hayatını nasıl değiştirdiği bir öyküyü benimle paylaşmıştı. Bu bayan öğrencimin iki kızı vardı. Kızlar lise çağına gelmiş olsalar da onunla beraber yaşamaya devam etmekteydiler. Kadın duldu ve iki kızının da onunla aynı evde yaşamasından ötürü çok memnundu.

Büyük kızı tam bir belaydı. Ana ile kızın arasında hep sorunlu bir ilişki olmuştu ve birbirlerine sürekli dırdır ediyorlardı. Annesi, büyük kızını eleştirme tarzından ötürü kendini çok kötü hissetse de, beş dakika sonra kızı onun canını sıkacak bir şey yapıyor ve tartışma tekrar başlıyordu. Bu, genellikle, kirli tabakları yıkamadan bırakmak ya da köpeği dolaştırmayı unutmak gibi önemsiz bir şey yüzünden başlıyordu.

Kendine şöyle sormaya başlamıştı; "Bu çocuğa karşı neden bu kadar sertim ki? Yoksa, bana o yaştaki halimi hatırlattığı için mi?" Kızının doğum gününden önceki gün bu konu üzerinde düşünmeye başlamış ve sonunda küçük kızının yardımını tercih ettiğini anlamıştı. Bunu neden tercih ettiğini bilmiyordu, sadece etmişti.

Onun için küçük kızını sevmek daha kolaydı. Belki bu gerçeği kabul ederse, büyük kızını sevmek için yeni bir yol bulabilirdi. Acaba, küçük kızı kadar yumuşak başlı olmadığı için mi büyük kızında hep kusur buluyordu? Büyük kızını, yaptığı onca can sıkıcı şeye karşın kabul etmesi gerektiğini fark etti. Gerçekte, büyük kızını küçük kızı kadar çok sevmediğini kabul etmesi gerekiyordu.

Kızının doğum gününde, kızına hiç söylemeden, tüm gün boyunca bir kez bile onu eleştirmeyeceğine yemin etmeye karar verdi. Ne olursa olsun, kızına karşı tek bir olumsuz sözcük bile söylemeyecekti. Bu, onun, aralarındaki ilişkiyi kabul etme yöntemiydi.

Tüm gün boyunca, kendisine ne kadar zor gelirse gelsin, eleştirici tek bir söz bile söylemedi. Kızı, o akşam gittikleri şık restorana yırtık bir blucin giyerek geldiğinde bile, bir şeyler söylemek istese de söylemedi. Verdiği armağana karşılık uygun bir davranış sergilemediğinde, anne, kızını azarlamak istedi, fakat yine de onu kendi haline bıraktı. O gece, kızına verdiği fakat kızının haberi bile olmayan gizli armağan nedeniyle yatağına gurur içinde gitti. Uzun zamandır birlikte geçirdikleri en güzel günlerden biri olmuştu.

Ertesi sabah uyandığında şöyle düşünüyordu; "Biliyor musun, bu yöntem çok işe yaradı, aslında sadece nasıl gittiğini görmek için bu armağanı vermeyi bir gün daha devam ettirebilirim..."

Kızını eleştirebileceği, ona olumsuz şeyler söyleyebileceği anlar yaşamadı değil, fakat, kendini daha ne kadar tutabileceğini görmek de güzel bir meydan okuma olmuştu. Tabii ki kendini sonsuza kadar tutmaya devam edemezdi, fakat bunu bir gün daha sürdürmek de o kadar zor değildi. Gün sona erdiğinde, armağanını vermeyi bir gün daha sürdürmeye karar verdi ve sonra bir gün daha.

Bunu yapmayı altı aydır sürdürüyor. Bu ilişkideki değişim ise mucizevi olmuştu. Önceden, günlerini genellikle somurtkan bir sessizlik içinde geçirirlerdi, fakat şimdi birbirlerinin arkadaşlığından hoşlanıyor gibiydiler. Bu durumun yararlı yanlarından biri de kirli tabakların ve köpeğin dolaştırılmasının artık bir sorun olmaktan çıkması olmuştu. Çoğu kez, kızı, yapması gereken şeyleri kendiliğinden hiçbir söze gerek olmadan yapıyordu. Bu öğrencime mucizevi gelen şeylerden biri de, kirli tabaklar yıkanmadan bırakıldığında bile artık onun canını sıkacak şeyler gibi görünmemesiydi. Kızının ihmalleri ve yaptığı hatalar hakkındaki sıkıntıları sanki onu terk etmişlerdi. Eskisi gibi davranmaya çalışsa bile olmuyordu.

Gerçekten kabullenme, hayatımızı değiştirebilir.

Bu öğrencim, sözde değil ama eylemleri ile kendini kabul ederek ve kızını da kabul etmeyi isteyerek, hayatındaki en önemli ilişkilerden birini daha iyi bir yöne çevirmişti. Bu öykü bana, eylemlerin, sözlerden daha etkili olduğunu hatırlatmıştı.

Kabullenme, hayatınızı değiştirmek için uygulayacağınız reçetenin bir unsurudur.

Birinci çakranın, fiziksel bedenimizin alt kısmında bulunması gibi, kabullenme ya da kabulleniş de ruhsal bedenimizin alt kısmında bulunur. Her şey burada başlar. Gruplar üzerinde kişilik araştırmaları yapan araştırmacılar, daha kabullenici olan insanların daha iyi bir bedensel sağlığa ve daha uzun süreli ilişkilere sahip olduklarını bulmuşlardır. Kabullenmemenin, kin tutmanın olumlu bir etkisini bulamamışlardır.

"Her inanıştan insanın,
her renkten ve değişik kokulardan çiçeğin
Birlikte korunduğu yerde,
Tanrı vardır
Bırakın, çiçek demetiniz yaşasın;
bırakın ruhunuz zenginleşsin."

Yogi Bhajan

Eğer gününüze kabullenme ve minnet ile başlarsanız, yaşamış en büyük insanlardan bazılarıyla aynı yolu izlemiş olursunuz. Buda, Muhammed, İsa, Guru Ram Das, Dalai Lama, Yogi Bhajan, Martin Luther King, Rahibe Teresa gibi aklınıza gelebilecek her olağanüstü insan, benzersiz bir şekilde her şeyi kabullenme yeteneğine sahiptiler.

"Eğer Tanrı'yı tam olarak göremiyorsanız
O zaman, Tanrı'yı da her yerde göremezsiniz."

Yogi Bhajan

Eğer bir insanı kabul edebilirseniz, kendinizi de kabul edebilirsiniz ve hayatınızda benzersiz bir hafiflik hissedersiniz. Kızgınlıklar, kırgınlıklar ortadan kalkar ve hepimizin birbiri ile ilişkili olduğunun farkına varırsınız. Kabullenmenin kendi içinizde, hücrelerinizde çınladığını hissedersiniz.

BİR KABULLENME MANTRASI
"BIRAK GİTSİN, BIRAK YERİNİ TANRI ALSIN"

Günlük hayatınız içinde soluk alış verişinizin bilincinde olmalısınız. Bırakın, nefes vermek bedensel bir kendi haline bırakma olsun ve bu kendi haline bırakmanın farkına vardığınızda her nefes verişinizde sessizce şarkı söyleyin. "Bırak gitsin, bırak yerini Tanrı alsın." Bu süreci incelemek zorunda değilsiniz, sadece ona güvenin. Gün boyunca, sessizce şu cümleyi tekrarlayın: "Bırak gitsin, bırak yerini Tanrı alsın."

Ailenizi ve kardeşlerinizi kabul edin. Eşinizi, akrabalarınızı, öğretmenlerinizi, patronunuzu kabul edin. Çocuklarınızı kabul edin, kalbinizi ilk kıran kişiye anlayış gösterin ve onu kabul edin. Size hakaret eden son kişiyi kabul edin. Henüz bazı insanları kabul edememeniz de dahil olmak üzere her konuda kendinize anlayış gösterin ve kabul edin. Onları anlamaya ve kabullenmeye hazır olduğunuzda bunu yapacaksınız ve bunu yaptığınızda da, daha önce mümkün olduğunu hayal bile etmediğiniz bir hafifleme duygusu hissedeceksiniz. Bir minnettarlık durumu yaşayacaksınız.

Günlük hayatınızda da anlayış ve kabullenme gibi yetenekleri değerlendirmeyi seçerseniz, kendinize de çok değerli armağanlar vermiş olursunuz. Bunu sadece bir günlüğüne yapın. Ertesi gün, bunu bir gün daha devam ettirmenin değip değmeyeceğine dair bir karar verebilirsiniz. Ve unutmayın ki, hepsi, kendini kabullenme ile başlar.

**"Hiçbir şey sadece iyi ya da sadece kötü değildir düşünce onu iyi ya da kötü yapar.
Derin düşünün. İyi düşünün.
Büyük düşündüğünüzde büyük olursunuz."**

Yogi Bhajan

Bedeniniz sizin tapınağınızdır ve seçimlerinizin niteliği bedeninizin, zihninizin ve ruhunuzun yapısını oluşturur.

BİRİNCİ ÇAKRA EGZERSİZİ

HAREKET EDEN KARGA DURUŞU

1. Daha önce bu bölümde açıklandığı gibi çökün.
2. Ellerinizi bedeninizin önünde, dirsekleriniz düz ve yere paralel olarak uzatın. Ellerinizi birleştirin ve işaret parmaklarınızla ileriyi gösterin. Bu sırada dirseklerinizi hep düz tutun.
3. Burnunuzdan nefes alın ve topuklarınızla yeri itip, dizlerinizi düzleştirerek ayağa kalkıp doğrulun. Kollarınız yere paralel olmaya devam etmelidir.
4. Burnunuzdan nefes verin ve inebildiğiniz kadar çökün.
5. Nefes alarak yukarı kalkın ve zihninizden "Sat" kelimesini tekrarlayın ve nefes vererek çökerken zihninizden "Nam" kelimesini tekrarlayın.

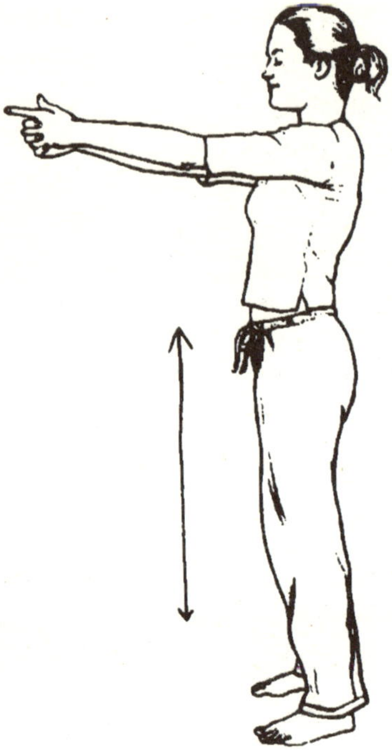

6. Gözlerinizi onda bir oranında kapalı tutun.
7. Bu hareketi yedi-yirmi altı kez tekrarlayın.

Bu hareketin istisnaları: Hamile olan ve regl döneminin ilk üç gününde bulunan kadınlar bu hareketi yapmamalıdırlar.

Etkileri: Bu çalışma, bedeni ve zihni çok güçlendirir. Birinci çakranın enerjisini uyarır ve omurganızdan yukarı gönderir. Bacak kaslarınızın güçlenmesine yardımcı olur ve duruşunuzu düzeltir. Ayrıca kendinizi tam olarak kabul etmenizi sağlar.

BEDENİ DÜŞÜRMEK

1. Yere oturun ve ayaklarınızı ileri doğru uzatın.
2. Avuç içlerinizi yere koyun, parmak uçlarınız kalçalarınızın her iki yanında da ileriyi göstersin.
3. Birkaç saniye için, tüm bedeninizi yerden kaldırın sonra kendinizi yere bırakın. Eğer tüm bedeninizi yerden kaldıramıyorsanız, önce kalçalarınızı sonra da bacaklarınızı kaldırın - tıpkı sallanan bir at gibi.
4. Bu harekette üç dakikaya ulaşana değin çalışın.

Etkileri: Bu hareketi bir dakika kadar yapabilseniz bile, duygusal bir boşalma hissetmeye başlarsınız. İnsanlar, kendilerini yaralamaktan korkarlar fakat gerçekte bu hareket çok güvenlidir. Eğer bu hareketin tam bir saçmalık olduğu fikrinin üstesinden gelebilirseniz, bir süre sonra yapmaktan çok hoşlandığınız bir hareket olduğunu görebilirsiniz. Bu hareketi, hızlı bir müzik eşliğinde ve müziğin ritmiyle uyumlu bir şekilde yapmayı çok severim.

CANLILIĞI TAZELEME MEDİTASYONU

1. Yere bağdaş kurarak rahat bir şekilde oturun (basit pozisyon). Eğer bunu yapamıyorsanız, bir iskemle-

ye, ayaklarınız yere değer şekilde ve dizleriniz veya ayak bileklerinizi kırmadan, yani, bağdaş kurmadan da oturabilirsiniz. Otururken omurganızı dik tutun ve çenenizi hafifçe göğsünüze doğru çekin.

2. Gözlerinizi kapatın ve kaşlarınızın arasında, alnınızın ortasındaki üçüncü gözünüze konsantre olun.
3. Parmaklarınızı birbirine geçirerek ellerinizi bitiştirin ve baş parmaklarınızı birbirine sıkıca bastırın. Avuç içleriniz yukarı bakar şekilde ellerinizi kucağınıza koyun.
4. Aynı anda rektumu ve cinsel organları kasıp yukarı çekerek ve göbek deliğini de içeri çekerek *mul bandh*'ı uygulayın.
5. Bu kasma hareketini devam ettirin ve üç merkezi de yukarı çekerken, yüksek sesle şarkı söyleyin: "Tanrı ve ben, ben ve Tanrı, biriz."
6. Nefes verin. Kasılmayı serbest bırakın. Sonra, ikinci kez derin bir nefes alın ve yukarıda birden beşe kadar verilen adımları tekrarlayın. Bu mantrayı her tekrar ettiğinizde, kilitleri biraz daha sıkı çekin.
7. Bunu üç-on bir dakika kadar devam ettirin.

Etkileri: Bu çalışma, birinci çakranızı ve boşaltım organlarını kuvvetlendirerek sağlığınızı daha iyi bir duruma getirir. Sakinlik ve hastalıklara direnci artırır.

Doğru yapıldığında, anüsü kasmak, yer elementini işe

katar ve kişiye yeni bir güç, sağlamlık ve kararlılık duygusu getirir. Ne zaman kendinizi yorgunluktan bitkin hissetseniz, bu kilidi uygulayabilirsiniz. Her şeyin arasında sağlam bir şekilde ilerlemenize yardımcı olacaktır.

"Kök kilidini uygulayabilen kişi, yenilmez olur."

Yogi Bhajan

2
İKİNCİ ÇAKRA

YARATICILIK

"Ne yaparsanız yapın, yaptığınız şeyi ya bir sanat eseri haline getirin ya da hiç yapmayın. Bırakın her şey yaratıcılığınızı ifade etsin."

Yogi Bhajan

Her çakra, dünyanın bir görüntüsüdür. Duygularımızın, düşüncelerimizin, değer yargılarımızın ve dünyayı bunların içinde nasıl karşıladığımızın bir toplamıdır. İkinci çakra, arzu, ihtiras, ikicilik, kutupsallık, hareket, değişim ve yaratıcılık ile ilgilidir. Bedenimizde, üretim organları ile ilişkilidir. İkinci çakra, içimizdeki pek çok çekişme ile ilgilidir. Tüm varlığımız bu merkez tarafından doldurulmasına rağmen insanlar hâlâ cinsellik düşüncesini yaratıcılık ile bağdaştırmamaktadırlar. Hareketlerinde, bu merkezden fazlaca bağımsız davranan kişiler, duyguları, arzuları, güdüleri ve hırsları tarafından yönetilirler.

Dünya görüşü tekil ve yalıtılmış olan ilk çakradan farklı olarak, ikinci çakranın enerjisi diğer insanları da işe katar. İkinci çakranız iyi gelişmişse, düşünce ve kararlarınızda hırslı ve istekli olursunuz. Konuşmanız, bu merkezden etkilenmişse, duygusal, yüceltilmiş, esnek ve bir hedefe yöneliktir. Bu, bireysellik duygunuzu eriterek sizi başkalarıyla birleşmeye açık duruma getiren bir merkezdir.

Bu merkezdeki titreşimler olumlu olduğunda, yaşam, renkli, canlı ve derin bir anlama sahip olur.

Bir insanın bu merkezi tıkalı olduğunda, yaşamı hem neşesiz hem de boştur ve dünya ona yorucu ve sıkıcı gelir. Bu çakra aşırı derecede uyarıldığında ise, kişi her şeyi cinsel düzeyde görür. Söylenen ya da yapılan her şey akıldaki tek bir hedefe yöneliktir: Kişinin ihtiras dolu doğasını beslemek.

Pazarlama uzmanları, ortalama bir Amerikalının bir gün boyunca binlerce reklam imajı gördüğüne ve bunların pek çoğunun cinselliği çağrıştırdığı sonucuna varmışlardır.

Reklamcılar, yaratıcı cinsellik duygumuza hitap etmekle ilgilenmezler; daha çok, ellerindeki ürünün peşinde koşmanın, bir şekilde bizde olmayanın çaresi olduğu düşüncesini kullanarak kendimizi eksik hissetmemizle ilgilenmektedirler. Otomobiller, telefonlar, içecekler, ayakkabılar, sattıkları her neyse, eğer satın alırsanız, cinsel açıdan da arzu edilir olursunuz.

Tüm bunların bizim üzerimizde çok çekici bir etki

yapmasının nedeni, pazarlamacıların temel bir gerçeği hedef almalarıdır: İnsanoğlu olarak, doğamız gereği cinselliğimizin bilincindeyizdir. Hayvanlar krallığı içinde, cinselliğimize kafayı takan tek tür biziz. Ayrıca, üremememiz hakkında karar verme yeteneğine sahip olan tek hayvan da biziz. Tabii ki, hayvanlar krallığının üyeleri seçimler yaparlar, fakat bizler bilinçli olarak çocuk sahibi olma düşüncesini kabul eden ya da reddeden tek türüz.

Üremememiz üzerinde sahip olduğumuz gücümüz hayranlık uyandırıcıdır, fakat bilinçlilikteki her aşama gibi bu gücün de bir bedeli vardır.

Örneğin, eğer aslanlar kendi cinsellikleri hakkında bilinçli olarak düşünebilselerdi, belki de bu konuda endişe hissedebilirlerdi. Aslanlar arasında, bir eşe sahip olabilmek için güzel bir yeleye sahip olmanın şart olduğuna inanılabilirdi ve orman, aslanların boyutuna uygun olarak üretilmiş kurutma makinelerinin sesleri ile yankılanabilirdi. Biz de, cinselliğine bu kadar çok önem veren tek yaratığız.

İnsanoğlu, cinsel anlamda bilince sahip tek yaratıktır ve bunun sonucu olarak da dünya üzerindeki cinsel anlamda belki de en güvensiz yaratıklarız.

Klasik çakra sisteminde, bu ikinci güç merkezi, üreme yoluyla insan hayatının yaratılmasından daha fazlasını temsil etmektedir. İkinci çakranın kişinin yaratıcılığı ile ilgili her alanı yönettiğine inanılır. Ayrıca, hayvanlar alemi içinde, daha küçük yaşlarda, ölümlü olduğumuzun farkına varan tek tür de bizizdir. Dünyada geçirdiğimiz bu sınırlı zamanda ne yapacağımız hakkındaki kararımız, yaratıcılık konusundaki yapabileceğimiz en büyük çalışmadır; bu kararı da her gün, hayatımızın her anında tekrar gözden geçirmemiz gerekir.

Bu çakra ile ilişkili olan renk, kaplanların, balkabağının, bakırın ve tropik balıkların da rengi olan portakal rengidir. Tonu ne olursa olsun, çarpıcı, dikkat çeken bir renktir. Portakal rengini görmezden gelemezsiniz.

Elementi sudur. Suyun ne belirli bir şekli ne de duygusu vardır. Dünyayı esas olarak ikinci çakranın etkisinde kalarak gören kişiler, her şeyi cinsel bir nesne olarak görürler. Gerçekte, bundan çok daha büyüktür. Hayatın tüm canlılığı ve hareketi, bu çakranın enerjisinden gelir.

Genelde, insanlar yaratıcılığı sanatçılarla bağdaştırırlar; gerçekte ise, yaratıcılık herkesin doğuştan gelen hakkıdır. Şimdi ve burada yaşamak, sizi neyin mutlu ettiğini bulma ve sonra da yaşam yolunu izleme eylemidir. Gerçekten neyi yapmayı sevdiğinizi keşfetmeyi ve bunu yaşamınızda göstermeye izin vermenizi içerir.

Diğer her yeteneğiniz gibi, yaratıcılığınız da, Tanrı'nın size doğrudan verdiği bir armağandır.

"Yaratıcılık, sadece, zaten var olanın şekillendirilerek gösterilmesidir."

Shrimad Bhagavatam

Julia Cameron'un bir klasik olmuş, *Sanatçının Yolu* adlı kitabında yaratıcılık hakkında söylediklerini çok beğenirim. Şöyle yazmıştır: "Yaratıcılık, sizin kanınız gibidir. Tıpkı, kanınızın, fiziksel bedeninizin bir parçası olması ve sizin üretmediğiniz bir şey olması gibi, yaratıcılık da ruhsal bedeninizin bir parçasıdır ve sizin ürettiğiniz bir şey değildir."

"Yaratıcı bir hayat yaşamak için, yanlış yapma korkumuzu yenmemiz gerekir."

Joseph Chilton Pearce

Yaratıcı bir hayat yaşamak, geleneksel anlamda sanatsal çabaları da içerebilir, fakat bu bizim, neyin yaratıcı ve değerli olduğu hakkındaki düşüncemizi genişletme zamanıdır. Annesi, çok tanınmış bir sanatçı olan bayan öğrencilerimden biri, bir sanatçı ve öğretmen olarak annesinin işine büyük bir saygı duymaktaydı. Annesinin, onların hayatına yaratıcılık katmak için kullandığı basit yolları hatırlıyordu. Duvarlardaki sayısız resim, evlerinin bir sanat galerisi olduğu düşüncesini uyandırıyordu. Öğrencim, annesinin bir kutu çakıl taşından güzel bir sanat eseri yaratma yeteneğini çok iyi hatırlıyordu.

Annesinin yarattığı sanat eserlerinin arasında en çok, sandviçlerini üç parçaya bölerek onları meleklere benzetmesi ve baş olarak da bir çöreği koymasını hatırlamaktaydı. Bu "melek sandviçlerini" anlatırken, gözleri sanki beş yaşındaymış gibi parlamıştı. Annesinin yaptığı sandviçler ya da oyduğu bal kabakları New York Times'da asla yayımlanmamıştı, fakat müthiş bir yaratıcılığa sahip bir kadının yaşadığı yaratıcılığa bir şeyler eklemişti. Sevdiği şeyi yapmış ve mutluluğu da burada bulmuştu.

Gerçek yaratıcılığı deneyimlemek için, ister bir roman, isterse de çocuk sahibi olmak olsun, sonucun ne olacağını düşünmekten vazgeçmeye istekli olmalıyız.

Genellikle, yaratıcı bir çaba göstermek için, sonucuna değmesi gerektiğini, kalıcı olmak için bir şansı olması gerektiğini düşünürüz. Fakat gerçek yaratıcılığı deneyimlemek için, ister bir roman, isterse de çocuk sahibi olmak olsun, sonucun ne olacağını düşünmekten vazgeçmemiz gerekir. Sonuçta, içimizde yaratma eylemiyle ilgisi olan şey kendi kendini var edecektir. Bir bahçe yaratmak söz konusu olduğunda bunu görmek kolaydır, fakat konu çocuk olduğunda bu çok daha zordur. Ben de bir ebeveyn olarak, çocuklarımızın seçimlerini denetleme arzusunu anlayabiliyorum.

Yaratıcılıkla ilgili olan ikinci çakramızı geliştirmeye başlamanın iyi bir yolu da bedensel çalışmalara başlamaktır.
"Beden uyumlu çalıştığında huzur vardır. Fakat, bedenin herhangi bir parçası bedenin ritmini bozacak

şekilde uyumsuz çalışıyorsa, o zaman rahatsızlık görülür. Rahatsızlık, bedenin uyumsuz bir şekilde çalışmasından, ritmi kaybetmesinden başka bir şey değildir."

Yogi Bhajan

Bu çakrada büyük miktarda gerilime sahip pek çok öğrenci gördüm. Kızgınlıklar, kırgınlıklar ve bu bölgedeki tıkanıklıklar, ruhsal tıkanıklıklar gibi ciddi sonuçlara yol açabilir. İkinci çakrada görülen "rahatsızlıklar" arasında regl döneminin sorunlu geçmesi, kısırlık, böbrek ve mesane ile ilgili sorunlar, prostat kanseri, yumurtalık kanseri, hormonal dengesizlikler ve daha pek çok rahatsızlık sayılabilir.

EGZERSİZ

PELVİSİ EĞMEK

Bu çakrayı açmak için harika bir başlangıç olan söz konusu egzersiz benim de sabahları ilk olarak yapmaktan hoşlandığım çalışmadır.

1. Ayaklarınızı omuz genişliğinde açarak ayakta durun, ayaklarınız ileriye doğru bakarken bacaklarınızı hafifçe kırın. Ellerinizi, dizlerinizin hemen üzerine uyluklarınıza koyun.
2. Çenenizi göğsünüze doğru çekip batırarak, omur-

ganızın tamamının kıvrılmasını aynı zamanda da kasık kemiklerinizin (pelvis) öne doğru uzanmasını sağlayın.

3. Sonra hareketi tersine doğru yapmak için çenenizi yukarı doğru kaldırın, böylece kasık kemikleriniz geriye doğru eğilecektir. Diğer bir deyişle, sırtınızı dışa doğru çıkarıp, yukarı uzatın.

4. Omurganız ileri, başınız ve kalçalarınız yukarı doğru giderken burnunuzdan nefes alın. Çenenizi içe çekerken ve omurganızı yukarı doğru kavislendirirken burnunuzdan nefes verin. Uzun ve derin nefesler alıp verin. Bunu bir-üç dakika kadar yapın.

Etkileri: Bu hareket basit ve kolaydır. Yapmaya devam edin, ikinci çakranızda ısının oluşmasını sağladığını göreceksiniz. Bu, en azından bir dakika kadar yapabileceğiniz ve gerçek bir değişim hissedebileceğiniz bir egzersizdir. İster bir senfoni yazmak ister çamaşırlarınızı koyduğunuz çekmeceleri düzenlemek olsun, yaratıcı bir çalışmanın içindeyseniz çok iyi bir yöntemdir. Bir-üç dakika içinde size tekrar enerji verdiğini görürsünüz.

Bu, zor bir regl dönemi geçiriyorsanız da çok iyi bir çalışmadır. Kundalini Yoga'da, regl dönemi sırasında çalışma şeklini değiştiririz. Bu, kadınlar hakkında bir karar anlamına gelmez, aslında tamamen tersidir. Bu yoga formu, kadın bedeninin, gebe kalmak ve çocuk taşımak gibi özel ve yüce bir göreve sahip olduğu gerçeğini onurlandırır. Bu dönem sırasında, pek çok egzersizde değişiklik yapılır. İkinci çakrada fazlaca gerilime neden olan hiçbir şey yapmayız.

Kızım, Wahe Guru Kaur, 1984 yılında doğdu. O sırada kırk iki yaşındaydım ve çocuk sahibi olmak için çok geç bir yaşta olduğum kabul ediliyordu. Çok genç bir kadınken bir çocuğum daha olmuştu. Fakat küçük oğlumun, doğuştan bir kalp rahatsızlığı vardı. O zamanın, tıbbi olanaklarıyla sınırlı kabus gibi bir labirentin içinde yaşadıktan sonra, henüz yedi aylıkken öldü. Çocuk sahibi olmak hakkındaki deneyimim mutlu veya cesaret verici olmamıştı. Doğum yapma, ilaçlar ya da başka hiçbir şey hakkında bir seçim yapmama asla izin verilmemişti. Tabii ki bu, o zaman için bir istisna değil bir kuraldı. Hatta, oğlumun sünnet edilmemesi gibi basit bir isteğim bile, ikimiz üstünde de yetki sahibi olduğunu düşünen otoriter erkek doktorlar tarafından reddedilmişti.

Bu deneyim, bende derin bir etki bıraktı. Beni, annelerin ve çocuklarının bir avukatı olarak harekete geçirdi. Hamilelik eğitimi ve doğum öncesi yoga, işimin esas bölümü durumuna geldi. Hamile anneler ile yaptığım çalışmaların hem küçük oğlumu hem de kızımı onurlandırdığına inanıyorum.

Doğuştan tıbbi açıdan sorunlu çocukları olan pek çok ebeveyn gibi kendime işkence ettim, bunun benim suçum olup olmadığını sorguladım. Yıllar boyunca suçluluk duyarak ve kendimden kuşku duyarak yaşadım.

Suçluluk, bazen ikinci çakra ile ilişkili olan sınırlı bir duygudur. Bence, suçluluk, "Ben şundan daha değersizim" düşüncesi ile özetlenebilir.

Yogi Bhajan şöyle der: "İnanç, birisinin size söylediği, suçluluk ise sizin kendi kendinize söylediğiniz bir şeydir."

Yaratıcılık, en çok, para ile ilgili konularda dile getirilen bir yetenektir. Yapılan araştırmalar, ilişkilerde en sık rastlanan iki sorunun para ve cinsellik olduğunu göstermektedir. Para ve cinselliğin yuvası olan ikinci çakraya hoş geldiniz, burada herkes için yeterinden daha fazla suçluluk vardır.

AKIŞ

Para, yaşam nektarının simgesidir. Kendinizi sevecek ve başkalarını onurlandıracak şekilde yetiştirilmiş o ender kişilerdenseniz, olasılıkla parayı pek önemsemiyorsunuzdur.

Parasal konulara karşı sağlıklı bir tutum sergilemek, akış düşüncesi ile ilgilidir ve para akışı deyiminin kullanılmasının bir nedeni de budur. Paranın, hepimiz için en uygun şekilde işlemesi için tıpkı bir akarsu gibi hareket etmesi gerekir. Bu, zarif bir ruhsal esas ve işlevsel bir ekonomik gerçektir.

İkinci çakra, su elementi ile ilişkilidir.

Paranın hayatınızda doğal bir şekilde akmasına olanak tanımanızın ne kadar önemli olduğunu kendinize hatırlatmanın pratik bir yolu, bolca su içmeyi hatırlamaktır.

Eğer kendinizi, para ile ilgili olarak korku ve suçluluk hissederken bulursanız, yeterince su içtiğinizden emin olmalısınız. Bu, binlerce kez duymuş olduğunuz pratik bir sağlık önerisidir, fakat buna ne kadar sık uyuyorsunuz acaba? Bu öneriye uyulmamasının başlıca sebebi olarak hep "Çünkü sürekli tuvalete gitmek istemiyorum!" cümlesini duymuşumdur.

Hayatınızdaki akışı tanımakla işe başlayın. Bizler, bedenimizde bulunan her şeyden fazla sıvıya sahip canlılarız. Sıvı almaya ve idrar yapmaya gereksinim duyarız.

Eğer bedeninize sıvı almazsanız, parasal açıdan da kuru kalacağınız olasılığını göz önünde tutun.

Son zamanlarda para ile ilgili pek çok ders aldım. İşte bir örnek: Yirmi yıldır evimde yoga dersi veriyorum. Asla reklam vermedim, bir işyeri için kira ödemedim, yanımda eleman çalıştırmadım, belgeler için başvurmadım, bunlardan hiçbirini yapmadım. Sadece oturma odamda ders verdim ve insanlar, holde bulunan bir masadaki kavanoza ücretimi bıraktılar ve bu durum gayet güzel gitti. Ayrıca insanlara evlerinde özel dersler de verdim. Bu şekilde, son derece memnun olarak uzun yıllar boyunca devam ettim ve Tanrı da hep yardımcı oldu.

Sonra meditasyon sırasında Tanrı benimle etkili bir şekilde konuştu. *Kundalini Yoga ve Meditasyona gereksinimi olan daha pek çok insan var. İşte şimdi zamanı.* Eğer bir kişi zihinsel ya da bedensel olarak gerçekten rahatsızsa onu görür ve ona bir sadhana (kendi kendine yapılan özel bir çalışma) veririm, sonra ona yardım edecek başka şifacılar ya da çalıştırıcılar bulurum. Kendi kendilerine çalışmaya kararlı olan kişilere yardım etmeye devam ediyorum, fakat daha çok gruplarla çalışıp onlara eğitmenlik yaptığımı söyleyebilirim. Çünkü, Jung'un "kolektif bilinçaltı" dediği şeye inanıyorum.

Yogayı bir grup olarak yaptığımızda, katılan herkese yararlı olan iyileştirici bir bilgelik oluşur.

Bu yolda insanlara liderlik etmenin benim gerçek görevim olduğunu biliyorum. Bu nedenle de parasal açıdan gerçekleşmesi zor gibi görünen bir karar aldım: Özel derslerime son verdim ve sadece sınıflara ders vermeye başladım. Özel müşterilerimden bazıları bundan hoşlanmasa da çoğu kararımı anlayışla karşıladı ve çalışmalarına hem kendi başlarına hem de sınıflarıma gelerek devam ettiler. Belki de bu yolla yeterince para kazanamayacağımı da düşünmedi değilim, fakat bunu Tanrı'ya havale ettim. Çok kısa bir sürede sınıflarım giderek büyümeye başladı. Sonunda küçük evim için çok fazla gelmeye başladılar. Bana yardım etmesi için Tanrı'ya dua etmeye başladım.

Tanrı genellikle baş belası kılığına girmiş melekler yollar.

Tanrı, bana, başkalarının işine burnunu sokan ve belediyenin imar dairesini aramaya karar vermiş bir komşu kılığına girmiş bir melek gönderdi. O kadar yıl eğitmenlik yaptıktan sonra şaşkınlık içinde, aslında Los Angeles'da evde yoga dersi vermenin yasal olmadığının farkına vardım. Bunun saçma bir yasa olduğunu düşünsem de belediyeye karşı mücadele etmenin sorunumu çözmeyeceğini biliyordum, çünkü zaten evimin alamayacağı kadar çok öğrencim vardı.

"Yaratım sürecinde, en zor şey başlamaktır."

James Russell Lowell

Böylece kocam ve ben, bir yoga merkezi açmaya karar verdik. "Siz gelin, ben öğreteyim" gibi basit bir öneri, işin içine mimarların, işçilerin, sigortanın, izinlerin, talimatnamelerin, yer bulmanın ve geri kalan her şeyin girdiği dev bir girişime dönüştü. Bir işyeri açan herkesin size söyleyebileceği gibi, fazlasıyla bunaltıcıydı. Bununla başa çıkıp çıkamayacağımızı merak ediyordum. Yapmamız gereken işleri tamamlamak için gerekli parayı nasıl bulacaktık? İnsanlar bizi bulacaklar mıydı? Her zamankinden daha fazla dua etmeye ve kendimi Tanrı'ya teslim etmeye başladım. Kocamla aramdaki ilişki büyük bir deneye tabi tutulup, gözden geçirildi. Tanrı'ya ve evrenin yaratıcı gücüne güvenmek devam etmemizi sağladı.

Eğer bollukla dolu bir evrende yaşadığımızı görürsek, paylaşmaya daha istekli oluruz ve böylece herkes bolluk içinde yaşar.

Evde ders verdiğim sırada, dersten sonra yogi çayı (kakule, zencefil, tane biber ve tarçın beraberce kaynatılıp harika bir içecek elde edilir) ve kurabiye ikram ederdik. Kundalini Yoga o kadar etkilidir ve zihninizde o kadar engin bir değişime yol açar ki, dersten sonra kendinizi topraklamak zorunda hissedersiniz. Tekrar dünya ve dünyevi şeylerle bağlantı kurmak için dersten sonra bir fincan yogi çayı içip tatlı bir şeyler yiyerek rahatlarız.

Bu "çay ve kurabiye servisi" hakkında çok fazla tartışma çıktı. Bir kısım insan, bunu büyük bir merkezde yapmanın çok zor olacağını düşünüyordu. Çok zahmetli ve pahalı olabilir ve bunun altından kalkamayabilirdik. Hatta bazıları, çay ve kurabiye için para istememizi bile önerdi ki, ben buna kesin olarak karşı çıktım. Eğer bunu birkaç öğrenci ile çalıştığım sırada karşılayabiliyorsam, daha fazla öğrenci olduğunda da karşılamamak için bir neden olmadığını düşünüyordum. Fakat bu düşüncemden emin değildim ve bu konu yeni bir merkez açma telaşı içinde kaynadı gitti.

Çay ve kurabiyeye ödemek için yeterince para olmadığı düşüncesinin, paylaşmadan çok kendine dönük olmadan kaynaklandığını düşünüyorum. Eğer bollukla dolu bir dünyada yaşadığımızı görürsek, paylaşmaya daha istekli oluruz ve böylece herkes gerçekten bolluk içinde yaşar. Eğer yoksulluk ve eksikliğin egemen olduğu bir dünya içinde yaşarsak, o zaman biriktirmeye eğilim gösteririz ve kendimiz için bile yeterli kaynağımız olmaz.

Yeni merkeze gelen her öğrenci, çay ve kurabiyeyi soruyordu; "Çay ve kurabiye olacak mı?" Bu gelenek, öğrenciler için gerçek bir beslenmeyi ve sıcaklığı temsil etmekteydi. Ben de bu konuyu hiç çekinmeden açtım ve yogi çayı ile kurabiyelerin her zamanki gibi bedava ve bol olarak verilmesini sağladım. Bir şekilde, Merkeze her gün, büyük tencerelerle yogi çayının gelmesi için bir yol bulduk. Toptan olarak kutularca sağlıklı kurabiyeler ısmarladık ve her ders sonrası bunları zarif bir şekilde ikram ettik. Bu yöntem de gayet iyi işledi. Şimdi, çaylarını yudumlayıp kurabiyelerini kemiren öğrencilerimi, bunları diğer gruplarla paylaşırken görmek içimi mutlulukla dolduruyor.

Ayrıca, hiç de sürpriz olmayan bir şekilde Merkezin işlerinin giderek büyüdüğünü belirtmek istiyorum.

Kişisel zenginliğimiz, her şeyi Tanrı'nın bir armağanı olarak görmenin doğrudan bir sonucudur.

Toplumumuzda, cinsellik ve para ile ilgili gerçek bir dengesizlik vardır. Kişisel zenginliğimiz, Tanrı'nın bir armağanıdır. Her şey, yaratıcı tarafından yaratılmıştır; paramız, işimiz, ailemiz, her şey...

Bunu mantıklı bulur ve buna inanmak isteriz, fakat sonra, en varlıklı insanların bazılarının hiç de ruhsal ve cömert kişiler olmadıkları gerçeğini görürüz. Zengin olmuşlardır fakat, ikinci çakralarını asla açmamışlar ve kalpleri ile bağlantı kurmamışlardır. Öyleyse, kişisel servetin her şeyi yaratan yüce yaratıcının varlığını bilmek ile nasıl bir ilişkisi olabilir? Bu güzel bir sorudur ve basit bir yanıtı vardır. Kavramlarınızı tanımlamalısınız. Eğer zenginliği sayılarla tanımlıyorsanız, söylediğim şeyin doğruluğu kanıtlanamaz. Fakat eğer, zenginliği, her şeyin bol olduğu düşüncesi ile tanımlarsanız o zaman bu görüş doğrudur.

Eğer zenginliği, her şeyin bol olduğunu düşünmek olarak görüyorsanız, hayatınızın her gününde zengin olursunuz.

Çakra sistemi, bize bedenimizi anlamamızda yardımcı olur. Simgeler önemlidir; bize anlayış sağlarlar. Evlendiğimizde "İki kişi tek vücut gibi olacak" deriz. Tabii ki, bununla, canlı dokular aracılığıyla birbirine bağlanmış ikizler olacağımızı kastetmeyiz. Bunu mecazi anlamda kullanırız. Bu nedenle, beraberlikler hakkında yapılan, bir bütünün iki yarısı benzetmesi, sağlıklı bir evlilik yaratmak ya da sağlıksız bir evliliği düzeltmede işe yarayabilir. Yine aynı nedenle, bedenimizin sekiz güç merkezi içerdiğini görebiliriz. Her merkezin, kişideki o muhteşem yeteneklerden birinin kaynağı olduğunu düşünmek, bedenimizin fiziksel olarak sağlıklı, mutlu olduğu hakkında simgesel bir imaj yaratmamıza yardımcı olur.

Kutsal ve çocuklarını besleyen Ana, yani yeryüzü, Batı'da daha fazla bir yere sahiptir. Egemen olan eril enerjimizi dengelemek için Kutsal Ana'nın enerjisine daha fazla gereksinim duymaktayız. Dengenin sağlanması için her iki enerjiye gereksinim vardır. Her ikisinin de onurlandırılması gerekir.

Bu değişim, yeni merkezimiz, Golden Bridge'de de görülebilir. Giderek daha fazla sayıda erkek öğrencimiz olmaktadır. Eskiden, sınıflar çoğunlukla, herhangi bir çaba sonucu ya da planlanarak değil kendiliğinden bir şekilde kadınlardan oluşmaktaydı.

Bir zamanlar, kadınların yoga çalışması yasaktı. Neyse ki bu düşünce geçmişte kaldı. Son birkaç yıl içinde ise, sınıflarıma katılan erkek sayısında büyük bir artış görüyorum, genellikle de sınıflarımdaki kadın ve erkek öğrencilerin sayıları birbirine eşit oluyor. Artık, erkekler de kadınları öğretmenleri olarak kabul edecek kadar cesur davranmakta ve jimnastik salonlarındaki yorucu çalışmalardan zihin, beden ve ruhun birlikte kullanıldığı çalışmalara geçiş yapmaktadırlar.

Hamilelik sırasında ve doğum öncesi sınıflarımda da erkekler ve kadınlarda devrim sayılabilecek değişimler görmekteyim. Artık, babalar, çocuklarının dünyaya gelmesinde daha etkin bir rol oynamaktadırlar.

Yirmi yıl önce, doğacak çocuğun babasının doğum odasında bulunması çok alışılmadık bir durumdu. Şimdi ise, bir babanın çocuğunun doğumunda bulunmasına ender olarak rastlanıyor. Bu, bilinçte olan kuantum sıçramadır, bu gezegene gelirken ebeveynleri tarafından karşılanan bu bebek kuşağının neye benzeyeceğini görmek için sabırsızlanıyorum. Yeryüzünde barışın sağlanması için, onların büyük katkıda bulunacaklarından eminim.

Bu gezegene gelirken ebeveynleri tarafından karşılanan bu bebek kuşağı yeryüzünü barışa götürecektir.

Cinsel bilinçlilikteki gelişme konusunda oldukça iyimser olsam da, daha hâlâ cinsel anlamda inanılmaz bir yıpranmanın olduğu bir döneminde yaşadığımızı da biliyorum. Her ne kadar, bir zamanlar gizli tutulan tecavüz ve taciz olayları artık açıklanıyor ve mağdurların iyileşmesi için bir şans veriliyor olsa da, insanların cinsel sapıkların tehdidinden uzakta ve güvende olduğu bir toplum olmaktan uzağız.

Pek çok kişinin kendileri için sağlıklı bir cinselliğin neyi kapsadığı konusunda aklı karışmıştır. Cinsel ahlak konusunda bazı kurallar geçersiz kabul edilmiş fakat onların yerini alabilecek bir kurallar dizisi henüz ortaya konulmamıştır. Cinsel özgürlüğümüz vardır fakat bununla ne yapacağımızı tam olarak bilememekteyiz.

Ben gençliğimde, cinselliği aşırı yaşamaktan ötürü zihinsel bir dengesizlik yaşamıştım. Geriye dönüp baktığımda arzularımın büyük bölümünün küçük oğlumun ve babamın ölümlerinden sonra hissettiğim kayıp duygusu ile ilgili olduğunu görüyorum. Duyduğum suçluluk ve acıyı, ayrım gözetmeden herkesle yapılan seks ile silmeye çalışmışım. Rastgele, ayrım gözetmeden cinsel birlikteliklere girdim. Cinselliğim hakkında bir denge duygusu geliştirmek çok çaba gerektirdi. Fakat şimdi, artık menopoz sonrası dönemde olan ve hormonları olmayan bir kadınım ve kendimi hayatımda hiç bu kadar güzel ya da duyarlı hissetmedim.

Yaşadığım bu zor deneyimden, Kundalini Yoga ve Meditasyonun beni cinsel açıdan sağlıklı yaptığını biliyorum.

Her kadının, hormon tedavisi görmek ya da reddetmek hakkındaki seçimine saygı duyuyorum fakat pek çok doktorun bundan tek yanlı olarak çıkar sağladıklarını da görebiliyorum. Yapay hormonlara sahip uzun ömürlü bir kadınlar topluluğunun ilaç şirketleri ve tıp dünyasına büyük bir yarar sağladığı açıktır. Bu tedavinin işe yaradığı kadınlar olabilir, fakat tıp, menopoza, bilgeliğe giden doğal bir yol yerine bir hastalık olarak bakmaktadır.

Menopoza girdiğimde her zamanki gibi yoga ve meditasyon çalışmaya devam ettim, herhangi bir rahatsızlığı kolayca atlatmaya yardımcı olması için Hint yerelması[2] kullandım ve vejetaryen beslenmemin yanında soya ürünleri ve tatlı patates[3] (içinde doğal östrojenik unsurlar vardır) yemeye devam ettim. Hormon kullanmadım, şimdi ise hayatımda hiç olmadığı kadar canlı, sağlıklı ve yaşam sevinci ile doluyum.

Otuz yaşında bir kadın gibi davranacak kadar ümitsiz durumda değilim. Otuz yaşımda değilim ve bu konuda da kendimi daha mutlu hissedemezdim. Elli yedi yaşımdayım ve kendimi kutsanmış hissediyorum.

Belki de Los Angeles'da yaşıyor olmam ve çevremde gösteri dünyasında çalışan pek çok insan olması nedeniyle öğrencilerimden pek çoğu yaşları konusunda endişelenmektedirler. Sinema oyuncusu olan bir bayan öğrencim, bana neredeyse göz yaşları içinde geldi; şiddetli regl sancıları çekiyordu. Onunla, biraz bu konuda konuştum; bedensel olarak hissettiklerinin duygusal bir yönü de olup olmadığını merak ediyordum.

Bana, kısa süre önce yirmi beş yaşına girdiğini ve sanatında ilerleme şansının bittiğinden emin olduğunu söyledi. Bu düşünce ile tek başına başedemiyordu, ajansı ona "sadece birkaç yılı daha olduğunu" söylemişti. Bu düşünceyi saçma buldum ve bunu da ona söyledim.

"Elindeki fırsatlar konusunda gerçekçi olmaya" çalı-

---

2 İng. "wildyam" (Ç.N)

3 İng. "yam" (Ç.N)

şıyordu ve ajansının ona söyledikleri ve daha da önemlisi, onun bunları kabul etmesi, bir tür saldırıydı. Her ne kadar onun işini yapmıyor olsam da herhangi bir işte başarılı olmanın kişilerin kendilerine ve yaratıcılıklarına olan inançlarına dayandığını biliyordum. Her işkolunda, herkesçe kabul edilmiş belirli gerçeklerin yanlışlığı her gün kanıtlanmaktadır.

"Gerçekçi olun, bir mucize tasarlayın."
Bhagvan Shree Rajnesh

Tanıdığım bir başka kadın, doktor olmak istiyor fakat otuz yaşında olduğu için buna cesaret edemiyordu. Bir başkası, doktora yapmak istiyordu fakat bunun için "çok geç" olduğunu düşünüyordu. Kadının doğurgan olduğu dönemin sınırlı olması nedeniyle yaş konusu, kadınlarda özellikle engelleyicidir. Çocuk yetiştirmek söz konusu olsa bile yaş konusunda kendinizi sınırlandırmayın. Çocuk sahibi olduğumda kırk iki yaşındaydım ve doğurganlık alanındaki eşitsizliğe meydan okuyan ya da evlat edinmeyi seçen başka kadınlar da gördüm.

Çok sevdiğim ve kırk beş yaşında olan bir öğrencim, ilk çocuğuna hamiledir. Pek çok kez kısırlık tedavisi gördükten sonra benim Kundalini Yoga derslerime geldi. Çocuk sahibi olma konusunda umudunu yitirmişti. Bu konuda konuştuk ve düzenli olarak yoga ve meditasyon çalışmasına katılmayı kabul etti.

Üç yıl boyunca, hamile kalma yolunda hiçbir sonuç

almadan yoga ve meditasyon yapmaya devam etti. Genel sağlığı düzeldi, hayatında ilk kez kendini rahat hissettiği bir kiloya geldi, yaşadığı panik ataklar çok azaldı ve panik atak yaşadığı çok ender durumlarda da dili, ağız içinde kıvırarak nefes alma meditasyonu yaparak kendini sakinleştirmeyi öğrendi. Kırk beş yaşında, olasılıkla tek başına çocuk sahibi olamayacağı düşüncesi ile barıştı. O ve kocası, evlat edinmeyi konuşmaya başladılar.

"Mucizelere inanmam, onlara güvenirim."

Yogi Bhajan

Sonrasında ne olduğunu tahmin edebildiğinizden eminim. Hamile kaldı. Çılgıncasına mutluydu; hamileliği boyunca sağlıklı olmanın bir imgesi gibiydi. Bana, kesinlikle, hamile kalmak için uğraşmaktan vazgeçtiği için hamile kaldığını söyledi. Yoga çalışmak ve meditasyon yapmak, gevşemesini ve daha önce kendisi için asla mümkün olmayan bir şekilde inanmasını sağlamıştı.

Bir çocuk doktoru ya da evlat edinme kuruluşları için çalışan herkes, gevşeyene ve kabullenene dek çocuk sahibi olamayan çiftler hakkındaki öyküler anlatabilir. Genellikle, çiftin üzerindeki çocuk sahibi olma baskısı, evlat edinmeye karar verilmesiyle kalkmakta ve anne yıllar süren denemeler sonucunda hamile kalamamasına rağmen bu kararın ardından hamile kalmaktadır.

Bu düşünce, doğurganlık üzerine yapılan son araştırmalarda ortaya atılmıştır. Harvard Tıp Okulu'nda yapılan bir araştırma, on haftalık bir stres azaltıcı programa devam eden kadınların hamile kalma oranının, bu programa devam etmeyen kadınlara göre yüzde kırk dört daha yüksek olduğu görülmüştür.

Tabii ki, bu tür öykülerin hamilelikle sonuçlanmadığı zamanlar da vardır. Evlat edinerek çocuk sahibi olan pek çok çiftle çalıştım. Pek çok mutlu son ya da belki şöyle demeliydim; pek çok mutlu başlangıç gördüm. İnsanların çocuk doğurması ya da evlat edinmesi için belirli yaş sınırları olduğunu düşünen kişilere katılmıyorum. Eğer ebeveynler sağlıklı bir yaşam sürmeye kararlıysalar, hemen hemen her yaşta ebeveyn olacak kadar uzun yaşama kapasitesine de sahiptirler. Seksen yaşında olup da yoga ve meditasyon yapan insanların, otuz yaşlarındaki sağlıksız insanlardan çok daha canlı ve hareketli olduklarını gördüm.

CİNSEL BAĞIMLILIK

Yoga öğrencilerimiz arasında sekse aşırı düşkünlük gösteren kişilerde de iyileşme görülmüştür. Bundan birkaç yıl önce kırk yaşlarında eşcinsel bir bey bana gelmişti. Uzun süreli bir ilişkisi vardı fakat özellikle para ve cinsel özgürlük konularında zorluklar yaşıyordu.

Bu bey ve partneri, yoga yapmaya başladılar. Her ikisi de inanılmaz derecede zinde ve sağlıklı olmalarına rağmen, özellikle zihinsel ve ruhsal anlamda yogayı çok zorlayıcı ve yararlı bulmuşlardı. Hareketler yoluyla ruhsal yanlarıyla bağlantı kurmaya alışık değillerdi. Yoga derslerine, ilişkilerindeki sorunları çözmelerinde yardımcı olmasını umarak gelmemişlerdi, fakat sonuçta yoganın ilişkilerini düzeltmelerine yardımcı olduğunu görmeye başladılar.

Bu öğrencim, artık partneri ile beraber oturmuyor, fakat tek başına da olsa yogaya gelmeye devam ediyor. Ona çalışması için kırk günlük meditasyon programı verdim. Kendisi hakkında, özellikle de ikinci çakra bölgesinde bazı ciddi çıkarımlarda bulunmaya başladı. Yoga çalışmasında derinleşmesinin sonucunda, cinselliğe fazlaca düşkün biri olduğu ve ilişkisindeki sorunun büyük kısmının da bundan kaynaklandığı sonucuna vardı. Bu davranış tarzını düzeltmek için terapi görmeye ve on iki aşamalı bir programa katılmaya karar verdi.

Yetenekli bir tasarımcı olan bu öğrencimin yaratıcılığı çok gelişmişti. Ayrıca, ikinci çakranın gölge duygusu olan suçluluk da aşırı derecede gelişmişti. Her ne kadar cinsellik konusunda çok açık olduğunu düşünse de, her zaman cinsellik alanında olmasa da hayatının diğer alanlarıyla ilgili olarak çok fazla suçluluk hissettiğini anlamıştı.

Kendi işyeri vardı ve genellikle uzun saatler boyunca, hiç dinlenmeden ya da doğru dürüst bir şeyler yemeden çalışıyordu. Kendini bir bakıcı gibi hissediyordu; birçok kez, parasal açıdan kendisine bağımlı olan sevgililer bulmuştu. Tüm bunlar, gerçekte kendisinin de farkında olmadığı bastırılmış bir suçluluk duygusundan kaynaklanmaktaydı. Kendi içinde, şehit rolü oynayan bir parça olduğu gerçeğiyle yüzleşmeye başlamıştı. Eğer, biri için "çok fazla" şey yaparsa, bu onu "eleştirilerden uzak" tutabilirdi.

Babanın, sözlü olarak saldırgan ve acımasızca eleştirici olduğu bir aile ortamında büyümüştü. İçinden gelen bu acımasız sesin nereden kaynaklandığını bulmak çok da zor değildi. Yeni fark ettiği bu durum onu babasına karşı çevirmemişti. Tuhaf bir şekilde, içinde, babası ölmeden önce ilişkilerini düzeltmelerine olanak tanıyan anlayış tohumlarının ekilmesine yol açmıştı.

Yoga çalışmasına, terapiye ve on iki aşamalık programa devam ederek, seçimleri hakkında daha fazla farkındalık kazandı. Kendisi için yaptığı tüm bu iyi şeyler, ona çok zor bir dönemde büyük destek oldu. Çünkü birkaç ay içinde, önce babasını sonra çok yakın bir arkadaşını AIDS'ten kaybetti.

Bu zor zaman içinde, kendi terapi grubundan bazı kişilerle küçük bir yoga sınıfı oluşturdu, onlara, kendisine büyük yardımı olan yoga ve meditasyonu öğretti. Bu derslerden öğrencileri kadar kendisinin de yarar görmesinin bir sonucu olarak bu şekilde, bir verme ve başkalarını besleme yolunun, kendisini bir şehitmiş gibi hissettirmediğini, tersine, kendisi için çok uygun olduğunu görmüştü.

CİNSEL KONULARDAKİ YARALARIMIZI DENGELEMEK VE İYİLEŞTİRMEK

Kendi değerimizi ortaya koyma isteği, cinsel tacize verilebilecek iyi bir yanıttır. Kişinin, rastgele herkesle cinsel ilişkiye girmek ya da cinsel anlamda isteksiz olmak yoluyla cinselliğini denetim altına almaya çalışmasının birer belirtisidir, bu davranışlardan her ikisi de belirli bir cinsel denetim duygusuna sahip olmanın göstergeleridir.

Öğrenciler, yoga ve meditasyon çalışmanın bir sonucu olarak, cinsel hayatlarında huzur ve denge bulurlar. Yoga ve meditasyon, kişinin bedeninin, zihninin ve ruhunun dengelenmesini ve kendi içinde uyum yakalamasına olanak tanır.

Kültürümüzdeki cinsellikle ilgili imaj, yani, bir erkeğin konumunun ve değerinin, beraber olduğu ya da yattığı kadınların sayısının çokluğuna bağlı olduğu ve aynı şekilde bir kadının değerinin de beraber olduğu erkeklerin servet ve gücünden geldiği düşüncesi, pek çok kişide derin yaralar açmıştır. Popüler kültür, kendi değerlerimizin bir yansımasıdır. Tefekküre dalmış dini bir tarikata ait kişilerin yaşadıklarını anlatan ve Monk's Place (Rahibin Evi) adını taşıyan bir dizinin, Melrose Place kadar izlenmeyeceği açıktır.

Eğer izlediğiniz ve tükettiğiniz televizyon ya da radyo kanalları sizin esas cinsel değerlerinizi yansıtmıyorlarsa, sonuçta sizin için de sağlıklı olmayacaktır. Çevrenizi, besleyici ve cinsel olarak sağlıklı imajlarla çevreleyin. Bunu kendi hayatıma uygulamanın bir yolu, yeni evimde küçük bir köşeyi kutsal bir yer olarak ayırmak olmuştu. Evimiz 1922'de yapılmıştı ve o günden bugüne dek hiç değişmemişti. Holde, yirmili yıllarda bir telefon ve bir sandalye koymak için kullanılan bir girinti vardı. Bu raya, bakmaktan hoşlandığım resim, fotoğraf, çiçekler, Hindistan'dan getirdiğim ipekler, mum, tütsü ve renkli nesneler gibi şeyler koyarak bir sunak oluşturdum. Altın Tapınak'tan getirdiğim gül yaprakları, İtalya'dan getirdiğim kutsal su, Tibet'ten aldığım iki taş ve Yunanistan'dan getirdiğim deniz kabukları bu kutsal mekanı süsledi.

Yapmak isteyeceğim özel bir dua için bir mum yakıp bıraktım; belki hasta birinin iyileşmesi ya da Hindistan'a dönen kızım için, kaybolmuş bir hayvancık için ya da bir tanıdığımın yeni ölmüş annesi için dua edebilirdim. Burası, yoğun bir günde evden dışarı fırlarken gördüğüm son şeylerden biridir ve bana, değer verdiğim en yüce idealleri hatırlatır.

KUNDALİNİ YOGA: FARKINDALIK YOGASI

Yaratıcılığımızı kullanarak çevremizde bizi saran imajları seçmek, farkındalığımızı artırır. Tibetliler, Buda doğasını ya da Tanrı'yı ifade ederken, görselliğe çok önem verirler. Tapınakları ve dini giysileri, onları gören her göz için renk ve simetri açısından dengelidir. Elle boyanan mandalalar kullanarak meditasyon yaparlar. Meditasyon sırasında bunlardan birine göz atarsanız, içlerinde Tanrı'nın izini görebilirsiniz. Biz de evimizde ve yoga merkezinde pek çok mandala bulundurmaktayız.

Yaratıcılığınızı Tanrı ile, yüksek bilinciniz ile bağlantıya geçirin, böylece insanın yaratıcılık yeteneğini tam anlamıyla deneyimlemeye başlarsınız.

Yaratıcılığınızı kullanmayı sevin. Günlük hayatınızda, yapabileceğiniz yaratıcı seçimlerin bilincinde olun ve onlara anlam aşılayın.

Çevrenizin farkında olun. Bu belki, bir markette, meyve ve sebzelerin nasıl düzenli bir şekilde renk ve boylarına uygun olarak dizildiğini gerçekten görerek daha fazla zaman geçirmek anlamına gelebilir.

Çocuklar, bunu kolaylıkla yaparlar. Tüm bunlar çocukça gelebilir ve zaten önemli olan da budur. "Sadece, bir çocuk gibi olursanız, Göklerin Krallığı'na girebilirsiniz." Yaratıcılığınızı tekrar ortaya çıkarmak, genellikle geçmişe, yaşamın içinizde bolca bulunduğu zamana doğru küçük bir gezi yapmanız anlamına gelir. İçimizdeki, bir sabun köpüğündeki renkleri seyretmekten, bir otun keskin kenarını ağzımıza dayayarak ıslık çalmayı öğrenmekten ya da çekirgeleri dinlemekten hoşlanan o parçamızla bağlantıya geçmek çok önemlidir.

Kundalini Yoga sık sık "Farkındalık Yogası" diye adlandırılır. Kutsal bir yer ya da sunak yaratmak da yoga çalışmamın bir parçasıdır.

Ders verdiğim sırada, sınıftaki öğrencilerimden gülümsemelerini isterim. Gülümsemedeki fiziksel gerilme, duruşun da bir parçası olur. Yoga, uygulamaya koyulan farkındalıktır.

Cinsel hayatınızda tam bir sağlık durumunu yakalamanın bir yolu da kırk gün boyunca cinsel perhiz yapmaktır. Bu, başkaları ya da kendiniz ile cinsellik yaşamamak demektir. Cinsel perhiz yapmak, her ne kadar öğrenciler arasında pek yaygın olmasa da bir meditasyon şekli olabilir. Bilinçli olarak bu disiplini uygulamaya karar veren ve bu konudaki düşüncelerini benimle paylaşan öğrenciler, bunun onlar için çok değerli bir deneyim olduğunu düşündüklerini söylemektedirler.

Kırk gün cinsel perhiz yapmanın bir yararı da, sizi cinsel enerjinizi nasıl kullandığınız konusunda daha bilinçli kılmasıdır. Cinselliği, kutsal bir şey gibi mi görüyorsunuz yoksa sizin için sadece fazla enerjiyi atmanın bir yolu mu? Bu kırk gün boyunca kişi, kendisinin seks bağımlısı olduğunu, bunun bağımlılık yaratan bir davranış olduğunu görebilir. Bir şeyi hayatınızdan çıkarmadıkça, o şeyi yapmaya bir süreliğine ara vermedikçe, hayatınızda nasıl bir yere sahip olduğunu asla bilemezsiniz. Bu "ara" sona erdiğinde ise, daha taze, farkındalığı daha yüksek bir zihinsel duruma ulaşırsınız. Cinsel ilişkiyi bir alışkanlık haline getirenler, artık neredeyse pantolonunun fermuarını kapatamayan kişiler, bu deneyimi yeniden ve daha anlamlı bir şekilde yaşamaya başlayabilirler. Eğer bir ilişkiniz varsa, her ikiniz için de cinsel ilişkiden kaçınmak iyi olacaktır, çünkü bu sayede sevginizi ifade etmek, yakın olmak ve tabii ki işlerin yoluna girmesi için başka yollar da bulabilirsiniz. Kavga ettikten sonra aranızı düzeltmek amacıyla sevişmek yerine, bir araya gelmek için daha sağlıklı yollar keşfetmek çok değerli bir deneyimdir.

Eğer bu kırk günlük çalışmayı yapacaksanız, hissettiklerinizi yazacağınız bir günlük tutmanız çok iyi olacaktır. Bu günlüğe yazmak için en iyi zaman da, günün sonudur.

Sadece, ne hissettiğinizi defterinize yazmaya kararlı olun. Yazdıklarınızı tekrar okumak zorunda değilsiniz, düşünceleriniz ve deneyimlerinizi yazıya dökme eylemi yeterli olacaktır.

Cinselliğiniz konusunda, farkındalık ve eylem size kalmış bir şeydir. Suçluluğu arkanızda bırakın. Bunun yerine kendinizi inceleyin. Sonra sizin, dostlarınız ve sevdiğiniz kişiler için verimsiz olanı değiştirmek üzere harekete geçin. Eğer gerekiyorsa, yardım ve öğüt alın.

Suçluluğun bir amacı vardır. Tıpkı, öfke, korku ve acının kendine özgü yerleri olması gibi suçluluk duygusunun da bir yeri vardır. Suçluluğun size bir uyarı olmasına izin verin; bırakın size kendi öz değerlerinizi yıktığınız zamanı söylesin. Eğer telefonda, telefon şirketindeki insanı deli eden görevlilerden biri ile kaba bir şekilde konuşursam, -ki kısa bir süre önce öyle yaptım - suçluluk hissederim. Bu duruma bir göz atar ve kendim için belirlediğim en yüksek idealle uyuşup uyuşmadığını merak ederim ve sonra bu kişiyi tekrar arar ve özür dilerim. İşte burada suçluluk sona erer. Artık bu kötü davranışımı sürekli olarak hatırlamak ve kendime zarar vermek için kullanmak zorunda değilimdir. Bu konu çözümlenmiş ve olay sona ermiştir.

Eğer suçluluğu, korku veya öfkeyi kullandığımız gibi bir uyarı olarak kullanmazsak içimizde iltihaplanmaya başlar ve bizi yaratıcılığımızdan yoksun bırakır.

Bir eğitmen olarak gerçekten de kutsanmış biriyim. Ruhsal eğitmenim Yogi Bhajan, 1969'da Amerika'ya geldiğinde öğrenci edinmeye değil, eğitmen yetiştirmeye gelmişti. Bunu, tüm dünyada eğitmen yetiştirme programları geliştirerek yapmıştı. Bizim de Golden Bridge'de, bu konuyu daha derinlemesine öğrenmek ve öğretmek isteyenler için dokuz aylık bir programımız vardır.

Kundalini Yoga'nın en onurlu ideallerinden biri de hizmettir. Eğer bu kitaptaki yöntemleri yararlı buluyorsanız, bunları bir başkasına da aktarınız. Sadece tek bir duruş, nefes çalışması ya da meditasyon öğrenen çoğu insan kendi kendine "Ben bir yoga eğitmeni değilim " diye düşünür. Yine de, eğer gereksinimi olan birine tek bir basit çalışma öğretseniz bile, bu sizin tam olarak ne olduğunuzu gösterir.

Eğer korkmuş bir çocuğa, sakinleştirici derin bir soluk almayı ya da yorgun bir tezgâhtara zihnini tazelemek için gözlerini kapayarak onları yukarı doğru yuvarlamasını öğretirseniz, onlara kendi kendine iyileşmek için bir armağan vermiş olursunuz. Sonuçta, bunun daha çok sizin için bir armağan olduğunu anlarsınız. Pek çok yirmi adımlık programda söylendiği gibi, eğer armağanı korumak istiyorsanız, onu vermek zorundasınız.

> **"Eğer bir konuyu öğrenmek istiyorsanız onu okuyun. Eğer bir konuyu anlamak istiyorsanız onu inceleyin. Ve eğer o konuda ustalaşmak istiyorsanız, onu öğretin."**
>
> **Yogi Bhajan**

İşte çok basit ve kendinizi iyi hissetmenizi sağlayacak

bir egzersiz. Bu, herhangi birinin hemen herkese öğretebileceği tarzda bir çalışmadır. Masanızın karşısında, otuz saniye boyunca sessizce oturma şansınız olan her yerde yapılması mümkün olan bir egzersizdir. Basitçe pelvisi çevirmekten başka bir şey değildir.

EGZERSİZ

PELVİSİ ÇEVİRME

1. Yere oturun, bacaklarınızı rahatça çapraz yapmanız iyi olacaktır. Eğer bu mümkün değilse bir iskemleye de oturabilirsiniz. Gözlerinizi kapayın ve onları üçüncü göz noktanıza doğru çevirin.

2. Ellerinizi diz kapaklarınızın üstüne koyun ve tüm bedeninizle bir daire çizerek hareket ettirin, sanki et ve kandan oluşmuş bir tür havan ve tokmakmışsınız gibi pelvisinizle bir öğütme hareketi yapın. Bacaklarınız ve kalçalarınız havan olsun ve bedeninizin geri kalanı da tokmak; üst bedeninizi yavaşça saat yönünde çevirin.

3. Aynı yönde üç dakika boyunca çalkalamaya devam edin ve sonra da aynı hareketi ters yöne doğru aynı süre boyunca yaparak çalkalayın. Geriye doğru gittiğinizde, çeneniz hafifçe köprücük kemiğine doğru iner. İleri doğru giderken, boğazınız hafifçe gerilerek çeneniz öne doğru uzanır. Kundalini Yoga, kendi içimizdeki denge ve birlik ile ilgili olduğu için, tam bir yarar sağlamak amacıyla, hareketi her

iki yönde de aynı süre boyunca tekrarladığınızdan emin olmalısınız. Bu hareketi birkaç saniye için bile yapıyor olsanız, diğer yöne doğru da yaptığınızdan emin olun, böylece tam bir yarar sağlarsınız.

4. Uzun ve derin soluk alıp verin, öne doğru giderken nefes alın, geriye doğru giderken ise burnunuzdan nefes verin. Bu soluma yönteminin pek çok insan üzerinde çok çabuk etki eden sakinleştirici bir etkisi vardır, bu nedenle de bu çalışma, basitliğine karşı çok etkili bir egzersizdir.

Eğer, Kundalini Yoga'yı bir başkası ile paylaşarak etkisini derinleştirmek isterseniz, bu, başlamak için çok uygun bir çalışmadır. Bunu yapamayan hiç kimseye rastlamadım. Bunu, genellikle dersin başlangıcında, gerçek *kriya*'lara ya da çalışma setine geçmeden önce ısınmak için yaparız.

Başkalarıyla paylaşmak, bir anlamda ikinci çakranın enerjisiyle de ilgilidir. Yaratıcılık, bizi diğer insanlar ile kaynaştırır. Cinselliğimiz aracılığı ile yaşam yaratmak, bir başkası ile birleşmeyi devreye sokar. İnsan olmak, yeni bir hayat yaratmak için kesinlikle bir başkasına bağımlı olduğumuz anlamına gelir.

Bu basit gerçeğin ötesinde, yaratıcılık gerektiren pek çok iş diğer insanlarla karşılıklı olarak ilişkiye girmemizi gerektirir. Her ne kadar, kendimizi eğlendirmek için yaratsak da, yarattıklarımızı başkaları ile paylaştığımızda işimiz ya da sanatsal çabalarımız çok daha zenginleşir. Kimsenin tek başına ve hiç kimseyle ilişki kurmadan yaşamamasının nedeni, yaratmaya duyduğumuz gereksinimdir.

Tabii ki bu tür zaman alan fırsatlar, bir ebeveyn olacak ya da çocuklarla zaman geçirecek kadar talihliyseniz insanı korkutacak kadar düzenli bir şekilde size sunulabilir. Genellikle çok başarılı yetişkinler için, dört yaşında bir çocukla birlikte dolaşarak taş toplamada ilginç bir şey bulmak çok zordur. Belki, bakış açınızı değiştirerek ve kendinizi görünüşte anlamsız olan bu işe vererek, sizin yetişkin düzeyinize uygun bir yaratıcılık dönemi için bir başlama vuruşu olabilir.

Bazen, yoga dersi sırasında öğrencilerimle yürürüm.

Herkes bir eş alır, eşlerden biri gözlerini kapar ve diğeri de onu elinden tutarak kapıdan dışarı çıkarır. Gözleri kapalıyken her şeye dokunurlar, yaprakların yapısını, duvarları, ağaç kabuklarını hissederler; şu koca dünyada dokunulacak ne varsa dokunurlar. Yaratıcılık, dokunma duyusu ile başlar.

AKILDAN ÇIKMAYAN DÜŞÜNCELERE KARŞI MEDİTASYON

Suçluluk çevrimini sona erdirmenin kolay bir yolu da geceleri meditasyon yapmaktır, bu yöntemde, gün boyunca suçluluk duyduğunuz şeyleri nefes vererek atarsınız. Bu çalışma sadece birkaç dakika sürer.

Bu meditasyon, korkuları ve nevrozları iyileştirebilir. Geçmişten gelen yerleşmiş ve şimdide yüzeye çıkan düşünceleri silebilir. Ve şimdinin zor durumlarını alıp Sonsuzluğun ellerine bırakabilir.

1. Göz kapaklarınızı, onda bir oranında açıklık kalıncaya kadar indirin.
2. Dikkatinizi burnunuzun ucuna yöneltip yoğunlaştırın. Sessizce şu şekilde, "Wahe Guru" deyin; "Wah" derken zihninizi sağ göze yönlendirin. "Hey" derken" zihninizi sol gözünüze yönlendirin. "Guru" derken zihninizi burnunuzun ucuna yönlendirin.

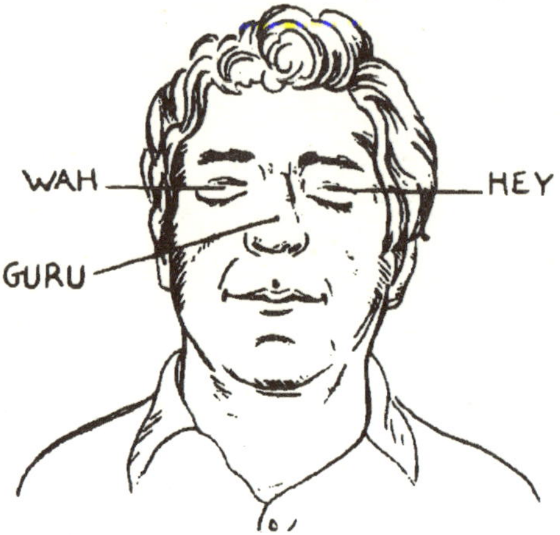

3. Başınıza gelen olayı hatırlayın.
4. İkinci adımda anlatıldığı şekilde içinizden "Wahe Guru" deyin.
5. Bu olayda hissettiklerinizi gözünüzün önüne getirin ve kişiselleştirin.
6. Tekrar, ikinci adımda anlatıldığı şekilde "Wahe Guru" deyin.
7. Aklınıza gelen olayda rolleri değiştirip tersine çevirin.
8. Diğer insan olun ve bu açıdan bakın.
9. Tekrar, ikinci adımda anlatıldığı şekilde "Wahe Guru" deyin.
10. Diğer insanı ve kendinizi affedin.
11. Tekrar, ikinci adımda anlatıldığı şekilde "Wahe Guru" deyin.
12. Olayı kendi haline bırakın ve evrene yollayın.

Bu, içsel barışımızı sağlamak amacıyla Yogi Bhajan'ın öğrettiği on iki adımlık bir yoldur. Bunu, bir arkadaşınız ile paylaşın!

Yoğun suçluluk ve keder duygusu, kendinden nefret etmenin uç aşamasıdır. Bu, sizin asla yeteri kadar çekici, yeteri kadar akıllı, yeteri kadar iyi olmadığınızı söyleyen bir sestir. Bu kendinden nefret etme, taşıyabileceğimizden daha fazla olduğunda, dışa doğru yönelir. Tüm tecavüz ya da cinsel şiddet olayı, kendinden nefret etmenin bir başkasına yöneltilmiş biçimidir. Pek çoğumuz, hayatımızın bir döneminde kendimizden nefret etmişizdir. Her ne kadar herkes bu tür korkunç yollarla hareket etmese de, bu esas duyguyu derinden hissetmiştir. İşte bu nedenle, suçlar ya da cinsel şiddet duygularımızda ani değişikliklere neden olur, çünkü belirli bir düzeyde eylemin kendisi ile bir olmasa da bu esas duyguyu derinden hissetmiştir.

Pedofil[4] olduğunu söyleyen bir öğrencim vardı. İçinden gelen bu dürtülere nasıl uymayacağını öğrenmek istiyordu. İlk başta, onunla bağlantı kurmak benim için zor olmuştu. Bu kararı alması ve yardım arayacak cesareti göstermesinden ötürü ona saygı duyuyordum ve ona elimden gelen en iyi şekilde yardım etmem gerektiğini düşündüm. Bunun için dua ettim.

Kendisine, her gün meditasyon yapmayı, haftada üç gün yoga derslerine katılmak isteyip istemeyeceğini sordum. Bunu kabul etti ve hiç aksatmadan derslere devam etti. Yoğun bir şekilde bu konuyla ilgili danışmanlara gi-

---

4 Sübyancı, çocuklardan hoşlanan. (Ç.N)

diyordu, yoga ve meditasyonda, nerede saplanıp kaldığını anlamasında ona yardımcı olmaktaydı. İkinci ve dördüncü çakralar üzerinde çok çalıştı. Güç merkezleri arasında bağlantı sağlandıkça, bu çalışmasının yararlarını tüm hayatında görmeye başladı. Kalp merkezini açarak, dikkatini bu takıntısından ve ikinci güç merkezinin gölgede kalan yanından kurtardı.

Suçluluk, davranışlarını tetikleyen esas unsurlardan biriydi. Kabul edilemeyen arzuları nedeniyle kendine karşı duyduğu nefret başa çıkılmaz duruma gelince, sadece "Lanet olsun" demeye ve içinden gelen sese göre hareket etmeye eğilim gösteriyordu. Suçluluk duygusu, bir uyarı olmak yerine, onun olabildiğince hızla kaçmasına neden olan kulak zarlarını patlatacak derecede güçlü bir siren durumuna geliyordu. Simgesel düzeyde suçluluk duygusundan kaçtığında ise, kendini başkalarına saldırmada serbest hissediyordu. Bu kadar dengesiz bir suçluluk duygusu, eylemlerine engel olmuyordu.

Yoga çalışması da dahil olmak üzere, daha başka ve sağlıklı yaratıcılık alanları keşfetmeye başladı. Kendini yasak arzular içinde kaybetmek yerine, bir yoga duruşunun, bedeninin değişmez büyüklüğü, yetenekleri ve dayanıklılığını keşfetmenin zarafeti, zorlayıcılığı ve meditasyon yaparak kurtuluşu bulma becerisini geliştirme içinde kaybetmeye başladı. Sonuçta, hem bedensel hem de zihinsel olarak kendini daha sakin ve güçlü hissetti. Hayatında kutsal bir varlığın olduğunu kabul ediyordu ve kendini içten bir dürtüyle yaptığı bu davranışından kurtulmak için Tanrı'nın varlığına güvenirken buldu. Artık, bir cinsel sapık değildi.

Bu öğrencim bana, "Tanrı ve ben, ben ve Tanrı, Biriz" düşüncesini hatırlatır. Kendimizi bedensel, zihinsel ve ruhsal anlamda, içimizde ve dışımızda her yerde bulunan bu güce açtığımızda, her konuda her şeyi yapmak mümkündür.

Biz, bir yaratma anı sonucunda doğduk.

İnanılmaz bir şekilde, milyonlarca spermden bir tanesi tam olgunlaştığı anda bir yumurtaya girer. Bu bir mucizedir. Siz, kutsal bir varlıksınız.

Her insanın kutsal bir amacı vardır, bu amaç dünya üzerinde sadece ve sadece size verilmiştir. Bu bir anıt yapmak ya da keşifte bulunmak veya hiç farkında olmadan bir başkasının hayatını değiştiren iyilik dolu bir davranış olabilir.

1976'da, beni bunaltan öylesine bir acı çekiyordum ki bununla yaşayamayacağımı sanıyordum. Eski kocam beni ve New Mexico'daki ruhsal grubumuzu terk etmişti. Sadece, bir daha dönmemek üzere çıkıp gitmişti. Her akşam mısır tarlalarında dolaşıyordum. Hayatta kalabilmek için, hayal dünyasına dalıyor ve kendi kendime sabah uyandığımda her şeyi o gitmeden önceki gibi bulacağımı söylüyordum. Bu şekilde hayatta kalabildim.

Bir gün, bir arkadaşım beni tarlalarda dolanırken buldu. O gün bana, benimle kalacağını ve bu karanlık vadide ilerlerken bana yardım edeceğini söyledi. Şöyle dedi: "Biliyor musun, eğer vazgeçersen, kaybolup gideceksin, çünkü bu dünyada senin yerini alabilecek kimse yok. Hepimiz, her birimiz bu bütünün bir parçasıyız." Bu iki cümle beni derinden etkiledi ve hayatımın o dönemi boyunca bana destek oldu, hâlâ da olmaktadır. Ruhsal eğitmenim, beni Altın Tapınağı ziyaret etmem için Hindistan'a gönderdi, işte burada şifa buldum.

Hayatınız boyunca yaratıcılığınızı kullanma şansı bulabileceğiniz pek çok şeyle karşılaşacaksınız, hiçbir zaman başlamak için geç değildir. Yeni hayatınızı bir sonraki ya da ondan sonraki nefeste yaratmaya başlayabilirsiniz. Seçim size kalmıştır.

Eğer azimle devam ederseniz gözetilirsiniz. Fakat vazgeçerseniz, Tanrı hiçbir şey yapamaz. Öyleyse DEVAM EDİN!

İKİNCİ ÇAKRA İÇİN ÇALIŞMALAR

KURBAĞA DURUŞU

1. Topuklarınızı birbirine değdirerek parmak ucunda çökün. Dizleriniz kırın ve birbirinden ayrık tutun ve kalçalarınız yerden yukarıda bulunan topuklarınızın üstüne otursun.
2. Parmak uçlarınızı yere, dizlerinizin arasına koyun.
3. Nefes alın ve parmak uçlarınızı yerde tutun. Elle-

rinize dayanın, yeri itin ve bacaklarınızı düzleştirerek kalkın. Kalçalarınız havaya kalkarken başınız aşağıya inmelidir. Burnunuzu olabildiğince dizlerinize doğru yaklaştırın.

4. Nefes alın, tekrar çökün, kalçalarınız topuklarınıza değsin. Sonra nefes alın ve olabildiğince güçlü bir şekilde nefes verin.
5. Bu hareketi on bir kez tekrar ederek başlayın, sonra tekrar sayısını yirmi altı, elli dört ve sonunda yüz sekiz kereye dek çıkarın.

Sağlıklı bir birey olabilmek için, kurbağa duruşu hareketini yüz sekiz kez yapabilecek duruma gelmeliyiz. Tekrar sayısını aşamalı olarak artırmayı hedefleyin, bunu yapmak için çalıştıkça, sağlığınızın, hem bedensel hem de zihinsel olarak iyileştiğini göreceksiniz.

Etkileri: Bu duruş, bedensel ve zihinsel olarak çok canlandırıcıdır. Özellikle uyluklardaki tüm tıkanıklıkları açarak, kaslarda birikmiş tüm toksinleri bedenden atar. Bu duruş, cinsel enerjiyi, alt üçgen bölgesinden daha yukarıdaki merkezleri yönlendirmeye yardımcı olur; ayrıca sadece birkaç dakika içinde zihninizi güçlendirmeye de yarar. Bu hareketi yaptığınızda omurganızın iyice esnediğini, omurlarınızın sıra ile açıldıklarını ve sırtınızdaki gerilimin giderildiğini hissedersiniz.

SAT KRİYA

İkinci çakra enerjisini göğe ya da tanrısallığa yönlendirmek için kullanılır.

1. Topuklarınızın üzerine oturun ve dirseklerinizi düz tutarak kollarınızı başınızın üzerine doğru uzatın.
2. Parmaklarınızı bitiştirin, işaret parmaklarınızla yukarıyı işaret edin.
3. Rektumu, cinsel organları ve göbek deliğini içe doğru çekerek yavaşça yerden enerji çekin, bu sırada da "Sat" mantrasını söylemeye başlayın.
4. Kastığınız yerleri gevşetirken "Nam" mantrasını söyleyin ve enerjinin başınızın tepe noktasına yükselerek dışa çıktığını hissedin.

5. "Sat", göbek deliğinden söylenir (dikkat göbek deliğine yönlendirilerek söylenir) ve daha kısa, daha etkili ve güçlü bir şekilde vurgulanan bir sestir. "Nam" ise daha uzun, rahat ve kişiyi gevşeten bir sestir.

6. En az üç dakika boyunca buna devam edin ve sonra alt bölgede bulunan tüm kilitleri sıkıca kasarak (içe çekerek) nefes alın. Enerjinin omurganızdan yukarı yükseldiğini ve sonra başınızın tepe noktasından dışarı çıktığını hissedin.

7. Nefes verin, on saniye kadar nefesinizi tutun ve bu sırada kilit noktaları (rektum, cinsel organlar ve göbek deliği) içe çekerek enerjiyi omurgadan yukarı gönderin.
8. Sonra sakinleşin ve sırtınızı gevşetin.

Aslında, en iyisi, Sat Kriya çalışması için harcadığınız sürenin iki katı kadar bir zaman boyunca, yerde "ölü adam pozisyonunda" uzanmanızdır.

9. Eğer hamileyseniz ya da regl döneminizin ilk üç günündeyseniz, sadece yukarıda anlatılan pozisyonu alın ve kilit noktaları içe çekmeden/sıkmadan yavaşça mantraları söyleyin.

Etkileri: Bu, Kundalini Yoga çalışmasının temel parçalarından biridir ve tek başına ya da bir set dahilinde yapılabilir. Tüm cinsel sistemi güçlendirir ve ikinci çakranın cinsel enerjisini yaratıcılık ve iyileşme yolunda kullanmanıza yardımcı olur. Bu çalışma sayesinde tüm iç organlarınıza nazik, ritmik bir masaj yapıldığı için bedensel sağlığınız genel olarak gelişir. Sat Kriya, Kundalini enerjisini doğrudan uyarır ve yönlendirir, bu nedenle her zaman "Sat Nam" (Gerçek benim kimliğimdir) mantrası ile birlikte çalışılmalıdır.

Bu kriya'yı çalışma süresini otuz bir dakikaya kadar çıkarabilirsiniz, fakat çalışma sonrası mutlaka derin bir gevşeme süreci geçirmelisiniz. Bu, sadece bedensel bir çalışma değildir. Varlığınızın farkında olduğunuz ve olmadığınız tüm aşamalarında etkilidir.

3
ÜÇÜNCÜ ÇAKRA

KARARLILIK

"Sonsuzluğun saf gücü göbek deliğinizdedir. Onu ne satın alabilir ne de satabilirsiniz ve ben de onu size veremem. Fakat, size bu konuda yöntemsel bir bilgi verebilirim, böylece onu kabullenebilirsiniz, bu sayede de o, hayatınızda sizin yararınıza çalışmaya başlar."

Yogi Bhajan

İnsandaki kararlılık yeteneği, üçüncü çakrada yer almaktadır, bu çakranın yogi biliminde genellikle göbek deliği merkezinde olduğu kabul edilir. Burası, kalp merkezinin hemen altında bulunur, bedendeki tüm sindirim sistemini kapsar ve karaciğer, pankreas, böbrekler ve adrenalin bezleri ile ilişkilidir. Hedef merkezi, göbektir.

Ana rahminde bulunduğumuz sırada, göbek kordonu yoluyla besinlerimizi buradan alırız. Bu merkez, biz doğduktan sonra da güçlü bir enerji kaynağı olmaya devam eder ve etkin duruma geldiğinde kendimizi daha canlı ve güçlü hissetmemizi sağlar.

"Üçüncü çakra etkin olmadığı sürece, kişi sanki bir zindanda gibi yaşar. Hayat ona hiçbir şey ifade etmez."

Yogi Bhajan

Üçüncü çakrası iyi gelişmiş bir insan genellikle enerji dolu, düzenli ve amaçları doğrultusunda sağlam adımlarla yürüyen biridir. Üçüncü çakra uyarıldığında, kişinin, karşısındaki insana bir mesaj vermek için konuşması gerekmez; genellikle bu kişinin varlığı bile kendi başına oldukça yüksek sesle konuşur. Bunun yanında güçlü bir iradeye, kararlılığa, büyük bir kişisel güce ve dayanıklılığa sahiptir.

Bu çakra etkinse, denge de sağlanır, çünkü hayat durgun ve anlamsızsa, bu boşluğu doldurmak için heyecanları, travmaları ve sorunları kullanmaya eğilim gösteririz. Hayatta, kendi seçimlerimizi yönetmek, kendi arzu ve isteklerimizi belirtmek yerine olayların bizi bulmasına izin veririz.

Göbek deliği merkezi gelişmemiş, zayıf bir insan, dağınık, konsantrasyon eksikliği çeken, düşüncelerini gerçeğe dönüştürme enerjisi olmayan ve sürekli olarak hayat ve hayatın kendisine sundukları nedeniyle hayal kırıklığı ve öfke yaşayan biri olarak görünür. Yaygın olarak kullandığımız deyimler, bu güç merkezinin özellikleri hakkında içgüdüsel olarak bildiğimiz şeyleri ifade etmektedir. Üçüncü çakrası çok güçlü olan biri için, "Gözü pek biri" ya da "İçinde gerçek bir ateş yanıyor" gibi ifadeler kullanırız.

Bu çakra, ateş elementi tarafından yönetildiği için, mum alevinin ucunun rengi olan sarı ile ilişkili bulunması da şaşırtıcı değildir. İlk üç çakranın renkleri, kırmızı, turuncu ve sarıdır. Bunun bize verdiği imajdan çok hoşlanırım; sanki bedenimizin ilk üç çakrası, varoluşumuzun içinde yanan bir alevi oluşturmaktadır. Yoga biliminde, ilk iki güç merkezinin, alevi yakan yakıt olduğu söylenir, bu da üçüncü çakrada güçlü ve yönlendirilmiş bir eyleme dönüşür.

> **"Size, üçüncü çakramız etkin duruma geldiğinde, artık hiçbir sorununuz kalmayacağını söylemeyeceğim. Fakat bulanık suda sanki bir lotus çiçeği gibi oturup hayatın tadını çıkarabileceksiniz. Bu, üçüncü çakranın gücüdür. Size, anı ve sonsuzluğu deneyimleme becerisi kazandırır."**
>
> **Yogi Bhajan**

Göbek merkezinin enerjisi güçlü olan bir insanın, eylemleri üzerinde de denetimi vardır, göbek deliğindeki ateşin, tüm eski alışkanlıkları ve davranış tarzlarını yakıp kül etmek ve onlardan arınmak için kullanılabileceği söylenir. Sigarayı bırakmaya çalışan ya da rejim yapmak isteyen bir kişinin, üçüncü çakra enerjisini uyarması ve bu enerjiyi hayatına daha fazla sokması çok yararlı olacaktır.

İlk üç çakra, tıpkı bir ağacın kökleri ya da bir binanın temeli gibidir; enerji bedenimizin olduğu kadar fiziksel bedenimizin de temelini oluştururlar.

Geleneksel olarak, bu ilk üç çakra alt üçgeni ve dördüncü, beşinci, altıncı ve yedinci çakralar üst üçgeni oluşturur. Sekiz enerji merkezi, bir binanın katları gibidir. Hiçbir kat tek başına, diğerlerinden daha değerli olamaz. Genellikle, alttaki köklerden oluşan geniş ağ olmasa, kule gibi yükselen bir meşe olmayacağını unuturuz.

Çakraların incelenmesinde kullanılan diğer bir geleneksel imaj da lotus çiçeğidir. Lotus çiçeğinin uzun kökleri, yukarıdaki narin çiçeği taşımak için çamurun içinde derinlere kadar ulaşır. Bu imaj hakkında bile bazı önyargılar vardır; insanlar duvarlarına bir lotus çiçeğinin resmini asmaktan mutlu olurlar fakat genellikle köklerin ve çamurun resmini çerçevelemek istemezler. Oysa, temeldeki, sistemimizin köklerindeki güzelliği görmemiz de önemlidir.

Üçüncü çakranızı ve kararlı olma yeteneğinizi keşfettiğinizde, kararlılığın "şimdi, burada olma" isteği olduğunu bulacaksınız. Gerçek kararlılık, bir şeyi yapmayı istediğiniz için yapmaktır, sadece sonuçlarını almak için değil. İşte bu nedenle, öğrencilerime, ne olursa olsun vazgeçmemelerini söylerim. En zor, en karanlık zamanlarda bile, bu yöntem size yardım edecek ve zafer sizin olacaktır.

"Dayanıklılığınız, kaslarınızın gücüne bağlı değildir. Ne kadar derin soluk alıp verdiğinize bağlıdır. Nefesinizin uzunluğu ve derinliği ile dayanıklılığınız birbirleriyle orantılıdır."

Yogi Bhajan

Göbek çakrasının bir diğer ilginç işlevi, aslında kalp çakrasının görevi olan solunumda oynadığı roldür. Her ne kadar, akciğerler kalp merkezinde olsalar bile, diyafram, akciğerlerin altında bulunan kaslar gerçekte göbek bölgesinde yer almaktadır.

Genç kızlığımda, bize, doğru duruşun, sopa gibi dimdik durmak ve karın bölgesini sert ve sıkı tutmak olduğu öğretilmişti. Bunun sonucunda da, benim kuşağımın büyük bölümü hayatlarının önemli bir kısmını çok sağlıksız olan ve çeşitli tıbbi sorunlara yol açan sığ nefesler alarak geçirdiler.

Çocukken, başımızda kitapları düşürmeden taşıyarak yürümenin ve bu sırada da karnımızı içe çekmenin öğretildiği görgü kuralları okuluna giderdik. Daha sonra, lisede amigo kızların lideri olduğum sırada da bize sürekli olarak karnımızı içeri çekmemiz öğretildi. En çok sevdiğim kuzenimi hatırlıyorum, kendisi benden bir yaş büyüktü ve tarihte havayollarındaki ilk hosteslerden biriydi ki, bu ellili yıllarda çok önemli bir başarıydı. Benim ve kız kardeşimin duruşlarını düzeltir ve ısrarla karnımızı olabildiğince içe çekmemizi söylerdi. Kısacası, bana sürekli olarak, karnımı içeri çekmem ve nefes almamam öğretildi. Benim genç kızlık zamanımda yaşasaydınız siz de işte bunları öğrenirdiniz.

Bu kitaptan hiç olmazsa bir tek şey alın: Akciğerlerinizden nefes almaktan vazgeçin ve karnımızdan nefes almaya başlayın.

"Nefes alış verişinizin uzunluğu ve derinliği sizin ruhunuzun, karşınızdaki insan üzerindeki etkisini belirler. Sizi bir başka insan için çekici kılan ne kadar derin ve yavaş nefes alıp verdiğinizdir. Bir zamanlar, bu tür eğitimler veren özel okullar ve manastırlar vardı."

Yogi Bhajan

Size önerdiğim şeyi yaptığınızda neler olur bir görelim. Eğer, karın kaslarınızı nefes alırken tamamen serbest bırakırsanız, diyaframınız açılır ve akciğerleriniz belki de yıllardan beridir ilk kez tam kapasiteyle dolar. Şimdi, Tanrı'nın istediği gibi nefes alıp veriyorsunuzdur.

EGZERSİZ

SOLUK ALIP VERMEYİ ÖGRENMEK

1. Dik durun.
2. Kalın kaplı bir kitabı, sanki okuyormuşsunuz gibi açın ve alt kenarlarını göbek deliğinize doğru bastırın.

3. Nefes alırken, karnınız kitabı ileri doğru itsin.
4. Nefes verirken ve karnınız boşalırken kitap, omurganıza doğru ilerlesin.
5. Üç dakika kadar bu hareketi yapmaya devam edin.

Nefes alırken, karın boşluğunu doldurur ve nefesin tüm kan dolaşımınız boyunca dolaşmasına izin verirsiniz.

Bu noktada, kanınızdaki oksijen oranı son derece artar ve bu da özellikle beyninizdeki tüm sinir hücreleri ile tüm organlarınızı doldurur ve daha berrak bir şekilde düşünmeye başlarsınız.

Doğru nefes alıp verin, bu sizin doğuştan gelen hakkınızdır.

Peki, tüm bunların, insandaki kararlılık yeteneği ile ne ilgisi var? Her şeyle ilgisi var. Çünkü, eğer nefes alış verişiniz konusunda kararlı olursanız, her konuda kararlı olursunuz. Gördüğüm her filmde, filmin kahramanının, hareket eden bir trenden atlamak gibi zor bir işe kalkışmadan önce yaptığı ilk şey, derin bir nefes almaktır.

Bu yolla nefes almak için gerçekten bilinçli bir çaba gösterirseniz, bazı değişiklikler yapmak istediğinizi de görebilirsiniz. Bu değişikliklerin en başında, çok sıkı olmayan elbiseler giymek gelebilir. Hoşunuza giden her şeyi giyin ama, eğer giydikleriniz çok sıkıysa ve nefes alış verişinizi kısıtlıyorsa, önceliklerinizi tekrar gözden geçirmeniz daha iyi olur. Giydikleri blue-jean pantolonun beden ölçüsünün artık on beş yaşındaki kadar olmadığını kabul etmek istemediği için nefes alış verişleri bozulan öğrencilerle karşılaştım. Daha fazla oksijenin, sağlığınız ve hayatınız üzerinde, bel çevrenizin ne kadar olduğundan daha fazla yararlı etkisi olduğunu size garanti ederim.

"Giydiklerinizi ve yediklerinizi değiştirdiğinizde tüm hayatınız değişebilir."

Yogi Bhajan

Eğer doğru bir şekilde nefes almaya karar verirseniz, neredeyse mucizevi bir şekilde pantolon ölçünüzün daralmasından daha fazlasıyla karşılaşırsınız. Nefes alış verişleri üzerinde gerçekten kararlı bir şekilde çalışan insanları yemeğe karşı duyulan arzunun daha az yönettiğini gördüm. Sanki, üçüncü çakranızın daha doğal bir şekilde işlemesine izin verirseniz, mideniz size yanlış yemek mesajları göndermekten vazgeçiyor gibidir. Çoğu kez, olasılıkla nefes için, yemek için olduğundan daha fazla açlık duyuyorsunuzdur. Sadece nefesle yaşayan ve "britaryen" [breatharians] denilen yogiler hakkında anlatılan efsanelere değinilir.

Kabullenmenin, bedenin bir parçası için bile yapabileceği şeyler inanılmazdır.

Size, sadece nefes yoluyla büyük bir kilo kaybına uğrayacağınızı söylemiyorum. Ama, uzun süredir yoga çalışan öğrencilerimin arasında, fazla kilolarından kurtulanlar olduğunu da söyleyebilirim. Üstelik, haftada sadece iki kez bile olsa düzenli olarak yoga çalışan kişiler arasında neredeyse hiç şişmanlık görmediğimi de belirtmeliyim. Öğrencilerimi bilimsel bir yöntemle gözlemlemiyorum. Dışarıda ne yaptıklarını da bilmiyorum, sadece gördüğümü söylüyorum. Çok hafif de olsa, uzun süredir yoga yapmaya devam eden kişiler, sabit ve sağlıklı bir beden ağırlığına sahiptirler. Moda endüstrisinin o yanlış süper model imajına değil fakat sağlıklı, aktif ve güçlü bedenler, doğru hareket edebilir. Uzun ve derin bir şekilde nefes alıp verebilirseniz, yemek hakkındaki seçimleriniz de değişecektir. Olasılıkla, daha fazla meyve ve sebze yediğinizi fark edeceksiniz. Bu, kendinizi daha iyi hissetmenizi sağlayacaktır, çünkü böylece evrenin yaşam gücüne bağlanacaksınız. Her nefes verişte, bu meyve ve sebzeleri büyümeleri için yeryüzüne geri vereceksiniz.

İnsanlar, karın bölgelerinin görünüşü ile neredeyse bedenlerinin diğer bölgelerinden çok daha fazla ilgilenmektedirler.

Geçenlerde, televizyonda 48 Saat adlı bir şov programında, "şişko" olduğuna inandığı için iştahsızlık çeken genç bir adamla ilgili bir bölüm izledim. Bu adam, spor salonlarında saatlerini geçiriyor ve görünümünün herkese itici geldiğini düşünerek bedeninin sadece bu bölgesini çalıştırıyordu. İştahsızlığıyla zıtlık oluşturacak bir şekilde, insanlar onun bu bir deri bir kemik kalmış görüntüsü nedeniyle onu itici bulmaktaydılar. Sonunda, bedenin bu aşırı zayıf görüntüsüyle ilgili takıntısından kurtuldu, fakat ben, aramızdan kaçının kendi görüntüsüyle ilgili olarak daha az aşırı olsa da aynı derecede zararlı takıntılara sahip olduğumuzu merak etmeye devam ettim.

Sağlıklı olabilmek için, belimizin, moda dünyasının

ideal olarak verdiği imajın tersine, kalça kemiklerimizin üzerinde hafifçe genişlemesi gerekir. Lütfen, kendinizin, karın ve üçüncü çakra bölgesini kabul etmenize izin verin.

Bir zamanlar, kronik olarak sırtında sorun yaşayan bir öğrencim vardı. Tüm hayatı boyunca yanlış bir şekilde nefes alıp vermişti ve sık olarak kendisini yatağa düşürecek şiddette sırt ağrıları hissediyordu. O sırada, otuzlu yaşlarının sonlarındaydı ve pek çok kez kiropraktorlara gitmişti. Kendisine sırtından ameliyat olması bile önerilmişti ve bıçak altına yatmadan son bir çare olarak bu öğrencim Golden Bridge Merkezi'ne gelmişti.

Kendisiyle bire bir çalıştım ve inandığım şeyin doğru olduğunu gördüm: Bu öğrencim, karın kaslarını sıkıyordu ve bunun sonucunda da tam olarak nefes alıp veremiyordu. Ona, nasıl doğru nefes alınacağını gösterdim, bu, yanlış nefes almaya oranla hiç çaba gerektirmiyordu, sadece farkındalık ve kararlı olmak yetiyordu. Yanlış nefes alıp vermek, insanların göğüs kafeslerini yukarıda tutar, omuzlarını kamburlaştırır, nefes alma sırasında bel bölgelerini sıkar, tabii ki bu da, sadece karın bölgenizi serbest bırakıp, şişirmeye ve sonra da nefes verirken indirmeye oranla çok daha fazla güç harcanmasına neden olur.

Bu öğrencimi, tüm gün boyunca dikkatini nefes alış verişi üzerinde yoğunlaştırmaya zorladım. Neler yapmak gerektiği üzerinde konuştuktan sonra dediğimi yapmaya kesin olarak karar verdi. Bu çalışmayı yapmak için daha rahat olduğu ve stresin yüksek olduğu işine gitmediği pazar gününü seçti. Bir sağlık memuruydu, günlerini başkalarının bakımını üstlenmek ve iyileştirmek için harcıyordu, fakat kendine en basit şekilde, sadece ciğerlerini tamamen taze hava ile doldurarak yardım etmeyi bile becermiyordu.

Üçüncü çakranın gölge duygularından biri de öfkedir.

Öğrencim bana, bu "nefes alıp verme günü"nde, öğle yemeği vaktinde neredeyse vazgeçeceğini söyledi. Bunu çok zor bulmuş, bu nedenle de kendisini giderek daha fazla öfkeli hissetmeye başlamıştı. Bu çalışmanın onu fazlasıyla öfkelendireceğini tahmin etmiş ve bunun olabileceği konusunda da onu uyarmıştım. Çok öfkeli birisinden söz ederken onun, "çok aksi" ve "safra ile dolu olduğunu" söyleriz. Safra ya da öd, üçüncü çakra bölgesinde bulunan karaciğerin ürettiği bir maddedir. Birisine kızdığımızda, "Sinirden karnıma ağrı girdi" ya da "midemi bulandırıyor" deriz.

Şimdi, nefes alamayan öğrenciye dönelim. Hissettiği öfkeye rağmen, "nefes alma ve verme gününe" ısrarla devam etmeye karar vermişti. İçindeki öfke ve sıkıntıya rağmen, öğrendiği gibi, tüm gün boyunca, dikkatini nefes alış verişi üzerinde yoğunlaştırdı. Bunu sadece bir gün için devam ettirmeye karar verdiği için de sonuna kadar dayandı. O akşam yatağa girdiğinde bir tür zafer duygusu hissediyordu ve o gece on iki saat boyunca deliksiz bir uyku uyudu. Bana şimdiye kadar uyuduğu en güzel uykulardan biri olduğunu ve ertesi gün kendisini harika hissettiğini söyledi.

Böylesine iyi uyumasına inanmıyordu, bir sonraki gün de nefes alış verişi üzerinde çalışmaya devam etti. Sonuçlar o kadar çarpıcı olmasa da, artık "karın solunumu" sayesinde öfkelenmiyordu.

Zamanla, sürekli olarak bu şekilde nefes alıp vermeye başladı, fakat bunun için nefesinin bilinçli olarak farkında olması gerekiyordu. Bunun hâlâ kendisi için çaba gerektirdiğini söylüyordu. Bazı günler, özellikle kendini öfkeli ya da gerilim altında hissettiği sırada nefesi üzerinde bilinçli olarak dikkatini yoğunlaştırması gerekiyordu. Bana şöyle demişti: "Nasıl nefes alıp verdiğime dikkat ettiğime gerçekten değiyor, çünkü kendimi çok daha iyi hissediyorum. Bazı şeylere gerçekten dikkat etmek gerekli ve bu da onlardan biri. Eğer otoyolda otomobil sürerken dikkatli olmazsam bir kaza yapabilirim. Bu çok mantıklı. Her ne kadar hatalı nefes sınırından pek fazla uzak kalamasam da nefes alış verişime dikkat etmem de buna benziyor." Bu kesinlikle doğruydu, eski ve yanlış nefes alış veriş alışkanlığınızı ikide bir tekrarladığınızı görebilirsiniz. Fakat, sağlıksız nefes alış veriş, pek çok hastalığın meydana çıkmasına yol açtığı için tehlikelidir.

"Gelişmiş insanların, çok sakin bir nefes alış verişleri vardır. Normalde, dakikada elli kez nefes alır verirsiniz. Eğer dakikada on kez nefes alıp verirseniz son derece canlı olursunuz. Eğer dakikada beş kez nefes alıp verirseniz çok akıllı olursunuz. Eğer dakikada bir kez nefes alıp verirseniz yenilmez olur-

sunuz. Nefesin gücü sizin denetiminizde olmalıdır."

Yogi Bhajan

Bu öğrencimin nefes alıp verme alışkanlığını değiştirmesinin sağlık üzerindeki etkileri muhteşem olmuştu. Sadece düzenli olarak yoga ve bu bilinçli nefesi çalışarak, sırtındaki kronik sorunlardan tamamen kurtuldu ve bir daha, ameliyatın sözü bile edilmedi.

Bu öğrencim ile çalışırken, nefes alış verişinin nasıl olup da bu kadar kötü olduğunu merak etmeye başlamıştım. Sonunda, hayatında, kökeni çocukluk dönemine değin uzanan öfke izlerinin olduğunu keşfettiğimde ise gerçekten derin bir keder duymuştum. Babası o daha çok küçükken onu ve kardeşlerini terk etmiş ve annesi de onlara fiziksel şiddet uygulamıştı.

Bu genç adamda her zaman çok fazla öfke görmüştüm. İlk tanıştığımız dönemlerde, sınıfın yapmasını istediğim herhangi bir egzersizden hep yakınırdı. Bazı egzersizleri yapmanın "olanaksız" olduğunu söyleyip dururdu. Tabii ki, göbek bölgesinden ya da benim deyişimle diyaframdan nefes almanın da olanaksız olduğunu söylemişti. Sanki kullandığı bu "olanaksız" sözü, hayatında öfke hissettiği her şey için bir ateşleyiciydi.

Bu öğrencimin, öfkeli olmak için pek çoğumuzdan daha fazla nedeni olduğunu kabul ediyorum, fakat onu gerçekte neyin öfkelendirdiği de hiç anlaşılamıyordu. Berbat bir trafik, bozulan aletler ve zor bir yoga hareketi gibi hayatın günlük sıkıntıları bile kızgınlık ve öfkesinin odağını oluşturabiliyordu. Onu sinirlendiren ve hayatını "çekilmez" duruma sokan, şiddet dolu çocukluğu değil, postanedeki aptal memurdu.

Ana rahmindeyken, annemizin kalıplaşmış pek çok bedensel ve duygusal alışkanlığı bize geçer. Annemizin nefes alıp verme alışkanlığını öğreniriz. Bazı anneler sigara, içki içerler ya da kızgınlık ve korku doludurlar. Bazıları, doğumumuz sırasında sakin kalırken bazıları bilinçlerini kaybederler. Doğduğumuzda doğal bir şekilde nefes alıp veririz fakat büyüdükçe, ana rahminde bulunduğumuz aylar boyunca hissettiğimiz nefes alış verişi taklit etmeye başlarız. Annemizin öğrettiği nefes alma alışkanlığına döneriz.

Bu öğrencim de, hepimiz gibi, nefes alışına dek, iyileştirilmesi gereken pek çok davranış modeline sahipti. Bilinçli bir şekilde nefes almaya uğraşmadan önce birkaç yıl boyunca Kundalini Yoga ve Meditasyonu çalışmıştı. Aynı zamanda, bir terapi grubuna katılmış ve ebeveynlerine karşı duyduğu öfkeyi tanımaya başlamıştı, bundan sonra ise düzelme kendiliğinden oluşmuştu. Artık onun çok değişik bir insan durumuna geldiğini görüyorum. Gözlerindeki o sabit öfke kayboldu ve bir zamanlar var olan öfkesinin yarattığı karanlık yığından onun gerçek, duyarlı doğası ortaya çıktı.

Onu bir gün sınıfta gördüğümde nasıl bir gelişme kaydettiğini fark etmiştim. Her zaman yaptığı gibi, sınıfın arka tarafında oturuyordu, üzerine "Olanaksız" kelimesi yazan bir tişört giymişti. Bunu görünce içimden gülmek geldi, çünkü bazı çalışmaları yapamaması nedeniyle hayal kırıklığı yaşadığını biliyordum fakat bazı şeylerin ona olanaksız geldiğini söylediğini de duymamıştım. Ders sırasında elinden gelenin en iyisini yaptı. Belki de bu tişörtün ona eski tutumunu hatırlatan bir hatıra, kendisi ile ilgili küçük bir şaka olduğunu düşündüm.

Dersten sonra, çay içip kurabiye yemek için toplandığımızda, büyük bir sürprizle karşılaştım. Ona sarılmak için ona doğru gittiğimde tişörtünde "olanaksız" değil, "ben olanaksızım" yazdığını fark ettim. İkimiz de bir kahkaha attık. Bir zamanlar nasıl düşünüp hissettiğini ve bu düşünce ve hislerinin şimdiki düşünce ve hislerinden ne kadar farklı olduğunu kendisine hatırlatması için bunu giydiğini söyledi. Ona, kendi gelişiminde rol oynayan en önemli aracın ne olduğunu sorduğumda ise şöyle yanıt verdi: "Kuşkusuz, nefes alıp vermek üzerine çalışmaktı. Karın solunumunu öğrenmek hayatımı değiştirdi." Bundan sonrası hiç de zor ve olanaksız gelmemişti.

Kendini iyileştirmek için çok küçük bir çaba gösteren bir kişi bile canlı olmak yolunda büyük bir adım atmış demektir. Kundalini Yoga ve Meditasyonu çalışan herkese hayranım.

Duygular, hem olumlu hem de olumsuz hedefler için kullanılabilir. Eğer duygularınızı, bağlılığa dönüştürmeyi hatırlayabilirseniz, öfke gibi, potansiyel olarak yıpratıcı duygular karşısında ne yapacağınızı da bilirsiniz.

Korkusuzluk ve kararlılık hakkında düşündüğümde aklıma gelen pek çok öğrenci vardır.

İnsanları, hayatlarında olumlu bir şeyler yapma kararı aldıktan sonra görebildiğim için kendimi çok ayrıcalıklı hissediyorum. Bu, hayatımın en büyük lütuflarından biri.

Bazen, günlük yaşantımda, sanki hiçbir yere ait değilmiş gibi görünmeyen fakat çok yetenekli ve zarafet dolu oldukları için hayatıma giren insanlarla karşılaşırım. Birkaç ay önce, Los Angeles'da çevre mahallelerde küçük bir yürüyüşe çıkmışken, sahip olduğu azimle beni derinden etkileyen bir kadınla karşılaştım.

Çok yaşlı, ufak tefek bir kadındı, önümde yürüyor ve bir pazar arabasını itiyordu. Onun yıpranmış, rengi atmış, kırmızı paltosuna bakarak evsiz insanlardan biri olduğunu sandım. Biraz daha yaklaştığımda, pazar arabasının ekmek sepetleri ile dolu olduğunu gördüm. Arabanın tekerleklerinden biri bozulmuştu ve sokağı geçerken zorlanıyordu, ben de arabayı itmede ona yardım ettim ve beraberce güvenli bir şekilde arabayı karşıdan karşıya geçirdik.

Sokağın diğer tarafına geçtiğimizde, coşku dolu teşekkürler ve Los Angeles'ın kuru gün doğumunda bile parıldayan bir gülücükle ödüllendirildim. Neşelenmişti ve ansızın konuşmaya girişti. Acele etmem gerektiğini düşünüyordum fakat kabalık etmek de istemediğim için bana söylediklerini dinledim.

O civarda yaşamıyordu ve buradaki herkes onu "Kuş Kadın" olarak tanıyordu. Çok hoş bir şehir parkının olduğu bu mahalleye gelebilmek için her gün üç otobüs değiştirmesi gerekiyordu. Buraya geldiğinde, çevredeki tüm fırınları dolaşıyor ve bir gün önceden kalmış ekmekleri toplayarak, pazar arabasıyla parka kadar götürüyordu. Orada, kendisini bekleyen bir kumru ordusunu besliyordu. Gelmediği hiçbir gün olmazdı, hep oradaydı ve kuşlar onu hep beklerdi. Bazen okyanustan martılar bile gelip ekmek yiyordu.

Hayatını bir kuş sürüsünü beslemeye adamanın çok hoş olduğunu düşündüm. Kesinlikle kararlı biriydi, fakat bu kararlılığının dünyanın büyük bölümünün gözünde değeri neydi? Merakımı uyandırmıştı, ben de bir sonraki gün ona katılmaya karar verdim ve böylece çok önemli bir şey öğrenmiş oldum. Bir şey yapmaya karar verdiğimizde, çok basit herhangi bir şey bile olsa, diğer insanlar üzerinde değerlendirmesi neredeyse olanaksız yollardan büyük etkisi olduğunu gördüm.

Onunla birlikte, çevredeki fırınlara gittim, her dükkan sahibi tarafından güler yüzle karşılanıyordu. Onu görmekten ötürü ve gerçekten iyi yiyecekleri atmak yerine değerli bir şeyler yaptıkları için mutluydular. Onunla parkta oturdum. Parktaki çocuklardan ve yetişkinlerden pek çoğu gelip onunla birlikte kuşları besliyordu.

Çevrede dolaşan herkes kuşları beslerken ona katılmıştı, onun durup kendisine katılan tüm bu insanlar hakkında pek çok şey bildiğini, yetenekli ve istekli bir dinleyici olduğunu fark etmiştim. Bir kız çocuğu, ona okulda yaptığı bir proje hakkında son bilgileri verdi, genç ve yorgun bir anne karın ağrıları çeken bebeği nedeniyle geçirdiği zor geceleri anlattı, parkta devriye gezen bir polis, göz kulak olduğu bir delikanlı ile olan sorunlarından söz etti. Bu insanlardan her birini can kulağı ile dinliyor ve o, tatlı haylaz gülümsemesi ile yanıt veriyor ve onlara bir avuç kırıntı daha uzatıyordu.

Hepsine cesaret verici birkaç sözcük söylüyordu, bunlar çok büyük ya da derin sözler olmasa da söylediği her şey istek ve minnetle dinleniyordu. İnsanlar kendi yollarına gittiklerinde ise, Kuş Kadın'la geçirdikleri beş, on dakika sonunda sanki yenilenmiş gibi görünüyorlardı.

Bu yolla, komşudaki yaşlı bilge kadın rolünü oynuyordu. Günlük hayat anlamında etkilediği açıkça belli olan pek çok insan vardı. Hiçbir komisyon tarafından görevlendirilmemişti, hiçbir bağış da almıyordu, sadece basit bir karar almıştı ve tüm hayatını bu kararını gerçekleştirmeye adamıştı. Kuşları beslemek için her gün orada bulunuyordu ve bunu yaparken de ruhsal anlamda pek çok insan besliyordu.

Ona, bunu ne kadar zamandır yaptığını sordum. Buna Romanya'dayken başladığını söyledi. Elli yaşlarındayken Amerika'ya geldiğini söyledi. Ve bu ülkeye geldiğinden beri, neredeyse elli yıldır her gün kuşları beslemekteydi.

Onunla geçirdiğim birkaç saat boyunca, bazı insanların hayatımızda nasıl bir melek rolü oynadıklarını ve bu kadının davranışları ve adanmışlığı ile benim mahallemdeki insanlara şifa ve umut getirdiğinin farkına vardım.

Kuş Kadın'dan öğrendiğim ders ise, insanların hayatında gerçek bir değişim yaratacak sarsıcı bir şey yapamasanız bile yapmaya karar verdiğiniz şey neyse onu yapmak için var olmanızın yeterli olduğuydu. Günün her anında varsanız ve kararlılığınızı sürdürüyorsanız en sıradan yolla bile hizmet edebilirsiniz. Kuş Kadın bunun ustası olmuştu. O, benim kalbimde sonsuza dek yer alacaktı.

Aslında Kuş Kadın bana bir zamanlar duyduğum bir Zen öyküsünü anımsatmıştı. Japonya'nın kırsal kesiminde dolaşan ve onunla gurur duyan bir avuç adanmış öğrencisi tarafından izlenen bir Zen ustası varmış. Küçük bir köyden geçerken, farklı bir eğitmeni izleyen Budist bir rahibin dikkatini çekmişler.

Budist rahip, böylesi bir adanmışlığa esin kaynağı olan Zen ustasını merak etmiş. Rahip, Zen ustasının öğrencilerinden birini durdurup sormuş, "Ben de bir ustayı izliyorum, kendisi çok güçlü ve büyü gücü olan bir adam. Kollarını havada dalgalar gibi hareket ettirip, göğe yazı yazabiliyor. Eğer, yanında birisi elinde bir kağıt ile durursa, harf karakterleri o kağıt parçasının üzerinde beliriyor. Sizin ustanız da böylesi büyük başarılar gösterebiliyor mu?"

Gezgin Zen ustasının öğrencisi bir an için düşünmüş ve sonra yanıt vermiş, "Ustamın da büyü gücü çok yüksektir. Yemeğe oturduğunda yemek yer, yürüdüğünde yürür ve konuştuğunda da konuşur."

Meraklı rahip bunun üzerine biraz düşünür. Alçakgönüllü bir şekilde şöyle der: "Ustanız çok yetenekli biri. Sanırım, ben de onu izleyeceğim. Böylece günün birinde ben de yürürken sadece yürüyebilirim."

Bu öyküyü çok severim, çünkü her günü yepyeni bir gün olarak görebilmeyi bilmek gerçek bir meydan okumadır. Yeni arkadaşım, Kuş Kadın da işte böyle bir ustaydı, yanından uzaklaşmak için acele etmediğim ve bana verdiği paha biçilmez dersi öğrenmek için çok meşgul olmamamdan ötürü ona minnettarım.

Yoga ve meditasyon, bize "şimdi ve burada olmayı" hatırlatan ve hayat boyu uygulanan bir çalışmadır.

EGZERSİZ

ESNEME DURUŞU

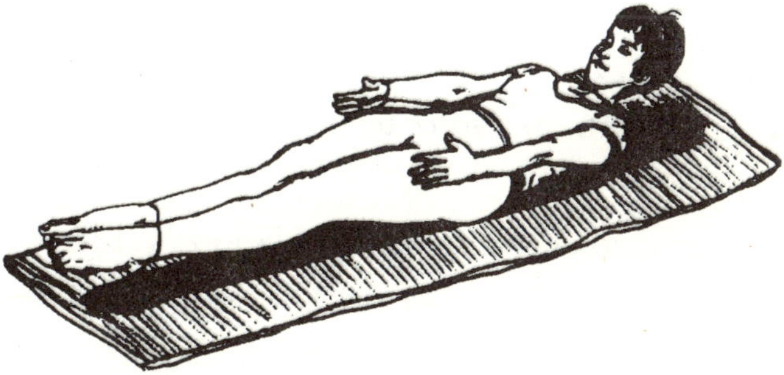

Kundalini Yoga'daki belki de en etkili egzersiz, kabaca "esneme duruşu" diye adlandırılan bu çalışmadır. Bu ad, bunun bir tür uzun, gevşekçe ve keyifle yapılan bir esnetme olduğu izlenimini verse de, gerçekte bu hareket, bu tanımın anlattığından çok daha farklıdır. İnanılmaz derecede zorlayıcı bir harekettir ve ne kadar yaparsanız yapın, her yapışınızda yeni bir meydan okuma olduğunu görürsünüz.

Bu hareketi göklere çıkardığımı biliyorum ve siz de "Ne gerek var" ya da "Niye uğraşayım ki?" diye düşünebilirsiniz. Fakat bu esneme hareketinin gerçekten çok yararlı yanları vardır. Birkaç saniye boyunca yapmayı dener, gevşer ve sonra tekrar denemeye devam ederseniz; bunu toplam bir dakika kadar kısa bir süre için yapsanız bile, belirli bir düzeyde değişirsiniz. Bu hareketi daha iyi yapmaya başladıkça, kararlılık yeteneğinizde gelişme olacaktır. Buna kesin olarak garanti veririm.

Her ne kadar bu hareket hemen hemen herkese zor gelse de, herkes tarafından yapılmalıdır.

1. Yumuşak fakat düz bir yüzeyin üzerine sırt üstü uzanın.
2. Başınızı, ellerinizi ve topuklarınızı yerden on beş santim kadar kaldırın, çenenizi göğsünüze bastırın. Omuzlarınızı yerden kaldırın fakat kürek kemiklerini yerde tutun.
3. Ayak parmaklarınız ileriyi göstersin ve ellerinizi

ayak parmaklarınıza doğru esnetin.

4. Ayak baş parmağınıza doğru bakın.
5. Burnunuzdan ateş solunumu yapmaya başlayın.

Ateş solunumu, burun deliklerinizden çok hızlı bir şekilde nefes alıp vermektir. Son çalışmalarımızda yaptığımız köpek solunumunu hatırlıyor musunuz? Bu da ona benzer, sadece ağzınız yerine burnunuzdan nefes alıp verirsiniz. Göbek deliğinizi tıpkı körük gibi kullanarak nefes alıp verirsiniz nefes alırken karın dışa doğru çıkar ve nefes verirken karın içe girer. Eğer isterseniz, ayak parmaklarınıza bakarken karnınızın hareketlerini de izleyebilirsiniz.

Ateş solunumu en güçlü solunumdur. Sinir sisteminizi tam anlamıyla güçlendirir, kanınızı temizler, enerji verir ve kendinizi daha iyi ve daha parlak hissetmenizi sağlar. Esneme duruşu sırasında ateş solunumu yapmak, bu harekette durmanıza yardımcı olacaktır!

Esneme duruşundayken belinize destek gerekiyorsa ellerinizi, avuç içleri yere bakar şekilde kalçalarınızın altına koyabilir ve yukarıdaki sıralamayı izleyebilirsiniz. Eğer boynunuza destek gerekiyorsa, bir elinizi ensenizin altına koyabilirsiniz. Son olarak, eğer regl döneminizin ilk üç gündeyseniz ya da beliniz daha yumuşak bir şeye gerek duyuyorsa, her seferinde bir bacağınızı kaldırın ve burnunuzdan uzun, derin nefesler alıp verirken otuz saniye kadar yukarıda tutun. Ayak parmaklarınıza doğru bakmayı unutmayın! Eğer hamileyseniz esneme hareketini yapmayın.

6. Bir-üç dakika kadar esneme duruşunu yaptıktan sonra tamamen gevşeyin ve ölü duruşuna geçin.

Zor bir hareketi yaparken bedeniniz titremeye başlarsa, ben de bu titremeye hoş geldin derim. Şimdi, sinir sisteminizi iyileştirirken birazcık titremek, yaşlanıp titremekten ve bu titremeye engel olamamaktan iyidir. Çoğu öğrenci, bu titremeyi ilk kez yaşadıklarında korkuya kapılırlar fakat onlara buna hoş geldin demelerini söylerim. Yoga biliminin, göbek deliğinde birleştiklerini söylediği yetmiş iki bin sinir ucuna enerji yüklenmiştir ve kendilerini onarmaya başlamışlardır. Titremek iyi bir şeydir. Yoga yaparken, gerilim olarak kaslarımızda biriken enerjiyi serbest bırakırız. Bu enerji birdenbire içimizde kabardığında, sinir sistemimiz için iyi bir şok olabilir, fakat gerçekte sinirler arasındaki zayıf ya da kopmuş bağlantılar tekrar güçlendirilir. Birazcık titreyebilirsiniz fakat sinirleriniz güçlendikçe ve daha fazla miktarda voltajı taşıyabilir duruma geldikçe titreme duracaktır. Her gün esneme duruşunu yaparsanız, titremeniz durur ve kendinizi çok güçlü ve merkezlenmiş hissedersiniz.

Bunu bir dakika boyunca yapın ve çalışma süresini üç dakikaya çıkartana dek her sabah yapın. Bu duruşu doğru şekilde yapmaya çalışmanız bile oldukça iyidir. Yıllardır çalışan pek çok öğrenci, sınıfta yaptığımız sırada bu duruşu yarıda bırakmaktadırlar. Önemli olan, başınızı ve bacaklarınızı indirdikten sonra tekrar kaldırmak için kararlı olmanızdır. Eğer bu duruşta her seferinde birkaç saniye durabiliyorsanız bu harikadır; hatta bu bir zaferdir. Dikkatinizi nefes alış verişiniz üzerinde yoğunlaştırın. Nefesinizi gerçekten dinleyin, hissedin ve ayak parmaklarınıza doğru bakın.

Esneme duruşu herkesi yorgunluktan bitkin duruma düşürür. Esneme hareketini yaparken duygusallaşabilirsiniz. Ağlayabilir ya da öfkelenebilir ve olasılıkla aklınıza gelen her şey ve herkes hakkında duygusal patlamalar yaşayabilirsiniz. Hissettiğiniz her ne olursa olsun, o, siz çalışmaya başlamadan önce de oradadır. Kundalini Yoga, sadece bunu su yüzeyine çıkarır ve şifa sağlar. Ayrıca, ufkunuzu genişleterek sınırlarınızın ötesine geçmenize olanak tanır.

Yoga çalışmasını duygularınızı bedensel düzeyde de hissetmek için kullanın; onları yaşadıkça, üzerlerine çıkabilir ve onlara karşı zafer kazanabilirsiniz.

"Duygular konuklar gibidir. Onlara çok iyi ve nazikçe davranmak ve sizinle uyuşamıyorlarsa evden göndermek gerekir."

Yogi Bhajan

Esneme duruşu, kararlılık duygunuzu güçlendirecektir. Kararlılık ya da azim, tüm gölge duygulardan daha güçlü ve daha etkilidir. Bir kez daha, basit bir bedensel hareket, sizi ruhsal ve zihinsel olarak geliştirecek ve bunun için de bedeninizi araç olarak kullanacaktır.

Eğer öfke, elinizden gelenin en iyisini yapsanız bile tehlikeli bir şekilde galip geliyor gibi olursa, bu duruşu bir-üç dakika kadar yapın. Tüm bu enerjiyi ve duyguyu daha yapıcı bir şeye yönlendirmeyi başarabilirsiniz. Karın bölgesindeki bu ateşi, tüm evi yakmak yerine, bir şöminede gürüldeyerek yanan bir ateş olarak kullanabileceksiniz. En azından hücresel düzeyde, bir insan olarak, kendinizi duygularınıza kaptırmamanız gerektiğini bileceksiniz. Esneme duruşu, bu ateşli enerjiyi yapıcı bir şekilde kullanmak için çok güçlü bir araç olabilir.

Öfke, sadece siz izin verirseniz hayatınıza hükmedebilir.

Eğer öfkenizi denetlemeniz gerekiyorsa ve esneme duruşunu yapmak pek işlevsel bir çözüm değilse de, sakinleşmenizi sağlayacak çok basit bir nefes meditasyonunu kullanabilirsiniz.

SAKİNLEŞME MEDİTASYONU: SİTALİ PRANAYAM

Sevgili eğitmenim Yogi Bhajan'ın bana öğrettiği ve içinizdeki canlandırıcı güçlerle ilişkiye geçip kendinizi olumsuz bir zihin durumundan kurtarmak istediğiniz zamanlarda çalışabileceğiniz harika bir nefes meditasyonunu göstermek istiyorum.

1. Dilinizi hafifçe dışarı çıkartın ve bir tüp gibi yanlarını yukarı doğru kıvırın. Pek çok insan bunu yapabilse de bazıları için olanaksız görünür. Bu nedenle, dilinizi dışarı doğru uzatın ve becerebildiğiniz kadar kıvırın ve bir kamış gibi kullandığınızı düşünün.
2. Dilinizle oluşturduğunuz bu kamışı kullanarak ağzınızdan nefes alacak ve burnunuzdan tamamen vereceksiniz. Nefesiniz güçlü, uzun ve derin olmalı.
3. Gözlerinizi kapayın ve dikkatinizi üçüncü göz noktası üzerinde yoğunlaştırın.

Bu nefes tekniğini önce üç dakika kadar yapmayı deneyin. Önünüze bir saat koyabilir ve gözlerinizi açıp ne kadar zaman geçtiğine göz atabilirsiniz. Bir süre bunu yaptıktan sonra, ne kadar canlandırıcı olduğunu görerek daha uzun bir süre boyunca yapmayı istediğinizi fark edebilirsiniz. Üç dakika ile başlayın, sonra yedi, on bir, yirmi altı ve hatta otuz bir dakika kadar yapmayı deneyin.

Etkileri: Bu solunum meditasyonu çok basit olmasına karşın sizde pek çok değişimin olmasına yol açar. Çok güçlendirici ve temizleyicidir, yaparken ağzınızda hafif bir metalik tat hissedebilirsiniz. Bunun nedeni nefes ve ağız yoluyla atılan toksinlerdir. Bir süre sonra bu kötü tat gidecek ve şekerli, balımsı bir tat almaya başlayacaksınız. Kadim yoga bilimine göre, bu balımsı tadı almaya başladığınızda bedendeki yenileyici güçler etkin duruma geçmiş demektir.

Bu meditasyonu inanılmaz derecede etkili bulurum, çünkü birkaç kez nefes alıp verdikten sonra kendimi çok daha iyi hissederim. Bu meditasyon sabah otuz altı ve akşam otuz altı kez uygulanabilir. Eski yogiler, bu şekilde elli iki kez nefes alıp vermenin hayat süresini uzattığını söylerler. Serinletici etkisi nedeniyle de hasta ve ateşi olan herkes tarafından hemen kullanılabilecek bir solunum yöntemidir.

Bu çalışmayı yaparken bedeninizin kaşındığını hissedebilirsiniz. Bunun nedeni, sinirlerin, karaciğerin ve dalağın (enerjilerinin) düzenlenmesidir. Bunun sonucunda, sinirler, bazen kaslarda seğirmelere yol açan yeni bir bağlantı kurarlar. Siz sadece sakin olun ve yapmaya devam edin.

İrade, güç ve dayanıklılığa ne zaman gerek duysanız sitali pranayam'ın gizemini kullanabilirsiniz. Bu gizem, korku, rahatsızlık, hastalık gibi kabullendiğimiz her tür anlamsızlıktan kurtulmaya yardımcı olur. Sadece tedavinin içinizde olduğunu düşünün, yeter!

Bu, küçük bir çocuğa öğretilebilecek harika bir meditasyondur. Bunu bir oyun gibi oynayabilirsiniz, böylece çocuk korktuğunda ya da duygularına yenileceğini düşündüğünde kendi kendine de yapabilir. Bunu deneyen ve işe yaradığını gören pek çok aile vardır.

Burada, çocukların çoğu yoga duruşu ve meditasyonunu gerçekten zevkli bulduğunu da belirtmeliyim. Doğal esnekliklerinden ötürü, bazı hareketleri çoğumuzdan daha kolay bulurlar. Bence, yetişkinlerin yapmak için uğraştıkları şeyleri daha iyi yapabilmek onlara eğlenceli gelmektedir.

Her Şükran Günü'nde büyük bir gözleme partisi veririm. Önce öğrencilerin tüm ailelerini -çocuklarını, anne babalarını getirdikleri çok kalabalık bir yoga dersi yaparız. Çocuklar, en minikleri bile, kendilerinin gün boyunca yaptıkları hareketleri yapmak için bedenlerini esnetmeleri ve eğmelerini çok keyifli bulmaktadırlar. Eğer çocuğunuzun bir başarı duygusu yaşamasını istiyorsanız, ona yapmayı denediğiniz bir yoga duruşu öğretin ve sonra bunu kendiliğinden, mükemmel bir şekilde yaptığı için -ki kaçınılmaz bir biçimde öyle yapacaktır- ona övgüler yağdırın.

Islık çalmaya benzeyen bu nefes alış veriş, denetlenemeyen öfkeyi eritmenin en basit yollarından biridir. Bunu yaparken, çaydanlıktan çıkan buharı hayal etmek bende çok yatıştırıcı bir etki yapar. Bu meditasyonu bir ya da üç dakika boyunca yapmaktan hoşlandıysanız, yedi-on bir dakika kadar yaptığınızda son derece rahatlatıcı olduğunu göreceksiniz. Bu, kesinlikle kendinizi tam bir coşkunluk içinde hissetmenizi sağlayan meditasyonlardan biridir. Islık çalar gibi alınan bu nefesin, kişinin huzurunu kaçıran pek çok duygu üzerinde sakinleştirici etkisi vardır.

Bastırılmamış öfke kendini hastalık olarak dışa vurur.

Sözlü saldırı da olmak üzere evde yaşanan şiddet, pek çok ailede olağan sayılır. İster malikane olsun ister gecekondu hemen her yerde yaşanmaktadır. Gidecek hiçbir yeri olmayan ve serbestçe dolaşan çok fazla miktarda öfke var gibi görünmektedir.

Tabii ki bunun pek çok nedeni vardır, fakat öfke, bireysel temelde başa çıkılması gereken bir şeydir. Kimse bir başkasının öfkesini yok edemez. İşe yarayan tek şey, kendi öfkeniz üzerinde yoğunlaşmanızdır. Elbette, kronik olarak öfkeli olan bu duyguyla kendini zehirleyen biriyle karşılaşırsanız, bu kişinin öfkesini azaltmak için uygulayabileceğiniz bir davranış tarzı vardır. Eğer her seferinde bir başkasının öfkesinden etkilenirseniz, kendi içinizde de benzeri bir öfkeyi büyütmüş olursunuz.

Eğer bastırmış olduğunuz öfkenin farkında değilse-

niz, bu duygu örneğin kanser gibi bir hastalık olarak kendini dışa vurabilir.

Bir zamanlar, çığlık terapisi denilen terapiler modaydı. Kuramsal olarak, sözlü ifadeyi kullanırsanız, öfkenizi de ifade edebilir, onu biçimlendirebilir ve ondan kurtulabileceğiniz düşüncesi uygulanırdı. Araştırmalar, gerçekte çığlık atmanın ve bağırmanın öfkeyi azaltmakla hiçbir ilgisi olmadığını göstermiştir, aslında sadece kişideki sinirliliği artırarak kanındaki stres yapıcı nöro-ileticileri çoğaltmaktadır. Duke Üniversitesi'nde yapılan bir araştırma, öfkelerini sözlü olarak ifade eden kişilerin, sözlü olarak ifade etmeyenlere göre daha yüksek erken ölüm oranına sahip oldukları düşüncesini doğurmuştur. Yoga ve meditasyon, bu öfkeyi, hayatınızı mahvetmek yerine yapıcı duruma getirmek için yönlendirmenin bir yoludur.

Her ne kadar Batı tıbbı, stresin sağlığımız üzerinde büyük bir etkisi olduğunu yeni kabul etmiş olsa da, yakın zamanda yapılan araştırmalar çeşitli duygularımızı ayırt etmeye, sağlığımız ve refahımız üzerindeki özel etkilerini incelemeye başlamıştır. Dr. Redford Williams, Anger Kills (Öfke Öldürür) adlı harika kitabında, sözlü olarak ifade edilen öfkenin sağlık üzerindeki özel etkilerini ayrıntılı olarak açıklamıştır. Yapmış olduğu klinik deneylere dayanarak, hastalarının, özellikle de erkeklerin, kelimenin tam anlamıyla öfkeleri ile kendilerini öldürdüklerini keşfetmiştir. Dr. Williams'a göre, "Saldırganlık düzeyleri yüksek olan kişilerde, koroner rahatsızlıklar ve diğer nedenlerden ellili yaşlarında ölme oranları dört-yedi kez daha fazla gibi gözükmektedir."

Babam, bunun çok iyi bir örneğiydi. 1894'te doğmuştu. Ben on dokuz yaşımdayken de, altmışlı yaşlarının başında öldü. Ben büyürken, hayatın sorunları karşısında yardımcı olabilecek kendi kendine yardım araçları yoktu. Alkolizm sözcüğünü ağzımıza almazdık, sadece "Yaşlı Harry, hani şu sokağın aşağısında oturan sarhoş adam" derdik. Eğer bir insan öfke doluysa, sadece "Ah, bu George, sadece kafası atmış" diyerek onu bağışlardık. Duygusal durumumuzla bedensel sağlığımız arasındaki ilişkiyi kimse bilmiyordu. Bunun sonucunda, babam temelde öfke ve kızgınlıktan öldü, çünkü bu duygularla başa çıkabilecek bir yol bilmiyordu, elinde onları dönüştürmek, iyileştirmek için araç yoktu. Bu duyguları, yararlı bir şekilde yönlendirmemişti ve sonunda bu duygular onu öldürdü. Ruhu şad olsun.

Öfkemizi sözlü olarak ifade etmemizin, çevremizdeki insanların sağlıkları üzerinde zararlı sonuçları olur, fakat Dr. Willams'ın araştırmasının açıkça gösterdiği gibi, bizim üzerimizde de bir etkisi vardır. Gösterdiğiniz tepki sadece "birden parlayıp sonra susmak" olsa bile, başınız belaya girebilir, çünkü bu hareketin de sağlıkla ilgili ciddi sonuçları olacaktır. Amerikan Psikoloji Birliği'nin yaptığı bir başka araştırmada kadınlarda sigara bağımlılığı ile öfke arasında doğrudan bir bağlantı olduğu bulunmuştur. Bu araştırmada, en öfkeli kadınların en çok sigara içenler oldukları gözlenmiştir.

Ben de gençliğimde sigara içiyor hatta bunun yanında amfetamin ve kafein de kullanıyordum. Ben de öfke doluydum. Ailemde sözü geçen kişi olan babamın yolunda gidiyordum. Bir zamanlar bir terapist bana sinirli biri olmadığımı söylemişti. O anda kendimle gurur duymuştum, fakat bu gurur, "Hayır sinirli değilsiniz, aslında öfke dolusunuz" diyene kadar devam etti. Bunu kabul edebilmem için bir anlığına bana baktı. Babamın duygusal davranışlarını almıştım. Bunu kabul ettiğimde, iyileşmem gerektiğini gördüm. Sonunda mutlu olmanın doğuştan gelen hakkım olduğunu anladım.

Öfke konusunda bir ikilem yaşıyordum. Öfkemi ifade etmem kötüydü, ifade etmemem de kötüydü. Kundalini Yoga ve Meditasyonu bana bu çevrimin dışında kalan bir yol sağladı. Tek yanıtın bu olduğunu sanmıyorum; çeşitli terapi ve yöntemler de bunun kadar yararlıdır, öğrencilerimi ulaşabilecekleri her tür aracı kullanmaları için her zaman cesaretlendirmişimdir. Eğer isterseniz Kundalini Yoga ve Meditasyonunu yapabilirsiniz, hiç de fazla para tutmaz ve size şifa bulma olasılıklarıyla dolu bir dünyanın kapılarını açar.

Şimdi, yoga biliminin öfke konusuna olan bakışına bir göz atalım. Yoga felsefesine göre, öfkenin bedende kendini gösterdiği ilk yer karaciğerdir. Karaciğer, inanılmaz bir endokrin bezidir ve kelimenin tam anlamıyla kanımızdaki zehirleri atmak için ustalıkla tasarlanmış bir filtredir. Karaciğer, bize sorun çıkarmaya başlamadan önce uzun süre dayanabilen bir organdır. Hepimiz, karaciğer sirozunun, genellikle fazla içki içmek ya da uyuşturucu alışkanlığından ileri geldiğini biliriz; aslında bu durum, zehir olan maddeleri yıllar boyunca bedenimize yüklememizden sonra oluşur. Sonunda, karaciğer bu ağır işi yerine getiremez ve aksamaya başlar.

Herhangi bir insanın alabileceği en temel karar, tam anlamıyla canlı olmaya karar vermektir.

Yoga eğitmenliği hayatımın büyük bölümü, ilaç bağımlılığı olan insanlarla çalışarak geçti. İnsanlardan sürekli olarak duyduğum tek şey, öfkeleri ile nasıl başedeceklerini bilmedikleri için içki içtikleri ya da uyuşturucu kullandıkları idi. Ne yapacaklarını bilmedikleri ve başkasına söylemekten çekindikleri için de bu bağımlılığın karanlığına kayıyorlardı.

Eğer alkol ya da uyuşturucu bağımlısıysanız, hayata asla evet diyemezsiniz. Bazı insanlar, bunların zehir olduğunu bilmediğinizi söyleyerek tartışmaya katılabilirler, fakat bunları bir kez denemiş herkes onları yenen şeyin zehir olduğunu bilir. İnsanlar bunu inkar etseler de bilirler. Bunu bedensel olarak da hissedebilirsiniz. Kendinizi zehirden arındırmaya kalktığınızda hissettiğiniz acı ve abartılı öfke size bunu söyler.

Madde bağımlısı olmadan da hayatlarını mahvetmeyi başaran pek çok insan vardır. Bir bayan öğrencim vardı, bir kez daha nefret ettiği ve çok stresli bir işte çalışan biri. Çalıştığım bir doktorun önerisiyle bana geldi, çünkü karaciğeri işlevini yerine getirmiyordu. Henüz yirmi beş yaşındaydı ama o kadar kötü durumdaydı ki doktor onun hepatit hastası olduğunu düşünüyordu. Bildik deyişle "iş stresi" nedeniyle karaciğerinin çok kötü çalıştığını fark etmişti.

Kendisiyle iş durumu hakkında daha ayrıntılı bir konuşma yaptıktan sonra, bu bayan hastanın gerçekten de öfke ile dolu olduğunu, onu bu kadar strese sokanın da sevmediği bir iş yapmak olduğunu görmüştü. Stresli olan işin kendisi değildi; sadece bu bayan için yanlış bir işti. Bu işi yaparak hayatını boşa harcadığını düşünüyordu. Bu genç bayanın durumunda, onun hayallerine yönelik olmayan her tür iş, kendisi için son derece stresli olmaktaydı. Kendi deyişiyle, "Bana, elbise fırçalamak için günde bir milyon dolar verseler bile yine de kendimi bir enkaz gibi hissederim" diyordu.

Kundalini Yoga yapmaya başladı ve pek çok öğrenci gibi bu da, onun işi hakkında farklı seçimler yapmasına yardımcı oldu. Daha az para ile yaşamaya karar vererek bazı değişiklikler yaptı ve gerçekten sevdiği konuda eğitim almak için okula geri döndü. Bu arada, karaciğeri de artık mükemmel işlemekte.

Bu öğrencim ayrıca benden, birkaç diyet önerisi almıştı. Bunu pek sık yapmam, çünkü beslenme konusunda benden çok daha bilgili pek çok insan vardır. Karaciğer hakkında severek önerebileceğim iki şey vardır. İlki, olabildiğince çok pancar ve pancar yaprağı yemektir. Eğer pancar suyu içiyorsanız, günde sadece 50-60 santilitre kadar için. İkinci önerim ise, her tür turptan yemektir, özellikle de Japon turpu yiyin. Her ikisi de karaciğerin tedavisi konusunda süper yiyeceklerdir. Ve tabii ki, yogi çayı da karaciğeri temizlemenin harika ve keyifli bir yoludur.

Birkaç yıl önce, Arizona, Tucson'da uyuşturucu bağımlıları için tedavi ve rehabilitasyon sağlayan bir merkeze yardımcı oluyordum. ABD'deki en yüksek tedavi oranlarından birine sahiptik. Uyguladığımız yöntem, Kundalini Yoga, meditasyon, diyet, masaj ve hidroterapi idi. Tedavi olan bu insanlarla yaptığım yoğun çalışmalar sonucu, diyetlerinde bu yiyeceklerin bulunmasının, karaciğeri toksinlerden arındırma sürecinde nasıl bir farklılık yarattığını da görebildim.

ADRENALİN BEZLERİ

Üçüncü çakrada bulunan önemli bezlerden olan adrenalin bezleri de "öfke-stres döngüsü" dediğimiz süreçte rol oynar.

Adrenalin bezleri, bedeninizin herhangi bir "savaşma ya da kaçma" durumu karşısında tepki vermek için adrenalin ve kortizon salgılayan bezlerdir.

Bu sistem, günlük hayatımızda karşılaştığımız streslerin pek çoğu, bedensel bir karşılık gerektiren fiziksel davranışlar olduğunda gayet iyi işlemekteydi. Bu sistem, karşılaştığımız stresli durum karşımızda duran kocaman bir kaplan olduğunda mükemmeldir! Adrenalin ve kortizon bizi kaçmaya hazırlar. Çoğu insan için, günümüzde karşılaştıkları stres, bir kaplan değil, ısrarcı bir patron, sıkıcı bir müşteri ya da kızgın bir kocadır. Bizim zavallı endokrin sistemimiz, sanki bir kaplan tarafından kovalanıyormuşuz gibi bu hormon ve nöropeptidleri salgılamaya devam eder. Bu döngünün haricinde kalan ise, kaplan tarafından kovalandığımız sırada koşuyor olmamız ve bu güçlü hormonların ve nöropeptidlerin fiziksel hareketlilik yoluyla sistemimizde yanmalarıdır.

Özellikle bedendeki çeşitli bezlerin sağlığı ve yenilenip canlandırılması üzerinde yoğunlaşan Kundalini Yoga, bizi bu stres-öfke döngüsünün öldürücü etkisinden kurtaran bir disiplindir. Binlerce araştırma, stres ve öfkenin sağlığımız üzerinde zararlı etkileri olduğunu söylemekte ve bununla savaşmak için genellikle, egzersiz yapılmasını önermektedir. Çoğu egzersiz, sadece özel bir kası güçlendirmek için tasarlanmıştır; salgı bezleri ve iç organlar üzerinde yararlı etkileri olmaları beklenmez. Pek çok sağlık kulübünde, bedensel görünüm üzerinde acımasızca durulduğunu görürsünüz, bu yaklaşım bile kendi başına bir stres-öfke döngüsü yaratmaktadır.

Kundalini Yoga, salgı bezleri ve iç organlar üzerinde çalışır. Sayısız öğrenci, kendi durumları ile en fazla ilgisi olan çakralar üzerinde çalışarak ve Kundalini Yoga yaparak özel sorunlarını çözmüşlerdir. En fazla ilerlemeyi de, çalışmalarını, yaşam koşullarından doğan sorunları çözmede yardımcı olabilecek özel yoga ve meditasyon yöntemleri üzerinde yoğunlaştıran öğrencilerde gördüm. Bunlar, kendilerini farkındalığa adamış, gelişip ilerleyebileceklerine inanan öğrencilerdi. Bir öğrenci, belirli çalışmayı veya meditasyonu kırk gün boyunca yapmaya karar verir ve azmederse, mucizeler oluşmaya başlar; alışkanlıkların yenilenmeye başlaması için gereken süre, kırk gündür.

Bu öğrenciler arasında en fazla ilerlemeyi de, sadece tek bir çakra üzerinde değil, bu çakradaki enerji dengesizlikleri üzerinde yoğunlaşanlarda gördüm. Bu artı adımı atan öğrenciler de her zaman, en mucizevi iyileşmenin görüldüğü vakaları oluşturmaktadırlar.

İnsandaki her yeteneğin diğerleri üzerinde tıpkı bir domino taşı gibi etkisi vardır. Örneğin, düzenli olarak Kundalini Yoga ve Meditasyon yaptığımızda, yetenekleri daha gelişmiş bir beden için minnettarlık duymaya başlarız. Sonuçta, bedenimiz sürekli olarak çeşitli rahatsızlıklarla kuşatılmadığında, daha da minnet dolu oluruz ve yaşantımızı sevmek için daha fazla zamanımız olur. Gerçeği yaşamak, sezgi gücümüzle algıladığımız evrenin gerçekleri hakkındaki farkındalığımızı artırmakla başlar. Bu yolla da, bu döngü sürekli devam eder.

İnsandaki her yetenek, çakraların birbirleriyle ilişkili o mükemmel sisteminde yankılanıp durur.

Geriye dönüp baktığımda ve sadece bedensel çalışma üzerinde değil, belirli bir yeteneğin yetersizliği üzerinde yoğunlaşan öğrencileri düşündüğümde aklıma hep bir öğrenci geliyor. Bu bayan, şimdiye kadar gördüğüm en dikkate değer, bedensel iyileşme vakası idi.

Şimdi kırk yaşlarının başında olan bu bayan, yaşam

dolu ve karşı konulmaz derecede etkili bir gülüşe sahip, başarılı bir yapımcıdır. Bedensel olarak güçlüdür ve eğer öyküsünü bilmiyor olsanız, kendisinin bedensel olarak dinç, tipik bir yoga öğrencisi olduğunu sanırsınız.

Bu bayan, Kundalini Yoga çalışmaya geldiğinde, doktorlar fazla uzun yaşamayacağını düşünüyorlardı. Kendisine altı aylık ömrü kaldığı söylenmişti. Yirmili yaşlarını, bir telekız ve egzotik dansçı olarak çok tehlikeli bir yaşam sürerek geçirmişti. Alkol ve sigara bağımlısıydı ve arada sırada da uyuşturucu kullanıyordu. O sırada kendisini tarif etmesini istediğimde şöyle demişti: "Dıştan bakıldığında, uyuşturuculara boğulup eğleniyordum. Gelecek hakkında kaygılanmıyordum, Tanrı, ruhsallık ya da benzer şeyler hakkında da hiç düşünmemiştim. Tek istediğim güzel görünmekti ve her istediğimi elde ediyordum. Fakat içimde her zaman öfkeliydim. Çok kötü bir mizacım vardı, insanlara karşı birden öfkemi boşaltırdım, sanki patlamaya hazır bir bomba gibiydim. Bu öfkeden kurtulmak için içki içer ve uyuşturucu alırdım, fakat gerçekte hiç işe yaramazdı."

Bir seks işçisi olarak sürdürdüğü hayatı bırakmış ve başarılı bir iş kadını olmuştu, fakat öfke hâlâ içinde kaynıyordu. Çok ihtilaflı bir davaya karışmış ve bu dönemde de kendini çok hasta hissetmeye başlamıştı. Çok kilo kaybetmişti, yemek yiyemiyor, yediklerini sürekli kusuyordu. Kendisine sayısız ilaç, antidepresan, uyku hapı, idrar sökücü, antifungal yazılmasına rağmen hiçbiri işe yaramamıştı. Giderek daha da kötüleşiyordu.

Sonunda doktorlar, her ikisi de ölümcül olan karaciğer sirozu ve hepatit C teşhisi koydular ve kendisine karaciğer nakli yapılması gerektiğini söylediler. Ayrıca sadece HIV pozitif çıkmakla kalmadığı, AIDS hastalığının da son derece ilerlemiş olduğunun söylenmesi daha da sarsıcı bir darbe olmuştu. Normal bir insanın T hücre sayısı en az 400'ken onun 70'ti. Doktorları ona işleri yoluna koymasını söylediler, çünkü sadece altı aylık ömrü kalmıştı.

İşte bu noktada Budist olmuştu. Giderek, öleceğini kabul etmeye başladı, fakat sonra davranış tarzında kesin bir değişiklik yaptı. Bir karar aldı. Tüm hayatı, tam anlamıyla var olmak, dünya denilen bu gezegen üzerinde dengeli, mütevazı bir insan olmak da dahil olmak üzere bu tür kararlar almaktan uzak durarak geçmişti. Sonunda bir karara vardı, zarif bir şekilde ölmeye karar verdi. Artık veda etmek üzere de olsa, hayatı yaşarken deneyimlemeye karar verdi.

Kararlılık, kurtuluşunuz olabilir.

Sigara ve içkiyi bıraktı. Sağlıklı beslenmeye başladı, vejetaryen bir diyet uyguluyor ve yediği her lokmanın farkına varıyor ve onurlandırıyordu. Yürüyüş yapmaya başladı. Daha önce hiç egzersiz yapmadığı için bu ona çok zor gelmişti. Önce oturduğu bloğun çevresini yürümeye karar verdi. Bunu başardı ve bu, onun ilk zaferi oldu. Sonra gittikçe daha uzak mesafeleri yürümeye başladı. Bu yürüyüşlerin onun Tanrı ile bağlantıya geçmesine, bu karmaşık varoluş durumu içindeki yerini bilmesine yardımcı olduğunu söylüyordu. Yürümeye devam etti.

Bir gün, daha fazlasına ihtiyacı olduğunu düşündü ve Kundalini Yoga sınıfına katıldı. Yoga bilimine daha önce hiçbir öğrencide görmediğim kadar kendini verdi. Kararlılık, kurtuluşunuzun başlangıcı olabilir ve bu öğrencim için oldu. Öfkeden kurtulmak ve karaciğerini iyileştirmek için, bizim "Bırak karaciğerin yaşasın" diye adlandırdığımız bir programı çok sıkı bir şekilde izleyerek çalıştı.

Bu programda çalışılan duruşlar hiç de kolay olmamasına rağmen günde iki kez yaptı, hem de her gün. Bir zamanlar bir bloğun çevresini yürüyemezken, şimdi bu çalışma programını böylesi azimle devam ettiriyordu. Sonunda kendisine, böylesi bir kararlılıkla çalışmasını sağlayanın ne olduğunu sordum. "Açıklaması biraz zor; bu egzersizler dışarıdan baktığınızda çok garip görünüyorlar ama aslında içimde bir şeylerin değiştiğini hissediyorum. Yoga yaptıktan sonra, gerçek bir değişim hissediyorum. Sanki bir görüntü gibi karaciğerimin sağlıklı bir duruma geldiğini, öfke ve nefret gibi tüm zehirli duyguların bedenimden atıldığı gözlerimin önüne geliyor. Ayrıca ısı tedavisini de çokça yapıyorum, çünkü HIV'in ısıdan nefret ettiğini duydum ve ben de ısıyı sevmeye başladım. Karaciğerdeki toksinlerin deriden ter yoluyla atıldığını da öğrendim ve böylece teri de sevmeye başladım. Artık, hedefimi, iyi ölmekten dolu dolu yaşamaya doğru değiştirdim. Yoganın bana şifa verdiğini biliyorum, bu nedenle de devam ediyorum."

Yaz döneminde New Mexico'da kadınlar için açtığımız

yoga kampına ve Yaz Gündönümü Kutlaması'na katıldı. Los Angeles'a döndükten sonra da, iş programına uygun olan her yoga dersine katılmaya ve her gün kendi başına yoga yapmaya devam etti. Kendisine verilen altı aylık süre bitti de geçti bile ve o hâlâ aramızda.

Giderek artan kararlılığı sayesinde iyileşmeye başlamıştı. Öfkenin yarattığı zehrin ve rahatsızlığın bedeninden dışarı atıldığını gösteren elle tutulur işaretler vardı. T hücrelerinin sayısı ve karaciğerindeki enzimler artmaktaydı. Artık, kusmasını bitirmek ve sonra da işe yetişmek için erken kalkması gerekmiyordu. Önceden "sabah kusma zamanı" olan saatte yoga yapıyordu ve hiç de şaşırtıcı olmayan bir şekilde bunu çok eğlenceli bulmaktaydı.

Her ne kadar, AIDS ilaçlarını almaya devam etse de, daha önceden aldığı o bir ton reçeteli ilaçtan uzak duruyordu. Uyku hapı almayı kesmişti, bu da ona, antidepresanlar, idrar söktürücüler, antifungaller, antibiyotikler ve yüksek tansiyon ilaçlarından vazgeçme cesareti vermişti.

Tüm bunları bir doktorun gözetimi altında yaptı. Doktoru, hiçbir tür alternatif tedavi ya da şifa çalışmasına inanmasa da, iyileşmenin gözle görülür düzeyde olduğunu anlayan biriydi ve sonunda isteksizce de olsa kabul etti; "Doğru bir şey yapıyor olmalı."

Kendisine altı ay ömrü olduğu söylendiğinden beri tam beş yıl geçti. Şimdi hepatit C virüsünden kurtulmuş durum da, karaciğeri normal bir şekilde işliyor ve artık karaciğer nakli yapılması gerektiği düşünülmüyor bile. Kanındaki HIV virüsü düzeyi sıfır ve T hücresi sayısı da

300'ün üzerinde. Eğer bu hücrelerin sayısı artmaya devam ederse, bir gün kuşkucu doktorunun artık onun AIDS olmadığını kabul edeceğinden de çok emin.

Şifa bulmak için pek çok seçeneğini değerlendirmişti. Akupunktur tedavisi görmüş, değişik vitaminler ve güç verici besinler kullandı. Şimdi zihni çok açık ve neredeyse her şeyi deniyor. Ona, iyileşmesinin esas sorumlusunun yoga olup olmadığını sorduğumda, onu gerçekte iyileştirenin ne olduğunu bilmesinin o kadar da önemli olmadığını söyledi. Bu, bana derslerde söylediğim bir şeyi hatırlattı. Dondurma hazırlarken, ne zaman süt, krema ve şeker olmaktan çıkıp da tam olarak dondurma durumuna geldiğini söylemek çok zordur. Bu bir süreçtir ve önemli olan karıştırmaya devam etmektir. Dondurmayı incelemek için ara vermenin dondurmanın olmasına yardımı olmayacağı açık olduğuna göre niye canımızı sıkalım ki?

Şimdi, bir zamanlar bu öğrencimin kendi deyişiyle "her zaman öfkeli bir kişi" olduğuna inanmak oldukça zordur. İyi bir şakaya ilk gülen ya da ilk yapan kişi olduğu için çevrede bulunmasından herkes memnunluk duymaktadır. Yoga çalışmadaki kararlılığı onu eğitmen eğitimi alana dek götürdü ve şimdi, bir başkasını iyileşmesi için meditasyon yapmayı da içeren ve "Sat Nam Rasayan" denilen eski bir yoga meditasyon yöntemini öğrenmektedir.

Hayatına bir iş kadını olarak devam etse de bir şifacı olmaya da davet edildiğini hissetmekte. Şimdilik hayatının güzel, anlamlı olduğunu ve bir amacı olduğunu söylüyor. Bu çağrının hayatında nasıl kendini göstereceğini bilmese de, sezgilerini kullanarak kendini eğitmek için gerekli adımları atmaya devam etmekte ve Tanrı'nın onu olması gereken yere doğru yönlendireceğini de bilmektedir.

Aslında onun daha şimdiden bir şifacı olduğunu kanıtlayabilirim. Onun kararlılığı bana bu çalışmanın inanılmaz gücünü hatırlattı ve böylece beni iyileştirdi. Onu diğer öğrencilerle konuşurken seyrettiğimde, onu, diğer insanlara ışık getiren neşe dolu bir insan olarak görüyorum.

Bunu okuduktan sonra şöyle düşünebilirsiniz, "Bunların hepsi iyi güzel de benim bu kadar vaktim yok. Hem ben bu kadar yoğun çalışmak da istemiyorum. "Aslında çalışmak zorunda değilsiniz de. Eğer, azminizi en küçük düzeyde bile onurlandırmaya başlarsanız, hayatınızda gelişme ve iyileşme olduğunu görürsünüz. Bir partide, birinin umutsuz bir şekilde anlatma ihtiyacı duyduğu sıkıcı bir öyküyü bile dinlemeye devam edebilir ve bundan bir yarar sağlayabilirsiniz.

Bir dakika için bile olsa yoga egzersizi ve meditasyon yapmaya azimle devam etseniz, bir yarar sağlarsınız.

Bu öğrencim kendini büyük oranda iyileştirmişti, diğer öğrencilerim kendilerini kendi ölçüleri ve tarzlarında iyileştirdiler. Bunların her biri de süregiden zaferlerdir.

Kendi doktorunun bile şimdi, "ölümü kandırdığını" söylediği kadını göz önüne alın. Ona, kötü haber olarak sadece altı ay ömrü kaldığını söylemişlerdi ve iyi haber de yoktu. Şimdi ise, şimdiye kadar olmadığı kadar mutlu. O öfkeli insan artık yok. Bedeninin her bir hücresini oluşturan atom altı parçacıklara dek tepeden tırnağa değişti. Onun gücüne ve cesaretine hayranım. Onun, bedensel, zihinsel ve ruhsal aşamadaki iyileşmesini gördüm. O, hepimizin içinde doğal olarak bulunan olasılıkların yaşayan bir örneği. Onun yaptığı şeyi, her birimizin yapma gücü var. Bunun içinse sadece kararlı olmak gerekmekte.

ÜÇÜNCÜ ÇAKRA İÇİN EGZERSİZLER

KARACİGER VE DALAK İÇİN OMURGAYI DÖNDÜRMEK

1. Bağdaş kurarak yere rahat bir şekilde oturun.
2. Baş parmaklarınız geride diğer parmaklarınız önde kalacak şekilde omuzlarınızı kavrayın.
3. Burnunuzdan nefes alın ve bedeninizi sola doğru çevirin.
4. Burnunuzdan nefes verin ve bedeninizi sağa doğru çevirin.
5. Bedeninizi sola çevirirken sessizce "Sat" diyerek nefes alın ve bedeninizi sağa çevirirken nefes alarak "Nam" deyin. Nefes alış verişleriniz uzun ve derin olsun. Gözlerinizi kapayın.

6. Yumuşak ve sakin bir şekilde yirmi altı tekrar yapın. Kollarınızı yere paralel tutun. Yüzünüz karşıya bakar şekilde nefes alarak harekete son verin. Gevşeyin.

KORKUDAN KURTULMA EGZERSİZİ

1. Bacaklarınızı ve kollarınızı önünüze uzatarak oturun. Kollarınız yere paralel, dirsekler düz olmalıdır.
2. Parmaklarınızı sıkıca içe doğru bastırırken baş parmaklarınız yukarıyı göstersin.
3. Bu duruştayken, burnunuzdan nefes alın, sonra nefes vererek bedeninizi öne doğru esnetin, kollarınızı yere paralel tutun.
4. Başlangıç pozisyonuna dönerken nefes alın, sırtınız düz ve yere dik olsun.

5. Bu çalışmayı yaparken gittikçe daha zorlayıcı olan güçlü nefesler kullanın.
6. Hızlı hareket edin, her beş saniyede iki nefes alıp verin. Nefes alırken sessizce "Sat" ve verirken "Nam" demeyi unutmayın.
7. Bu çalışmayı üç-altı dakika kadar devam ettirin.

Etkileri: Bu çalışma, böbreklerimizde biriktirdiğimiz korku ve gerilimden kurtulmamıza yarar. Tüm üçüncü çakra bölgesine ve ilişkili organlara nazikçe masaj yapar.

GÜCÜ VE AZMİ GELİŞTİRMEK İÇİN DEĞİŞİMLİ OLARAK BACAK KALDIRMA

1. Sırt üstü yere uzanın.
2. Sağ bacağınızı doksan derece yukarı kaldırırken burnunuzdan nefes alın, parmak uçlarınız yukarıyı göstersin. Dizinizi olabildiğince düz tutun.
3. Nefes verin ve bacağınızı aşağı indirin.
4. Sağ bacağınız yere değdiği sırada, aynı çalışmayı sol bacağınızla yapın.

5. Nefes alırken "Sat" ve nefes verirken "Nam" deyin ("Ben gerçeğim"), nefesiniz güçlü olsun. Omuzlarınızı gevşetmeyi unutmayın.
6. Bu hareketi üç-on bir dakika kadar yapın.

Eğer belinize destek koymanız gerekiyorsa, ellerinizi avuç içleri aşağı bakar şekilde kalçalarınızın altına koyun. Daha fazla destek için boynunuzun altına bir yastık da koyabilirsiniz.

Etkileri: Bu çalışma, karın kaslarınızı ve belinizi güçlendirir, böylece istek ve kararlılık duygularınız da güçlenir.

STRESTEN KURTULMA MEDİTASYONU

1. Bağdaş kurarak rahat bir şekilde yere oturun ve omurganızı düz tutun.
2. Sağ kolunuzu düz olarak yukarı doğru kaldırın, kolunuz kulağınıza değsin. Dirseğinizi düz tutun ve avuç içiniz sola baksın.
3. Sol kolunuzu önünüzde altmış derecelik açıyla ileri doğru uzatın, avcunuz düz olsun ve avuç içiniz yere baksın. Dirseğinizi düz tutun.
4. Her iki elinizin baş parmağını yere, parmaklarınızın hemen altındaki tepeciğin üstüne koyun.
5. Burnunuzdan nefes alın ve "Sat" deyin. Burnunuzdan nefes verin ve "Nam" deyin.
6. Bu çalışmayı yapmaya üç dakika ile başlayın. Zamanla çalışma süresini on bir dakikaya dek çıkartın. Eğer tüm bu süre boyunca kollarınızı yukarıda tutamıyorsanız, aşağı indirin, dinlenin, bu dinlen-

meleri ne kadar ihtiyacınız varsa o kadar tekrarlayabilirsiniz. Kollarınızı kaç kez indirip kaldırırsanız kaldırın yine de şifa bulursunuz. İlerledikçe, hareket daha kolaylaşmaya başlar ve siz de güçlenirsiniz. Bu çalışma ben de dahil olmak üzere herkes için zorlayıcıdır.

7. Gözlerinizi hafifçe açık tutun, aşağı, üst dudağınıza doğru bakın.

Etkileri: Bu meditasyon, omurganın alt kısmındaki herhangi bir zayıflığın giderilmesine yardımcı olur. Böbrekleri ve adrenalin bezlerini doğrudan etkileyerek, uzun süreli streslerden ileri gelen enerjiyi düzeltmeye yarar. Kalbi rahatlatır ve canlandırır. Belirli bir nefes alış verişi yoktur, fakat çalışma sırasında nefes kendiliğinden uzun ve derin olur. Bu duruştan tam anlamıyla yarar sağlamak için kollarınızı düz olarak uzattığınızdan emin olun.

4
DÖRDÜNCÜ ÇAKRA

SEVECENLİK

"Kalp, Tanrı'nın var olduğu merkezdir. Bir insanın kalbine dokunduğunuzda o da uyandırılır."

Yogi Bhajan

Dördüncü çakra, bedenimizde kalbin ve akciğerlerin bulunduğu bölgede yer alır, yogiler genellikle bu bölgeyi kalp merkezi ya da kalp çakrası diye adlandırırlar. Bedenin en güçlü çakralarından biridir, herkese nezaket ve iyilik yayan sevecenliğin evidir. Geleneksel olarak yeşil renkle ilişkili bulunur ve dünyasal bir element olan hava ile beslenir. Kanınız, bedeninizdeki her organı beslemek için bu merkezden pompalanır.

Olaya daha ruhsal bakarsak, gökyüzü ya da cennet ve yer bu merkezde birleşir. Kalbimizin derinliklerinden gelerek dua edersek Tanrı'nın dinleyip yanıt vermekten başka çaresi kalmayacağı söylenir.

"Dua etmek, aşık olmak gibidir. Asla vazgeçemediğiniz sonsuz bir eylemdir. Bu iki deneyim, her şeyin en yücesidir."

Yogi Bhajan

Bu farkındalık merkezi sayesinde, "ben" kavramının egemen olduğu krallıktan, daha evrensel olan ve "biz" kavramının egemen olduğu bir krallığa geçeriz. Aslında, bu çakrayı açmak ve titreştirmek için kullanılan "Hum" sesi de "biz" anlamına gelir. İnsanların geleneksel olarak kalbi aşk duygusu ile bağdaştırmalarına hiç şaşmamak gerek. Bu çakranın çekiciliği, şarkı ve deyişlerimizde de görülebilir. Aşk hakkında, diğer duygularımıza oranla çok daha fazla şey yazılmıştır: "Tanrı aşktır", "Savaşmayın sevişin", "Sevgi, tüm ihtiyacınız olandır", "Kalbinizi açın, bırakın güneş ışığı içeri girsin", "Kalbimi San Fransisco'da bıraktım". Karaciğer ya da böbrekler gibi diğer organlar hakkında asla şarkı söylemeyiz. "Böbreklerimi San Fransisco'da bıraktım" ya da "Karaciğerinizi açın, bırakın güneş ışığı içeri girsin" gibi bir şarkı hiç duymamışsınızdır herhalde. Peki, dördüncü çakramızda yatan bu yeteneği anlamaya ve normal, günlük hayatımızda da göstermeye nasıl başlayabiliriz?

Kalp, sevginin çeşitli ifadeleri olan pek çok duygu yayar: sıcaklık, sevecenlik, ihtiras, iyilik, nefret. Dünyadaki her duygu kalp merkezinden yayılır. Bu nedenle de en güçlü ve eğer sezgilerimizle yönlendirmezsek en tehlikeli merkezdir. Hayata, zenginlik, derinlik ve anlam veren bu merkezdir.

"Hayatımızı çoğunlukla kalbimiz yüzünden karmaşıklaştırırız.
Bu merkez ihtirası denetler.
Kişinin sezgileri ile denetlenmediği zamansa, yıkım getirir."

Yogi Bhajan

Evrensel sevgi, sevecenlik ile başlar.

"Sevecen olduğunuzda, sezgileriniz sayesinde bir başkasının duygularını da doğru olarak anlayabilirsiniz."

Yogi Bhajan

Kalp merkezinizin belirli bir titreşimi, belirli bir ritmi vardır, bu o kadar güçlüdür ki, siz saklamaya çalıştıkça kalbinizden geçenler yüzünüzden belli olur. Nasıl konuşacağınızı ve bu merkezden nasıl bir titreşim yayacağınızı öğrenirseniz, düşüncelerinizle bir başkasını hemen ikna edecek kadar çekici olabilirsiniz. Bunun nedeni, gerçekten bu merkezden kaynaklanan titreşimler yaydığınızda, "ben" ve "sen" değil "biz" diyen titreşimler yayarsınız. Karşınızdaki kişi, sizinle konuşurken bilinçsizce de olsa, konuşmayla ne kadar ilgili olduğunu, buna ne kadar gereksinimi olduğunu hissedebilir. Kalp merkezinizin ritmi karşınızdaki insanla uyumlu olduğunda, tek kelime söylemeseniz bile o kişi yanınıza gelip sizinle olmak ister.

Sevginin pek çok yüzü vardır. Kalp merkezi çok fazla etkin olduğunda, kişi fazlasıyla sempatik olabilir ve kendi gereksinimlerini unutabilir.

"Kalbiniz başkalarına açık olmadığında,
Size de açık olmaz."

Yogi Bhajan

Bir insanın bu çakrasında dengesizlik varsa, onun herhangi bir şeye fazlasıyla bağlı olduğunu görürsünüz. Korku duygusu, kalp çakrasında başa çıkılması gereken karanlık yandır; bu korku, sevgi duyduğunuz şeyi kaybetmekten korkmaya, bir başkasını fazlaca korumaya ve onun ihtiyaçlarının sizinkilerin üzerine çıkmasına izin vermeye dek varabilir.

"Komşunuzu da kendinizi sevdiğiniz gibi sevin" deyişini duymuşsunuzdur. İnsanlar, genellikle bu denklemin tek bir yanı üzerinde yani, "komşunuzu sevin" bölümü üzerinde yoğunlaşırlar, fakat "kendinizi sevin" kısmını unuturlar. Bu deyiş, "Komşunuzu kendinizden daha fazla sevin" diye okunmaz. Doğrusu, "Komşunuzu da kendinizi sevdiğiniz GİBİ sevin" dir.

"Kendinizden nefret etmek size çok fazla acı verir. Kendinizi sevmeyi öğrenin."

Yogi Bhajan

Bu basit denklemde çok derin bir bilgelik vardır, eğer sürekli olarak kendinizi aşağı görürseniz, bedeninize dikkat etmeyi reddederseniz, en temel ihtiyaçlarınızı görmezden gelirseniz, duygularınızda aşırıya kaçarsanız, kısacası...

Eğer kendinizi sevmezseniz, başkalarını da sevemeyeceğinizi bilin.

İnsanlar, bedenin diğer bölgelerinden çok, kalp ve akciğer hastalıkları ile göğüs kanserinin yanı sıra bu bölgede olan tıkanıklıklar veya dengesizliklerden kaynaklanan rahatsızlıklar çekmektedirler.

Bu kitabın amacı, şifa sürecine başlamak için gerekli, basit ve elle tutulur araçlar vermektir. Özellikle bu enerji merkeziyle ilgili olarak, gerilim ve korkudan kurtulmak, kalp merkezini açmak ve gerçek sevgiyi yaşadığımızda duyduğumuz sıcaklık ve rahatlık hissinin tadını çıkarmak üzerinde dikkatimizi yoğunlaştırırız.

Kundalini Yoga ve Meditasyon çalışmasını öğrettiğim otuz yıl boyunca, insanlardaki duygusal ve ruhsal tıkanıklıkların bedenlerinde nasıl kendilerini belli ettiğini gördüm. Kalp hastalarının taş gibi sertleşip tutulmuş sırtları ile karşılaştım. Sık sık çözülmemiş sorunların bedenlerinde rahatsızlıklara yol açtığı öğrencilerle çalıştım.

Bazı duyguların bedenimizin bazı bölgelerinde hastalıklara yol açtığı düşüncesi yeni değildir. Bedenimizdeki herhangi bir çakraya egemen olan aşırı bir olumsuz duygu, bu çakradaki dengesizlikten kaynaklanmaktadır.

SEVECENLİK

"Bir canlının içindeki Tanrı'nın iyileştirici gücü, sevecenlik bölgesinden başlayarak akmaya başlar."

Yogi Bhajan

Sevgi, sevecenlik olarak ifade edildiğinde hayatımızda en iyi şekilde işlemeye başlar. "Sevgi", anlaşılması güç bir sözcük olabilir, fakat "sevecenlik", sevginin daha geniş, daha evrensel bir yanını ifade edebilir.

Kundalini Yoga ve Meditasyonunun en çok sevdiğim yanlarından biri de kendinizi sevmenin pratik bir yolu olmasıdır. Bunun karmaşık bir şey olması gerekmez, çünkü kendinizi sevmek genellikle, tam ve derin bir nefes almak gibi basit bir şeyle başlar.

Bu, sanki uçuş görevlilerinin verdikleri acil durum bilgileri gibidir- oksijen maskesi ile bir başkasına yardım etmeden önce kendi maskenizin sağlam bir şekilde yerinde olduğundan emin olun. Genç bir anneyken, bebeğimin nefes aldığından emin olana dek kendim için bir şey yapamayacağımı düşündüğümü hatırlıyorum, fakat tabii ki bu mantıklı bir düşünce değildi. Eğer ben nefes alıp veremezsem ve hareket edemezsem bebeğime de yardım edemem. Görünüşe göre bu mantık hatasını yapan pek çok insan olmalı ki, havayolları her uçuş sırasında bunu hatırlatma gereği duymakta.

Panik ve korku dolu bir durumun ortasında, kendinize dikkat etmenin ne kadar önemli olduğunu her zaman görmeyebilirsiniz. Gerçekte, eğer kendinize yardım etmezseniz, başkasına yardım edemezsiniz. Kuşkusuz İsa bunu anlamış ve bu düşünceyi çok güzel bir şekilde özetlemişti, "Komşunuzu kendinizi sevdiğiniz gibi sevin." Komşunuza karşı sevecen olun ve kendinize karşı da sevecen olun.

Peki, kendimiz ve başkaları için sevecenlik duyma sürecine nasıl başlayabiliriz? "Aşk" yapma eylemi gerçekte minnettarlık ile başlar.

Minnettarlık hakkında düşününce, aklıma gençlik dönemimden kalan bir öykü geldi. O zamanlar, Hawaii'de yaşayan bir hippi idim. Altmışlı yıllardı. Arkadaşlarımla birlikte, çiçekten kolyeler yapıyor ve adaya gelen ziyaretçilere bir hoş geldin armağanı olarak sunuyorduk. Bir gün sanki çevreye minnettarlık yayan bir çifte çiçek verdik. Alçak bir taş duvara oturmuşlardı, erkek, çiçekten yapılmış kolyeyi eşinin boynuna geçirirken çok nazik ve dikkatliydi. Bize bol bol teşekkür ettiler; Maui' nin güzelliği, onlara karşı nazik davranışımız ve hepsinden çok birbirleri için minnet doluydular. Birbirlerinin değerini bilmelerinden son derece etkilendiğimi hatırlıyorum.

Otuz yıl sonra o günden en iyi hatırladığım, yüzlerindeki o ışıltılı ifade idi. Daha sonra olan ise beni çok şaşırttı. Adam gitmek için ayağa kalktı. Ancak o zaman kadının ciddi şekilde sakat olduğunu fark ettim, bacaklarını kullanamıyordu ve kollarının yerinde sanki kanat gibi duran iki uzantı vardı. Aslında açıkça belli olsa da bu durumu fark etmemiştim. Görememiştim. Bu çiftin ellerinde olan için duydukları minnetin aurası o kadar güçlüydü ki, böylesine ortada olan bir duruma karşı hem onları hem de beni kör etmişti. Minnettarlığın gücü böyle bir şeydi.

Evet, Tanrı sevgidir ve hepimiz Tanrı'nın suretleri olarak yaratıldık, fakat bu soyut bir düşüncedir. Markette, kasaya para ödemek için uzun süre sıra beklerken ve önümdeki kadının elinde yirmiden fazla çeşit mal varken, Tanrı'yı ve sevgiyi düşünmem çok zor oluyor. O kadını sevebilirim fakat dürüst olmam gerekirse, daha çok sıkıldığımı itiraf etmem gerekir. O sırada bana hiç de Tanrı gibi görünmemekte ve ben de kendimi pek de Tanrısal hissetmemekteyimdir. Bir dağda meditasyon yaparken Tanrı'yı görmek kolaydır. Fakat bunu bir markette yapabilmek çok daha büyük bir meydan okumadır.

"Sevgide, iyiliğinizin ve sevecenliğinizin sınırı yoktur."

Yogi Bhajan

Peki marketteki bu kadın neden benim canımı sıkmaktadır? Çünkü, acelem vardır ve yeterince zamanım olmadığını düşünmekteyimdir. Benim geldiğim yerde istekler önemlidir, bir iktidar mantığı hüküm sürmektedir. Yeterince zamanım olmadığı için de, bu kadının benden bir şeyler alıp götürdüğünü düşünmekteyimdir. Kısacası, korkuyorumdur.

Sevgi, korkunun tersidir. Minnettarlık, korkudan kurtulmanın ilk adımıdır. Gerçekten minnettarlık hissettiğinizde, korkuya kapılmak neredeyse olanaksızdır.

"Diğer kişinin siz olduğunu bilin."

Yogi Bhajan

Öyleyse, para ödeme kuyruğunda beklerken bu minnettarlığı nasıl hissedebilirim? Bir yogi olarak, her zaman bedensel düzeyden başlarım, çünkü ruhsal olarak bu şekilde gelişeceğimi biliyorum.

Öğrencilerime her zaman, derste yaptığımız şeyin yoga "çalışması" olduğunu söylerim, hayat ise gerçek yogadır. Ders sırasında, daha sonra hayatımıza da uygulayabileceğimiz teknikleri, yani simgesel yaşam derslerini bedensel düzeyde çalışırız.

Markette sırada beklerken, nasıl durduğumu incelemekle işe başlarım, önce omuzlarımı gevşetip düşürürüm. Olasılıkla, kulak düzeyine kadar çıkmışlardır. Sonra gözlerimi kapar ve yogilerin gözleri üçüncü göze doğru devirme yöntemini kullanırım. Pek çok kültürde, geleneksel olarak dua ederken eller bitiştirilir ve başparmaklar, kaşların arasında ki bu noktaya doğru bastırılır. Siz de gözlerinizi kapatıp ellerinizi bu geleneksel duruşta tutmayı deneyin. Bunu yaparken, gözleriniz kapalı bile olsa bu noktaya doğru baktığınızı hayal edin. Bunu yaparak, bedeninizin gerçekten rahatladığınızı hissedersiniz.

Bunun pek çok nedeni vardır. Bu bölge, "kendini iyi hissetme" enzimi olan seratonini salgılayan ve düzenleyen hipofiz bezinin yeridir. Dikkati buraya yoğunlaştırmak seratonin salgılanmasını da uyarır. Üçüncü göz noktasına yoğunlaşmak, kendimizi yatıştırmanın, dikkati toplamanın en kolay ve en etkili yollarından biridir.

Gözlerinizi yukarı doğru çevirerek ve kendinizi daha sakin hissederek, burnunuzdan nefes alıp verin, nefes alırken, bir an için minnettarlık duyduğunuz herhangi bir şeyi düşünün. Bu, havanın iyi olması, köpeğiniz ya da sıcak, güvenli bir eviniz ve iyi yiyeceklere sahip olmak gibi küçük veya büyük herhangi bir şey olabilir. Birkaç saniye boyunca nefesinizi ve bu düşünceyi tutun. Burnunuzdan yavaşça nefes verirken, bilinçli olarak nefesle birlikte korktuğunuz herhangi bir şeyi de dışarı atın, bırakın nefesinizi verirken o da bedeninizden dışarı çıksın. Bu nefes veriş sırasında birkaç saniye için bu korkuyu Tanrı'ya verdiğinizi kabul edin. Onu sonsuza dek vermek zorunda değilsiniz. Eğer bu konuda biraz daha endişelenmek istiyorsanız, geri alabilirsiniz, fakat bu birkaç saniye boyunca Tanrı'nın evinize, işinize, ailenize ve sağlığınıza dikkat edeceğine güvenin.

MİNNETTARLIK EGZERSİZİ

1. Burnunuzdan nefes alın.
2. Ağzınızdan sonuna dek verin.
3. Derin ve yumuşak bir şekilde burnunuzdan nefes alın.
4. Burnunuzdan sonuna dek verin.
5. Nefes alırken "Sat" ve nefes verirken "Nam" mantrasını söyleyerek buna devam edin.

Etkileri: Bu basit nefes meditasyonu, her tür düşmanca duyguyu yenmenize yardımcı olacak ve bu duyguları sevecenliğe çevirecektir. Bitirdiğinizde sessizce, sepetinde bir sürü mal olan kadına, mucizevi bir şekilde size meditasyon yapma olanağı verdiği için teşekkür edin. Sonra, ödemeyi çekle yapsa bile hiçbir tepki göstermezsiniz!

> **"Eğer, son derece kötü bir insanla karşılaşırsanız, Tanrı'ya, sizin de öyle olmadığınız için teşekkür edin. Ve eğer son derece iyi bir insanla karşılaşırsanız, iyi bir şey gördüğünüz için ve siz de olabileceğiniz için Tanrı'ya teşekkür edin."**
>
> **Yogi Bhajan**

KORKU VE BAĞIMLILIK

Kalp merkezinin gölge duygularından biri de korku ve bağımlılıktır.

Korku, günümüzün Batı toplumunda gözle görülebilecek denli yoğundur ve kendini bedenimizin kalp ve göğüs bölgesinde gösterir. Toplumumuzda görülen kalp çakrası sorunu, salgın halinde "korku hastalığı" çekmemizden ileri gelmektedir. Kalp rahatsızlığı, akciğer rahatsızlığı ve göğüs kanserini göz önüne alırsanız, korku, insanları zamanından önce ölüme götüren başlıca etkendir.

> **"Hayatta işe yarayan iki güç vardır: Sevgi ve korku. Sevgi ve korku, bir madalyonun iki yüzü gibidir. Bu nedenle korku duyduğunuzda, bunun başa çıkılması gereken itici bir güç olduğunu hatırlayın."**
>
> **Yogi Bhajan**

Korkudan minnettarlığa geçiş için ruhsal ve bedensel çalışmalar yapmak, hayatınızı ve sağlığınızı daha iyiye gidecek şekilde değiştirecektir. Bunu defalarca görmüşümdür.

Pek çok insanın en büyük korkusu, ölüm ve ölme korkusudur; ölüm sürecinde ve öldükten sonra ne olacağını bilemediğimiz için bu, bilinmeyenle karşılaşmaktır. Bu aynı zamanda en gerçekçi korkumuzdur da, çünkü önünde sonunda herkesin yüzleşeceği bir deneyimdir. Özellikle, ölümün getirebileceği acı ve belirsizlikten korkarız. Mantıksal olarak, gerçekleşmesi kaçınılmaz olan bir şeyden korkmak aptalcadır, fakat bu duyguyu kabul etmek insanoğlunun belki de karşılaştığı en büyük meydan okumadır. Yogiler olarak biz de öleceğinizi söyleriz fakat asla yaşlanmak zorunda değilsiniz. Biz ilerlemek için geliriz.

> **"Ölüm, sadece bedeninizi üzerinizden atıp kurtulmak gibidir. Sanki tişörtünüzü çıkarır ve atarsınız.**
> **Öyleyse neden bu kadar korkuyoruz?**
> **Ölüm anında, tüm hayatınız gözünüzün önünden geçer ve siz yargılarsınız. Eğer bu sırada kendinizi** *affedebilirseniz*, **özgürlüğünüze kavuşursunuz."**
>
> **Yogi Bhajan**

Yıllar boyunca kalp hastaları ile çalıştıktan sonra, korkunun bedenimizi nasıl etkilediğini de gördüm.

Ölüm için önemli ya da önemsiz diyemeyiz, fakat KORKU çok önemlidir.
En yüksek frekansta titreşim yaymadığınız her yaşam anı, aslında bir ölüm anıdır. Ölmek bir sanattır. Yüce kişiler ise, yüzlerinde bir gülümseme ile ölmeyi öğrenen kişilerdir."

Yogi Bhajan

Los Angeles'taki Cedar Sinai Hastanesi'nden gelen ve kalp ameliyatı geçirmiş hastalar için yoga seminerleri düzenliyordum. Neredeyse istisnasız bir şekilde, bu hastaların sırtlarında belirgin bir sertlik, kaslarında bir sıkışma vardı. Bu, bedenin, kalbi korumak için gösterdiği umutsuz ve yanlış yönlendirilmiş bir çabasıydı.

Bu hastalar, bu bölgeyi açmak için küçücük bile olsa bir çaba göstererek yoga yapmaya başladıklarında, kendilerini, tedavilerine duygusal ve ruhsal olarak açmaları da daha kolay olmaya başladı. Bu hastalar, minnettarlığı deneyimlemeye, iş hayatlarında değişiklik yapmaya, onlar için gerçekte neyin önemli olduğunu anlayarak geçmişi arkalarında bırakmaya başlamışlardı. Sık sık, kalp krizinin, kalbinizden gelen güzel bir çağrı olduğunu düşünürdüm. Kalbiniz bu yolla, "Beni onurlandır. Beni sev. Ben seninim" demektedir.

Bir keresinde bir öğrencim, korkuyla yüzleşmenin, onu kabul ederek hissetmenin ve onunla beraber hareket etmenin hayatınızı nasıl değiştireceğine ilişkin harika bir öykü anlatmıştı. Bu öyküde anlatılan olay, Cape Cod'da

1950'lerde olan ve yıkıcı bir kasırga sırasında geçmişti. Herkese bu bölgeyi terk etmeleri söylenmiş olmasına rağmen sahilde bir evde tek başına yaşayan bir kadın, bu fırtınayı atlatmaya karar vermişti. Evi ve sahip olduğu eşyalar onun için o kadar değerliydiler ki, bunları bırakmaya çok korkuyordu. Maalesef, bu fırtına herkesin düşündüğünden de kötüydü. Evini terk etmesi gerektiğini anladığı zaman tüm yolları çoktan su basmıştı.

Kadın, radyodan bir gelgit dalgasının yaklaşmakta olduğunu duymuştu. Bu dalganın, evini yutacak kadar büyük olduğunu biliyordu. İlk tepkisi, evi sıkıca kilitlemek ve en az zararın olacağını ummaktı, fakat mantıksal olarak, bu kocaman su duvarının pencereleri kıracağını biliyordu. Su, içeri dolacak ve tüm eşyalarını mahvedecekti. Dalganın gücü ile evi yıkılacak ve kendisi de kesinlikle ölecekti.

Sonra birden kafasında bir şimşek çaktı. Bu olağanüstü güce karşı koymak yerine, onu kabul etse ve en çok korktuğu şey ile yüzleşse ne olurdu? Yaptığı da tam olarak bu oldu. Evindeki her kapı ve pencereyi açtı ve çatıya tırmandı. Dalga geldiğinde, o da dalga ile birlikte daldı ve onu güvenle taşımasına izin verdi.

İnanılmaz bir şekilde evi de kurtuldu, çünkü dalgaya karşı hiçbir direnç göstermemişti. Su içeri girmiş, eşyalarını mahvetmişti fakat evi sağlam kalmıştı. Cape Cod'daki tüm evler yıkılmış ve pek çok insan ölmüştü fakat o hayatta kalmıştı. Bağımlı olduğu şeyleri, kabul etmediği şeyleri bırakmış, gerçekte olan biteni kabul etmiş, hayatta kalmış ve gelişmişti. Uzun yıllar boyunca, o evde mutlu olarak, çok yaşlı bir kadın olana dek yaşadı.

Bu öykü, yaşamın korkutucu bir şey olduğu ve bizim denetimimiz dışında kalan şeyler olduğunu gösteren harika bir simgedir. Bu kadının yaptığı şey kelimenin tam anlamıyla kendini Tanrı'ya bırakmak, ona sığınmaktı.

Neyse ki, hayatımızda karşılaştığımız çoğu durum bu kadar dramatik değildir. Çoğunlukla, karşılaştığımız korku bir felaket değil, bir fobiyle ilgilidir. Bu korkular günlük yaşantımızda genellikle endişe şeklinde kendini belli eder; hayatımızda yanlış gidebilecek şeyler hakkında zihnimiz hiç durmadan gereksiz ayrıntılar üzerinde durup, "dırdır eder". Bu "ya eğer" düşünceleri, sizi sabahın üçünde uyandırıp tekrar uyumaktan alıkoyar.

Endişe duymanın bir etkinlik olduğunu unutmayın, bu bir seçimdir. İnsanlar genellikle, üzerlerinde denetimleri olmayan bir şey söz konusu olduğunda, sanki kendilerine karşı yapıldığını düşünerek "Endişeleniyorum" derler fakat bu doğru değildir. Aslında, "Endişeleniyorum", çünkü bunu seçiyorum demek daha doğrudur.

"Size güç veren nedir? Düşüncelerinizdir.
Sizi uyandıran nedir? Düşüncelerinizdir.
Sizi mahveden nedir? Düşüncelerinizdir.
Gerçekte, düşünceler sizi geliştirmek için verilmiştir, böylece şunu anlayabilirsiniz:
Ben Her Şeyim."

Yogi Bhajan

Endişeyi bir seçim olarak deneyimleyene dek, yukarıda yazılanlar sadece sözler ve bir başkasının gerçeği olarak kalırlar. Bunu kabul etseniz bile, şöyle diyor olabilirsiniz: "Güzel, harika, fakat endişe etmeyi nasıl seçebilirim? Bunu önceden de biliyordum fakat endişelenmeyi nasıl durduracağımı bilmiyorum." Her göz kırpışınızda zihninizden binlerce düşünce geçtiği doğrudur, peki bunlardan hangisini düşünmeye daha çok eğilim gösteriyorsunuz? Genellikle olumsuz olanları, çünkü olumsuz ucun çekimi çoğunlukla olumludan daha güçlüdür.

"Beyniniz, tek göz kırpışına binlerce düşünceyi serbest bırakır.

Yani, düşünme gücünüz yoktur. Sadece İZLEME gücünüz vardır.

Hangi düşünceleri izleyeceğiniz size kalmış bir şeydir."

Yogi Bhajan

Zihniniz tıpkı bir köpek gibidir. Eğitilebilir ve en iyi şekilde de sevgi, övgü ve sevecenlik kullanılarak eğitilir.

Tutum çok önemlidir. "Minnettar olma tutumu", öncelikle bedenimizdeki belirli bir alışkanlığı nasıl değiştireceğimizle ilgilenir, sonra zihinsel, duygusal ve ruhsal tepkimizi değiştirmemize yardım etmek için bedensel olarak düzeltmeyi kullanır.

Mutluluk doğuştan gelen hakkınızdır.

Mutluluk, sizin için bir istisna yerine standart bir durum olabilir. Dünyaya gelmiş en ruhsal insanlar bile -İsa, Buda, Muhammed, Yogi Bhajan, tüm aziz, bilge ve yol göstericiler- aydınlanma düzeyleri ne olursa olsun, acı, ıstırap ve kederi yaşamışlardır.

Acı, hayatın bir parçasıdır. Biz, ruhsal bir deneyim yaşayan insanoğulları değiliz; biz, insani bir deneyim yaşayan ruhsal varlıklarız.

Fiziksel bedeniniz yoluyla insan olma deneyimini yaşarsınız. Ölümün çok yakınına kadar giden insanlar, inanılmaz bir özgürlük, saf bir neşe duygusu ile birlikte bedenlerini terk ettiklerini hissettiklerini anlatmışlardır. Açıkça görülüyor ki, saf ruh olduğumuzda, mutluluk doğal durumumuz olmaktadır. Bedeninizin sahibi değilsiniz, onun kiracısısınız ve bu kiralama süresi bitince de onu teslim edersiniz. Öyleyse, niçin bedenimizle geliyoruz?

Hepimiz, "bedenim bir tapınaktır" deyişini duymuştur. Bu bedenle hayata geliyoruz, çünkü böylece Yaratan'ın sevgisini daha tam olarak yaşayabiliriz. Bedeniniz, Tanrı'yı sevmeyi öğrendiğiniz bir tapınaktır. Yoga, yogi şifası ve meditasyon size yardım edecek araçlardır.

Yoga, bir din değil, bir çalışmadır. Sözcük anlamı olarak "yoga", "Birliği sağlayan bağ" demektir. Bu,

sınırlı olanı (bedeniniz), Sınırsız (bilinciniz) ile birleştirmek anlamına gelir.

Yoga, seçtiğiniz din ya da inanç isteminin bir uzantısına dönüşebilecek bir disiplindir. Ben Amerikalı bir Sih'im. Bu, benim inancım. Yoga ise, Yaratıcı ile olan ilişkimi yeniden belirlememe yardımcı olan bir araçtır.

"Yoga ve din arasında fark vardır.
Din size umut verir: 'Tanrı'ya güven ve devam et.'
Yoga ise, 'Tanrı içinizdedir; kendinize güvenin ve devam edin' der.
İki felsefe arasındaki fark budur."

Yogi Bhajan

Bir ruhsal araç olarak yogada sevdiğim şeylerden biri de işlevselliği ve basitliğidir. Hemen her dinden öğrencim vardır -Hıristiyan, Müslüman, Hindu, Musevi, Sih, Bahai, Şintocu, Budacı- ve bazıları da belirli bir dine inanmazlar. Hepsi de, yoga çalışmasını, kendi seçtikleri yolu daha da iyileştirmek için kullanmaktadırlar.

Daha ruhsal bir hayat yaşamak için size esin verebilecek milyonlarca kitap bulabilirsiniz. Hepsinde de doğrular vardır, fakat bu doğruları nasıl uygulayabiliriz? Kundalini Yoga ve Meditasyon esinden daha fazlasını sunar. Endişelenmek, korkunun daha hafif derecedeki bir şeklidir. Korku bizi sevmekten uzak tutar, minnettarlık ise bizi sevgiye götürür. Peki, minnettar olma tutumunu nasıl takınabiliriz? Endişe duyduğunuzda bir an için durun ve dilinizin farkına varın.

Endişelendiğinizde, bedeninizde gerginleşen ilk kasınız dilinizdir. Gerildiği dakikada da nefesinizi ve kalp merkezinizi karıştırır.

Nerede olursanız olun, gözlerinizi kapayın, çenenizi gevşetin ve dilinizi dışarı doğru sarkıtın. Dilinizin tamamen sarkmasına izin verirken burnunuzdan nefes alın, ağzınızdan nefes verin. Ellerimi, bu hareketi yapan bir öğrencinin omuzlarına koyduğumda, olanlar inanılmazdır. Omuzları hemen gevşeyip düşer, kalp merkezinin arka tarafı açılır, göğüs kafesi gevşer, böylece akciğerlerin genişlemesi için daha fazla yer kalır. Kalp atışları yavaşlar, tansiyon ise genellikle düşer. Çok şaşırtıcıdır. Sanki, diliniz inanılmaz bir açma kapama düğmesidir.

Dilinizi dışarı doğru sarkıtırken buna bir sesle eşlik etmek daha da iyidir. Nefes verirken, yumuşakça "Ahhh!" sesini çıkarın. Eğer insanların sizin çıldırmış olduğunuzu düşünmeyecekleri bir yerdeyseniz, yüksek sesle de "Ahhh!" diyebilirsiniz. Aslına bakarsanız, insanların sizi deli sanmaları kimin umurunda ki? Bu çalışmayı severim, çünkü huşu dolu bir durumda olduğum için minnettar olmayı düşünürüm ve "Ahhh!" sesini çıkarmak da bana bu düşünceyi hatırlatır.

Diliniz, rahatlayıp gevşedikçe, geri almak isteyeceğiniz sözler söylemediğinizi de fark edersiniz. Daha az terlediğinizi ve yeme alışkanlığınızın daha taze ve sağlıklı olduğunu görürsünüz. Birkaç dakika boyunca bunu deneyin. Burnunuzdan nefes alın, dilinizi sarkıtın ve nefes verirken "Ahh" sesini çıkarın.

Öğretirken, öğrencilerimle bir çalışmayı uygulayarak iletişim kurarım, bunu burada da deneyelim.

ENDİŞEYİ YENME EGZERSİZİ

1. Bağdaş kurarak, rahat ve omurganız düz olacak şekilde oturun.

2. Avuç içlerinizi birleştirerek parmaklarınızı uzatın.
3. Dirsekleriniz düz olacak şekilde, kollarınızı sola doğru altmış derece açı yapacak şekilde olabildiğince uzatın. Sağ kolunuzun üst tarafı tam çenenizin önünde uzanmalı.

4. Gözlerinizi kapayın.
5. Sağ elinizin parmak uçları, sol elinizin parmak diplerindeki tepecikleri örtsün. Bu meditasyon boyunca, dirseklerinizi ileri ve yukarı doğru düz olarak uzattığınızdan emin olun.
6. Güçlü ve derin bir şekilde burnunuzdan nefes alın; göbek deliğinizi omurganıza doğru bastırarak yani karnınızı içe doğru çekerek yine güçlü bir şekilde ağzınızdan nefes verin. Dikkatinizi nefes alış verişiniz üzerinde yoğunlaştırın.
7. Bu şekilde durarak üç, yedi ya da on bir dakika kadar çalışmaya devam edin.
8. Meditasyonun sonunda derin bir nefes alın, on ya da on beş dakika kadar nefesinizi tuttuktan sonra güçlü bir şekilde nefes verin. Nefes alın ve gevşeyin.

Etkileri: Bu meditasyon, endişe duyan herkes için iyidir. Gerilimin atılmasına ve depresyonun kaldırılmasına yardım eder. Omuzlar ve dirsekler, beden kendini düzeltirken ağrıyabilir, fakat ne olursa olsun dirseklerinizi düz tutun! Bu çalışma, herhangi bir kalp sorunu olan kişiler için de yararlıdır.

Endişelendiğiniz konu ne kadar önemli? Sizi endişelendiren bu konu insan olarak yaşadığınız deneyimlerin merceğinden baktığınızda ne kadar önemli?

Bu sorunun doğru bir yanıtı yoktur. Endişe duyduğunuz konu, hayatınızda yaşadığınız en önemli şey olabilir. Çoğu zaman ise, göründüğü kadar önemli değildir ve tüm hayatınız boyunca yaşadığınız en önemli şey bile olsa, endişelenmek arzuladığınız çözümü getirmeyecektir.

Tanrı'nın önünüze böylesine zorlayıcı bir durum çıkararak hata yaptığını mı düşünüyorsunuz?

Bu sorunun yanıtı hayır ise, bu zorlayıcı durumu sizin tahmin bile edemeyeceğiniz şekilde çözmesi için Tanrı'nın ellerine bırakınız. Tanrı'nın tasarıları, genellikle sizin kendiniz için yaptıklarınızdan daha iyidir.

Eğer yanıtınız, "Evet, Tanrı bir hata yaptı ve beni de hiç umursamıyor" ise, o zaman da tamam. Hepimiz hayatımızın bir noktasında bunu hissederiz. İsa bile, "Baba, neden beni terk ettin?" demiştir. Herkes bu şekilde hissedebilir. Bu duyguyu, bu kuşkuyu tanıma eylemi, endişeden minnettarlığa geçme yolunun başlangıcıdır. İsa'nın durumunu ele aldığımızda, bu kuşkusunu anlayarak, kendisini çarmıha çivileyenleri de kabul edebildiğini hatırlarız. Kabul ettikten sonra da, minnettarlık ve özgürlük dolu bir tutum takınmıştır. "Bitti, ruhumu Senin ellerine emanet ediyorum."

Pek çok kereler, doktorların, hastalanmış birinin yakınlarına, "Elimizden geleni yaptık, şimdi, gerisini Tanrı'ya bırakmalıyız" dediğini duymuşumdur. Bu beni güldürür. Acaba, Tanrı'nın her zaman nerede olduğunu sanmaktadırlar ki?

Doğru bir şekilde nefes alıp vermeye devam edin, derin bir nefes alın, diliniz dışarı çıkarın, nefes verirken "Ahhh" deyin. Tanrı beni unuttu duygusu üzerinde düşünmek, bana bir öğrencimin köpeği hakkında anlattığı öyküyü hatırlattı. Bu bayan öğrencimin, Doberman cinsi harika bir köpeği varmış, bu köpek sanki onun hayatına girmiş bir melek gibiymiş. Bu bayan, insanların iyi olduklarına pek inanmayan biri olduğu için, köpeğinin koyu bir iyimser olarak görünmesi de hoşuna gidiyormuş. Bu köpek için, her şey, yürüyüş yapmak için bir nedenmiş. Yürüyüş, bu tatlı Dobie'ye yeryüzündeki cennet gibi geliyormuş. Bu öğrencimin elbiselerini çıkarması, telefon ahizesini kaldırması ya da ön kapıyı açması bile, köpeğinin bu mutlu sonucun mümkün olduğuna inanmasını sağlıyormuş. O, köpeği için bir Tanrı gibiymiş. Ve köpeğin inandığı kadarıyla da, Tanrı iyi ve her zaman, her şeyi verenmiş.

Bir gün köpek hastalanır. Arka bacağında çok kötü bir yara oluşur ve bacağını kurtarmak için olabildiğince hareketsiz kalması gerekir. Eğer bu yara iyileştirilmezse, bacağının kesilmesi gerekebilir. Önceden hemen hemen her gün dolaştırılan köpeğin, beş ay boyunca yürüyüşe çıkmasına izin verilmez. Bir süre boyunca köpek, yürüyüşe çıkarılacağını ummaya devam eder fakat bu asla olmaz. Bunun üzerine köpek, depresyona girer, kanepeyi parçalamaya, ayakkabıları yemeye başlar; sahibinin kişiliğinde gördüğü Tanrı'nın onu terk ettiğini hissetmektedir.

Öğrencim, köpeğe işin aslını anlatmanın hiçbir yolunu bulamaz. Gerçekte, köpeğini sevmekte ve ona bakmaktadır, böylece bir gün tekrar koşmaya ve oynamaya başlayabilecektir.

Şimdi, Tanrı'nın beni terk ettiğini düşündüğüm zamanlara geri dönüp baktığımda, tıpkı bu köpek gibi, hiçbir şekilde işin iç yüzünü görmediğimi anlıyorum. Tanrı'nın beni unuttuğunu düşündüğüm zamanlarda aslında, Tanrı beni korumakta ya da eğitmekteydi.

Sonunda köpek iyileşti. Artık, bacaklarının dördü de sağlam, koşup zıplayabiliyor ve oynayabiliyor.

Dil çalışmamıza geri dönersek, burnunuzdan nefes almaya ve ağzınızdan nefes vermeye devam edin, her nefeste, "Ahhh" sesini de çıkararak dilinizi daha da serbest bırakın. Ve şimdi şu sorulara yanıt verin: Bu endişe bana ne kazandırır? Ne kadar önemli?

Bu sorun Tanrı için çok mu büyük? Tanrı, bize asla başa çıkamayacağımızdan daha fazlasını vermez.

Bu çalışmayı her zaman yapabilirsiniz. Bazen, gerilimli bir ortamdaysanız, izin isteyin, tuvalete gidin, gözlerinizi kapayın, dilinizi serbest bırakın. Kendinize bu soruları sorun ve derin bir nefes alıp yüksek sesle "Teşekkür ederim Tanrım" diyerek bitirin. Bu son nefesi tamamen verin ve sonra gününüze devam edin. Bu, sizi tekrar merkezinize döndürecek işlevsel bir araçtır.

Ne yaptığınızı tahmin edin! Kalp çakranız için bir Kundalini yoga ve meditasyon çalışması; kalbinizi minnettarlığa açma deneyiminizi artırmak için bir meditasyon yaptınız.

Yorgun ve kızgın olduğunuzda minnettarlık hissetmek çok zordur. Şimdi, çocukken oynadığımıza benzer bir oyun oynayalım. Arabada giderken, "A -benim adım Alice," şeklinde bir oyun oynardık, bu oyunu hatırlıyor musunuz: "A -adım Alice, kocamın adı Arthur. Alaska'da yaşıyoruz. Armut satıyoruz" diyerek alfabedeki tüm harfleri sayardık. Bu oyunun büyüklere uyarlanmış şekli ise şöyledir; yine alfabedeki tüm harfleri sayarsınız ve ister büyük ister önemsiz olsun minnettarlık duyduğunuz bir şeyin adını söylersiniz. Oyunun doğası gereği, belki de zebralar ve ksilofonlara dünyadaki her şeyden daha fazla minnettarlık duyduğumu ifade edebilirim. Aslında biliyor musunuz? Ksilofonlar için gerçekten minnettarlık duyuyorum, ayrıca o güzel zebralar için kim minnettarlık duymaz ki?

Bu oyunu ne zaman oynasam, şaşmaz bir şekilde kendimi başladığım andakinden daha iyi hissederim. Yirmi altı adet şey için minnettar olmak sizi kesinlikle korkularınızdan kurtaracaktır.

DÖRDÜNCÜ ÇAKRA İÇİN ÇALIŞMA

KALBİ AÇMA EGZERSİZİ

1. Kollarınızı önünüzde ileri doğru uzatarak esnetin, avuç içlerinizi birbirlerine doğru bastırın, dirsekleriniz düz, kollarınız yere paralel olsun.

2. Burnunuzdan derin bir nefes alırken, kollarınızı

olabildiğince yanlara doğru açın. Akciğerleriniz havayla dolarken kalp merkezinizin açıldığını ve genişlediğini hissedin. Kollarınızı açmaya ve esnetmeye devam edin, olabildiğince geriye doğru esnetin. Sanki kollarınız dev kanatlarmış ve onları parlak gün ışığında esnetiyormuşsunuz gibi hissedin. Göğsünüzden başlayıp, kol altlarına, kaburgalarınızın altına, kolların alt kısmına ve parmaklarınıza kadar bu esnetmenin yayıldığını hissedin. Bu sırada kollarınızı yere paralel tutun.

3. Kollarınızı olabildiğince geniş açarak esnetirken, kürek kemiklerinizi neredeyse birbirlerine değecekmiş gibi hissedin. Güçlü bir şekilde burnunuzdan nefes almaya başlayın ve kollarınızı ilk baştaki durumlarına getirin, avuçlarınızı tekrar birbirine değdirin.

4. Bu hareketi anlatıldığı şekilde yirmi altı kez yapın, bu sırada gözlerinizi kapatın ve üçüncü gözünüze doğru devirerek bakın. Derin ve güçlü bir şekilde nefes almayı unutmayın, nefes alırken sessizce "Sat" ve nefes verirken "Nam" deyin. Sat Nam, "Ben Gerçeğim" ya da "Gerçek benim Asıl Kimliğimdir" demektir. Hareketlerinizde yumuşak olun.

Etkileri: Bu Kundalini Yoga çalışması çok basit olmakla beraber kalp merkezini açmada inanılmaz derecede etkilidir.

KALP MERKEZİNİ AÇMA MEDİTASYONU

1. Bacaklarınızla bağdaş kurup, omurganızı düz tutarak rahat bir şekilde oturun.
2. Kollarınızı yanlara doğru ve yere paralel olacak şekilde açın. Dirseklerinizi kırın, kollarınız yukarı doğru doksan derecelik bir açı yapsın.
3. Gözlerinizi kapayın, onları üçüncü göz noktasına doğru çevirin. Burnunuzdan derin bir nefes alın ve nefes verirken "Hummmmmm" sesini çıkarın. Bu iyileştirici sesin, sanki iki taç yaprağı gibi nazikçe birleştirilmiş dudaklarınızdan başlayarak tüm yüzünüzde çınlamasına izin verin.

Etkileri: "Hummm", yogada mantra dediğimiz şeydir. Meditasyonda kullandığımız iyileştirici bir sestir. "Biz" anlamına gelen bu ses sayesinde, kalp merkezimiz aracılığıyla Sonsuz olanla bağlantı kurarak bireysel bilinçten, kutsal sevgiye geçiş yaparız.

Bu çalışmayı yapmaya üç dakika ile başlayın, sonra yedi, on bir hatta otuz bir dakikaya dek çıkın. Birkaç dakika içinde, bu inanılmaz titreşimi bedeninizde de hissedecek ve bedeniniz iyileştirme büyüsünü başlatacaktır. Bu, kendinize dikkat etmenin güzel bir yoludur.

5
BEŞİNCİ ÇAKRA

DÜRÜSTLÜK

"Diliniz ne kadar güçlüyse, evreniniz de o kadar geniştir."

Yogi Bhajan

İnsandaki beşinci yetenek olan dürüstlük yeteneği boğaz çakranızın denetimindedir. Bu bölge, boyun, omuzlar, ağız, burun ve kulakları -baş ve kalp arasındaki geçit- içerir. Gerçek sesimizin nasıl olduğunu burada öğreniriz; yeryüzünde geçirdiğimiz zaman boyunca "insanlara söylediklerimizin" gerçekte ne anlama geldiğinin farkına varırız.

Yirmili yaşlarımın başlarındayken, bir tiyatroda oyuncu olarak çalışıyordum, yönetmenin bana, sanki dünyadaki en kolay şeymiş gibi "Sadece kendin ol!" dediğini hatırlıyorum. Bunu nasıl yapacağım konusunda hiçbir fikrim yoktu ve bu düşünce beni dehşete düşürüyordu. Şimdi ise, kişinin "kendisi olmasının" dünyada yapılacak en sağlıklı şey olduğunu düşünüyorum - peki bu, ne anlama gelir?

Kundalini Yoga ve Meditasyon çalışması, gerçek sesimizin, bilinçli ya da bilinçsiz olarak takındığımız sahte kimliklerden doğmasına olanak tanıyan araçlardır.

Öğrencilere ders verdiğim ve onları dinlediğim yıllar boyunca, insanların ne zaman sağlıksız davranışlara girdiklerini seslerinden fark etmeyi öğrendim. Bu durumu seslerinde duyabiliyorum. Bunun en basit örneklerinden biri de, bir başka yetişkinle, genellikle de sevgiliyle "bebek gibi konuşma" alışkanlığıdır ki, pek çok kişi bunu sıkıcı bulur. Bu ilişki, çocuklukta görülmeyen sevginin yerini tutabilir. Bu da, kendini sevgililerden birinin diğeri ile tıpkı bir bebek gibi konuşmasıyla kendini gösterir. Bu, eski bir yarayı iyileştirse de, duyulan ses şimdiye ait olmadığı için kulağa gerçek gelmez.

Özde kim olduğunuz gerçeğine ulaşmanın en harika yollarından biri, kendi sesiniz üzerinde çalışmak ve onu sevmekle başlar.

"Annem ve Ben Yogası" derslerini verirken, içeriyi gün ışığının doldurduğu stüdyoda bazen yirmi, otuz kadar anneye ve küçük çocuklarına bakarım. Bu çocuklardan bazıları uyuklar, bazıları feryat eder, bazıları çağıldar ya da kumru gibi sesler çıkarırken bazıları da emzik emer. Bu sınıfın görüntüsü ve çıkan sesler özellikle bu bebekleri ana rahminde oldukları zamandan beri tanıdığım ve onlar da benim sesimi her zaman tanıdıkları için içimi hep büyük bir hoşnutluk duygusu ile doldurur. Bebekler kendi seslerinin tonuna bayılırlar ve parlak ses tonlarını tam olarak kullanmaktan büyük mutluluk duyarlar.

Şan öğretmeni olan bir öğrencim, üretilen en mükemmel insan sesinin bir bebeğin feryadı olduğunu söylemişti. En üst düzey opera şarkıcıları bile, herhangi bir tonu, minik bir bebek kadar uzun süre (ya da aynı desibel düzeyinde) devam ettiremiyorlardı. Eminim ki, sabahın dördünde uyandırılan herkes bu öğrencimle aynı fikri paylaşacaktır! Tabii ki, bebekler hislerini gizlemezler; tam bir dürüstlükle "kendileri için konuşurlar." Yaşımız ilerledikçe, bu beceriyi kaybederiz. Pek çoğumuz, reklam filmlerindeki yetişkinler gibi monoton bir sesle konuşuruz. Bu alışkanlık, annemizin karnında ve hayatımızın ilk üç yılında biçimlenir.

Elbette ki, hepimizin, geriye dönüp, bağırarak ağlamamızı önermiyorum. Gerçek sesinizi günlük hayatınızda da kullanma becerisini kazanmak için, sesimiz üzerinde biraz yoga çalışmasından, stresi ve gerilimi daha iyi azaltan hiçbir şey bilmiyorum.

> **"Bu dünya, sözle yönetilir ve sözü yüzeysel olan kişi de yüzeysel demektir."**
>
> **Yogi Bhajan**

EGZERSİZ

KÖPEK GİBİ SOLUMAK

Kundalini Yoga'da "Köpek Solunumu" denilen ve son derece şifa verici bir solunum yöntemi vardır.

1. Ağzınızı açarak oturun, dilinizi olabildiğince dışarı çıkarın ve tıpkı bir köpek gibi hızla nefes alıp verin. Hızlı ve derin nefes alıp verin, diyafram ve göbek deliğinin gücünü de bu nefese ekleyin. Nefes aldığınızda göbek deliği dışarı doğru çıksın. Nefes verirken göbek deliği içe doğru gelsin.
2. Karnınızı bir pompa gibi kullanın. Bir buçuk dakika sonra, soluk alış veriş sesinizin gırtlağınıza doğru inmesine, daha boğazdan gelmesine izin verin.
3. Bunu üç dakika kadar yapın.

Etkileri: Bu solunum yöntemi, bedeninizin ve gırtlak çakranızın toksinlerden temizlenmesine yardımcı olur. Kendinizi yorgun hissediyorsanız, kanınıza oksijen yüklenmesini sağlar. Virüsten kaynaklanan hastalıklardan kurtulmaya ve sezgi gücünüzü artırmak için beyin bölgesinin açılmasına yardımcı olduğu söylenir. Eski yalan ve korkuları temizlemenize yardım eder ve sizi doğruyu söylemeye yönlendirir.

"Konuştuğunuzda, sanki Sonsuzluk konuşuyormuş gibi olsun."

Yogi Bhajan

ŞARKI SÖYLEMEK

Şarkı söylemenin, kendi içimizde bu kadar güçlü bir etkisi olmasının nedeni, en basit şarkıyı söylerken bile ruhumuzla bağlantıya geçmemizdir. Tüm şarkıcılar "ruh şarkıcılarıdır." Kollarınızda bir bebek tutarken, mırıldanarak şarkı söylemek ve onunla şakalaşmak dünyanın en doğal şeyidir. Her gün, bu küçük ninni ve şarkıları özellikle kendimize söylemeye gereksinim duyarız. Eğitmenim Yogi Bhajan, pek çok kereler, beraberce şarkı söyleyen bir ailenin ve sonrasında beraberce şarkı söyleyen bir ulusun dünyaya barış getireceğini söylerdi.

Yunan asıllı çok sevdiğim bir arkadaşım, bana, ülkesinde insanların kalabalık arasında, sokakta ya da bir restoranda şarkı söylediklerini söylemişti. Biri şarkı söylemeye başladığında, diğer insanlar da ona eşlik ederlermiş. Bu bana harika bir şeymiş gibi geldi, çocukluğumun o eski müzikal filmlerini hatırladım. Bu arkadaşım şimdi Güney Afrika'da yaşamaktadır ve anlattığına göre orada da insanlar kalabalık içinde şarkı söylüyorlarmış. Amerika'da ise bildiğim kadarıyla insanlar sokaklarda şarkı söyleyemeyecek kadar utangaçtırlar. Ama en azından kendimize arabada şarkı söyleme izni verebiliyoruz. Özellikle, bir ışıkta durduğumda, dikiz aynamdan birisinin şarkı söylediğini görmekten çok hoşlanırım; onun yüzünde yaşam sevincini görmek günümün çok iyi geçmesini sağlar. Şarkı söylemek, bizi gerçekten de iyileştirir.

Şarkı söylemenin, bir şifa yolu olarak üzerimizdeki gücünü eski aile fotoğraflarına baktığımda anlamıştım. Resimdeki insanlar, "Mutlu Yıllar" şarkısını söylerken çekildiklerinde belirgin bir şekilde daha mutlu, daha ışıltılı görünüyorlardı. Aynı insanlar, şarkı söylemeden birkaç dakika önce çekildiği anlaşılan bir resimde ise tamamen farklı görünüyorlardı. Şarkı söylemeye başladıklarında, insanlar sanki ışıkla dolmuşlardı. Ve hayır, bunun nedeni sadece pastanın üzerindeki mumlar da değildi.

Bu gözle görülür değişimin nedeni, şarkı söyleme eylemiydi. "Mutlu Yıllar" gibi basit bir şarkıyı söylemek bile, günlük hayatımızda kendi kendimize getirdiğimiz sınırlandırmaları kaldırıp atmamızı sağlayan etkili bir araçtır. Bizi, sadece ve tamamen eğlenceli bulduğumuz için sesler çıkardığımız bebeklik günlerimize geri döndürür. Şarkıda inip çıkan sesler, insanlar yeryüzünde yaşadığından beri içimizde bulunan Tanrı'ya ulaşmak için bir yol olmaktadır ve işte bu nedenle de şarkı söylemek Kundalini Yoga'nın bir parçasıdır.

İnsan sesi şarkı söyleyecek şekilde tasarlanmıştır ve ruhumuz, kalbimizde duyulması gereken bir şarkıdır.

Sesiniz akortsuz çıksa bile, şarkı söyleyin. Boğaz çakrası açılıp kalp çakrası ile bağlantıya geçtiğinde, akortlu şarkı söylemeyi başarabileceksiniz, çünkü bu iki çakra arasındaki zamanında yıkılmış olan köprüler tekrar açılmış olacak.

Her Kundalini Yoga dersi sonrasında biz de küçük bir şarkı söyleriz. Bu şarkı pek çok dile çevrilmiştir. Basit çocuk şarkılarının sözlerini kullandığımız meditasyonlar bile vardır; "Çek küreğini, çek, çek, çek, yavaşça, akıntıyla beraber. Neşeyle, neşeyle, neşeyle, çünkü hayat sadece bir hayal." Bunlar çok doğru sözlerdir; içlerinde insanlık kadar eski bir mesaj vardır.

Pek çok öğrencim, şarkı söyleyeceğimizi duyduklarında önce gözlerini devirerek tepki gösterirler, açıkçası oyun alanında öğrendikleri şarkıları söylerken yerde nasıl yuvarlanacaklarını merak etmektedirler. Bunu, özellikle, hamileler için yaptığım seminerlerde, ilk kez eşleri ile birlikte yoga yapmak için gelen ve zaten alışılmadık olana alışmış olan kocalarda görürüm. Fakat, çabucak, uyguladıkları duruş ne kadar zor olursa olsun kendilerini şarkı söylemenin eğlencesi içinde kaybederler. Omuzlar ve boyun gevşer, gözler parlar ve gülümsemeye başlarlar. Her seferinde, "Mutlu Yıllar Etkisinin" meydana geldiğini görürüm.

"Sözler önemsiz değildir. Sözler gerçek güçtür.
Tüm evren manyetik bir alandır.
Eğer pozitif sözcükler üretirsek, sevgiyi hissederiz.
Eğer negatif sözcükler üretirsek, nefreti hissederiz."

Yogi Bhajan

Kız kardeşim, çocukların günlük işlerini yapmalarında kendilerine rehberlik eden Waldorf ekolü sistemiyle ders vermektedir. "El Yıkama Şarkısı", "Giyinme Şarkısı" gibi basit melodilerin çocuklar üzerinde muhteşem, rahatlatıcı ve olumlu etkileri vardır. Günlük hayatınızda şarkı söylemek de sizin üzerinizde aynı etkiyi yaratacaktır. Orkestra şefleri, o olağanüstü ses akımının tam ortasında durdukları için dünyada en uzun yaşam ortalamasına sahip insanlardandır.

"İletişim, bilmek ve anlamak ve öğrenmek için bir armağandır.
Sözlerinizi basit ve doğrudan söyleyin ve bırakın onlara bir gülümseme eşlik etsin."

Yogi Bhajan

Şimdi, "Niçin bu kadının bana, derin nefes alıp vermemi, omuzlarımı düşürmemi ve aptal bir şarkı söylememi tavsiye etmesine gerek duyayım ki?" diye düşünebilirsiniz. Güzel bir soru! Yoga ve meditasyon çalışması, genellikle, insanların yanlış bir şekilde fazlaca basit ve yetersiz olarak yorumlamalarına neden olacak kadar basittir. Modern yaşantımız ise fazlasıyla karmaşıktır, genellikle bizde karmaşık çözümler bulmak için doğal olmayan bir istek uyandırır. Fakat, karmaşık çözümler bulma gereksinimimizle ilgili egomuzu aşarsak, sorunlarımızın da diğer insanların sorunlarından daha karmaşık olmadığını kabul ederiz. Yaşantımızda karşılaştığımız sorunların hepsi o kadar karmaşık değildir; hatta bazıları inanılmaz derecede basittir. Bu olasılığı kabul ettiğimizde, basit araçlarında da genellikle işe yaradığını anlarız. Bu araçlardan bazıları, dua etmek, yoga çalışmak, meditasyon yapmak, kiliseye ya da sinagoga gitmek, terapiye ve diğer yardım gruplarına katılmak olabilir. İsterseniz, aileniz ve arkadaşlarınız için yemek pişirmek, yürüyüşe çıkmak ya da bir arkadaşınıza armağan almak gibi bunlardan tamamen farklı araçlar da seçebilirsiniz. Her güne basit başlayın.

SONSUZ SES TONU "ONG" MEDİTASYONU

1. Burnunuzdan birkaç kez derince nefes alıp verin.
2. Omuzlarınızı kulaklarınıza kadar kaldırın, sonra gevşeyerek indirin. Bunu beş kez yapın.
3. Sonra, gözlerinizi kapayın ve başınızı kendi ekseni üzerinde çevirin- önce sağa, sonra sola çevirirken burnunuzdan derin nefesler alıp verin.
4. Başınızı dik duruma getirdiğinizde gözlerinizi

üçüncü göz noktasına çevirin. Elleriniz rahat bir şekilde kucağınızda olsun.

5. Sonra başınızı dik tutarak "Ong" sesini çıkararak şarkı söyleyin. Dilinizi kıvırın ve dilinizin arka kısmını sıkıca geriye, boğazınıza doğru bastırın.
6. Bunu üç-yedi dakika kadar yapın.

Etkileri: Sanki, "Onnnnng" diye, burnunuzdan şarkı söylüyormuşsunuz gibi hissedersiniz. Burnunuzun kökü ve boğazınızın arka kısmının birleştiği noktada hafif bir vızıltı duyarsınız. "Ong," en yaratıcı şekliyle "Sonsuzluk" anlamına gelir, bu şarkıyı söylemek çok rahatlatıcı ve canlandırıcıdır.

Son yıllarda yayımlanan bir araştırmada şu soru sorulmuştu: "Eğer Tanrı'ya sadece tek bir soru sorabilecek ve kesin bir yanıt alabilecek olsanız, ne sorardınız?" Şaşırtıcı bir şekilde, hiç kimse, Elvis'in hayatta olup olmadığını sormamıştı. Bazı insanlar ölümden sonra hayatın olup olmadığını öğrenmek istemişlerdi, fakat en çok sorulan soru, "Hayatın amacı nedir? Tanrı'nın benim için planı ne?" olmuştu.

Açıkça görülüyor ki, insanlar, Tanrı'nın onların hayatları hakkında bir planı olduğunu düşünmekte ve bu planın da ne olduğunu bilmek istemekteydiler. Bu soruların yanıtı sakince oturmakla başlar. Eğer sakince oturursanız, Tanrı da size gelir. Aslında her şey gelir.

Çok hoşuma giden ve bana çocukken okunduğunu hatırladığım eski bir halk öyküsü vardır. Bu öykünün, nereden çıktığı hakkında hiç fikrim yok. Sadece eski bir resimli kitapta olduğunu ve resimlerin koyu ve harflerin de Germen stili olduğunu hatırlıyorum, bu nedenle de bu öykünün hep, Bavyera ormanlarının derinliklerinde geçtiğine inandım.

Öykü şöyledir: Bir karıkoca çok mutsuzlarmış ve çok kötü biçimde kavga ediyorlarmış. Çok yoksullarmış ve çıkan sorunlar yüzünden sürekli olarak tartışıp birbirlerini suçluyorlarmış. Bir gün, önlerinde ışıklar saçan bir büyücü belirmiş ve üç tane isteklerini gerçekleştireceğini söylemiş. Karıkoca, bu fikirle alay etmişler. Hayat hem zor hem de acıymış ve dilek, sihir gibi şeyler yokmuş, bu da nereden çıkmış şimdi? Fakat büyücü, hiç olmazsa herhangi bir dileklerinin yerine gelmesini sağlama gücü olup olmadığını görmeleri için kendisini denemelerinde ısrar etmiş.

Sonunda kadın, "Pekala, kocamın burnunun yerinde kocaman bir sosis olmasını istiyorum," demiş ve puf!.. Dileği yerine gelmiş.

Adam ise, bu sefil yaşamlarını değiştirebilme gücü olduğu gerçeğine şaşırmak yerine karısına kızmış ve bağırmış, "Güzel! Ben de karımın burnunun yerinde daha da büyük bir sosis olmasını diliyorum!" ve puf!.. Dileği yerine gelmiş.

Artık, geriye bir tek hakları kalmış ve bu haklarını da kocaman bir sosis olan burunlarından kurtulmak için kullanmışlar.

Sözlerimizle olayları gerçek yaparız. Sözlerimizin gücünün ve nasıl konuştuğumuzun bedenimizi, zihnimizi ve ruhumuzu etkilediğinin gerçekten bilincine vararak, yaşantımızı sözlerin gücüyle değiştirebiliriz. Ruhun sesi, bir çan kadar berrak bir şekilde çınlar.

"Bir kılıç yarasının dikilip iyileştirilebileceği, fakat sözlerin açtığı yaranın asla iyileştirilemeyeceği hakkında bir deyiş vardır."

Yogi Bhajan

Bir öğrencim bir deney yapmıştı. Bu kadın, sürekli olarak kendini küçük gören biriydi ve bunun farkında bile değildi. Sürekli, "Ben çok aptalım" türü şeyler söylüyordu, sonunda kendini bunun tam tersini söylemeye zorladı: "Ben akıllıyım." Dediğine göre bunu yaparken kendini budala gibi hissediyormuş ama yine de buna devam ediyor. Böylece kendisi hakkında olumsuz şeyler söyleme alışkanlığını da tedavi edebildi.

"Olumsuz bir düşünceye kapıldığınızda, bunu olumlu bir düşünce ile yenin- en iyi sonucu alacaksınız."

Yogi Bhajan

Doktor bir arkadaşım var. Ona ne zaman, "Hayat nasıl gidiyor?" diye sorsam hep, "Gurmukh, gerçekten zor gidiyor" diye yanıt verir. Bir gün uygun bir anda, ona bu cümleyi kırk gün boyunca sözlüğünden silmesi düşüncesini açtım, sadece hayatında neler olup bittiğini görmek için bunu denemesini söyledim. Bu sözcüklerden vazgeçmek onun için inanılmaz bir disiplin gerektiriyordu, fakat bunu yaptı ve hem hayatı hem çalışmasında çok daha iyiye gitti! Buna inanmıyordu, o zamandan beridir de bu sözcükleri kullanmıyor.

Ne söylüyorsanız o'sunuz.

İşte yapabileceğiniz başka bir deney: "İstiyorum" deyin. Bu sözleri söylerken sesinizi dinleyin. Hatta isterseniz kaydedin. Sonra "Ben varım" deyin. Olasılıkla "Ben varım" derken sesiniz daha rahatlamış çıkacaktır. Söylediğimiz sözler önemlidir ve bedenimizde güçlü bir şekilde çınlarlar. Söylenen kötü ya da sert sözler, dokularımızda hücre tahribatına neden olur. Bu tahribat giderilebilir fakat düzenli bir çabayı gerektirir. "Ben varım" dediğinizde kendinizi kabullenme ve sevgi ile güçlendirirsiniz. "İstiyorum" dediğinizde de, "Ben, istediğim noktada değilim. İsteğim olana dek kendimi ve hayatımı tam olarak sevemem" demektesinizdir.

Söylediğimiz sözler önemlidir ve bedenimizde güçlü bir şekilde çınlarlar.

Boğaz çakramızı açmak ve doğruyu söyleme yeteneğimizi geliştirmek için, belirli bir sesi çıkarmayı öneririm, bu, şarkı söylemekten daha farklıdır. Belirli bir sesi tekrarlamak, kendimizi daha iyi ve daha rahatlamış hissetmemizi sağlayan ses dizilerini tekrar tekrar söylemektir. Bu çalışma, boğaz çakramız ve tüm bedenimiz için özellikle iyidir. Sesler, beynimize, olumlu duyguları güçlendiren ve hücresel kodlanmamız içindeki eski yaraları iyileştiren mesajlar gönderir.

EGZERSİZ

BOĞAZ ÇAKRASINI AÇMAK İÇİN
"SAT NAM" MANTRASINI TEKRARLAMAK

1. Sakince oturun.
2. Gözlerinizi kapayın ve üçüncü göz noktasına yoğunlaşın.
3. Derin bir nefes alın. Nefes verirken, "Sat Nam" seslerini tekrarlamaya başlayın. "Sat Nam" derken, çok uzun bir "Sat " ve yarım nota düşerek çok kısa bir "Nam" deyin.

Etkileri: Günde üç ya da beş dakika kadar "Sat Nam'ı" tekrarlamak ("Ben Gerçeğim") boğaz çakramızı açmamıza ve Evrensel Gerçek ile bağlantıya geçmemize yardımcı olan araçlardan biridir. Bu, gerçekte kim olduğumuzu ve bu gezegendeki değerli zamanımız sırasında ne yapacağımızı anlamaya başlamamız sayesinde hayatımızda büyük değişikliklerin olmasına yol açar.

Bir şifa çalışması çeşitli kültürlerde binlerce yıldır varsa, bunun bir değeri olması gerekir. Belirli bir sesi tekrarlamaya dünyanın her yanındaki kültürlerde rastlanır. Hindu, Katolik, Sufi, Amerikan yerlileri, Aborijin, Sih, Budist ve tüm diğer geleneklerin bir parçasıdır.

Günde sadece üç ya da beş dakika kadar belirli bir sesi tekrarlamak boğaz çakramızı açmamıza ve bizdeki doğruluk yeteneği ile bağlantıya geçmemize yardımcı olan pek çok araçtan biridir.

Batı tıp dünyasından pek çok kişinin rahatsızlıkların iyileştirilmesinde belirli bir sesin tekrarlanması gibi araçlardaki potansiyeli görmeleri çok memnunluk vericidir. Örneğin, New York'ta Strang Kanser Önleme Merkezi'nde onkoloji bölümü başkanı olan Doktor Mithcell Gaynor, kanser hastalarının tedavisinde belirli bir sesi düzenli olarak tekrarlamayla birlikte meditasyonu da kullanmış ve son derece şaşırtıcı sonuçlar elde etmiştir.

Şifa Veren Sesler: *Bir Hekim Ses, İnsan Sesi ve Müziğin Tedavi Edici Gücünü Açıklıyor (Sounds of Healing: A Physician Reveals the Therapeutic Power of Sound, Voice and Music)* adlı kitabında, seslerin iyileştirici etkilerini tartışmaktadır. Bedenin yüzde yetmişi sudan oluştuğu ve ses, suda kolayca iletildiği için seslerin de bu sayede hücresel düzeyde iyileşme sağladığını iddia etmektedir. İleri düzeyde kalp hastalarına otuz dakika boyunca müzik terapisi yapmanın on miligram Valium vermekle aynı düzeyde rahatlatıcı etki yaptığını gösteren bir araştırmadan söz etmektedir.

Bu tür araştırmalar sadece, benim insanlarla otuz yıldır çalışarak öğrendiğim şeyi tekrar doğrulamaktadır. Düzenli sesler, meditasyon, yoga, nefes çalışmaları tüm bu yöntemler, gerilimi azaltmada, bedeni güçlendirmede ve kişiye huzur vermede işe yaramaktadır. İnsanlar bunları çok az bir düzeyde yapsalar bile hayatları değişmektedir. Bunu her gün görüyorum. Aslında, bunu dünyaya yayanlardan biri olmak, öğrencilere her birimizin içinde olan bu doğal huzur dengesini tekrar kurmayı öğretmek benim yaşam sevincimi oluşturmaktadır.

Düşünce kalıplarınızı değiştirecek bir şey yapmak için kendinizi disipline sokmanın hiç de kolay ya da acısız bir süreç olmadığını görebilirsiniz. Bilinçaltınızın bir parçası her zaman bu iyileşme ile, eskiden kurtulma çabası ile savaşacaktır. Fakat olumsuz kalıplara takılıp kalmak daha da acı vericidir. Gelişmek asla acısız olmaz.

Size acısız bir değişim sözü veren birinin size bir yalan satmaya çalıştığına inanıyorum.

Kendi gerçeklerini bulmaya, hayatta gerçekte ne yapmak istediklerini ortaya çıkarmaya başlayan, fakat eşlerinin, arkadaşlarının ve ailesinin değişimlerden korktuğunu fark eden insanlar gördüm. Bu bir meydan okumadır. Çoğumuz değişimi bir kayıp olarak düşünmeye alışmışızdır.

Bazen değişimle birlikte kayıpların da geldiği yadsınamaz; sizin için sağlıklı olmayan bir şeye yapışmak asla mutluluk getirmez.

Sizi gerçekten seven insanlar, sonunda gerçekten kendiniz olmaya gereksindiğinizi anlayacaklardır. Olabileceğiniz en iyi insan olduğunuzda sizi sevmeyen insanların gerçekte sizin dostunuz olmayabileceğini unutmamaya çalışın.

Alışıldık olan bir şeyi kaybetmek, bizim için ne kadar zararlı olursa olsun, bazı insanların taşıyabileceğinden daha fazla olabilir. Kendinizi bulmak, hayatınızdaki insanları kaybetmek anlamına gelmek zorunda değildir.

Bir başka durum da, kişi, yoga ve kişisel gelişim çalışmaları yoluna girdiğinde meydana gelir. Gelişmenin bir parçası da insanın kendine bakmasını, kendi kusurlarını görmeyi ve onları değiştirme ya da değiştirmeme sorumluluğunu almasını gerektirir. Eğer değişim çok hızlı ya da çok yoğun olursa zamanla bilinçaltımız direnmeye başlar. Bazen, bu noktada kişi, kendi içsel kavgaları ile başa çıkmak yerine kendindeki rahatsızlığın kaynağı olarak kendi dışındaki birini ya da bir şeyi görür. Bazen insanlar, genellikle de bilinçsiz olarak, kendi karakterlerinde gerçek değişiklikler yapmak yerine bir başkasını suçlamanın daha kolay ve daha rahat olduğuna karar verirler. Bu, "Bende yanlış giden bir şeyin nedeni aslında sensin" sendromudur.

Suçlamalarla dolu bir kültürde yaşıyoruz. Adalet sistemimizde, katillerin, şeker ya da alkolün, hatta regl dönemi öncesi sendromunun suç işlemelerine neden olduğunu iddia etmektedirler. Bu suçlamanın sonucunda da herkes bir kurbana dönüşmektedir. Kimse, bir başkasının hatasından kaynaklandığına inanmadıkça kendi sorununu açıklamamaktadır. Eğer hayatınızın herhangi bir bölümünde mutsuzsanız, onu değiştirmesi gereken kişi de sizsiniz. Suçlama çevrimini kırabilmek için, dikkatimizi kendi üzerimizde yoğunlaştırmalıyız.

Suçlamaktan vazgeçmeyi öğrenin, böylece kendi gerçeğinizi bulabilir ve onu yaşayabilirsiniz.

Geçenlerde, öğrencilerimden biri, doğruyu söylememenin bize nasıl zarar verdiğini çok iyi gösteren bir öykü anlatmıştı. Bir restoranda aşçı olarak çalışmaktaydı. Bu işi sevse de orada çalışmaktan hiç de mutlu değildi. Bu mutsuzluğunun kaynağının da, o restoranın iğneleyici sözler söylemekten ve elemanlarına hakaret etmekten hoşlanan sahibi olduğunu düşünüyordu. Öğrencim pişirdiği balıkları yakınca, patronu da alışıldık iğneleyici tarzıyla onun canını fazlasıyla sıkmış. Öğrencim yemeğe verdiği zararı ödemeyi önerince de patronu kabul etmiş ama ona hakaret etmeye devam etmiş ve onu parayı cüzdanından çıkarıp atacak kadar da sinirlendirmiş. İşten ayrılmaya karar vermiş. Bu kararını, patronundan çekindiği için mutfaktaki başka birine söylemiş.

O akşam evine döndüğünde, boğazında yutkunmasını engelleyecek kadar kötü bir acı hissetmeye başlamış. Bir süredir yoga çalıştığı için, aklına boğaz çakrası ve doğruyu söylemek arasındaki ilişki gelmiş. Patronundan çekinerek ona dürüst davranmadığı için boğazında böyle bir acı olduğunu anlamış, bu durumdan ötürü böyle bir tepki geliştirdiğini fark etmiş.

Ertesi gün, restorana gidip, patronuyla yüz yüze konuşmuş. Bu tartışmanın amacı yüzleşmek değilmiş. Öğrencim sadece patronuna onun hakaretlerini daha fazla çekemediği için ayrılmaya karar verdiğini söylemiş. Patronu ağlamaya başlayarak, sürekli olarak eleman değiştirmesinin nedeninin bu olup olmadığını sormuş. Öğrencimin yanıtı evet olmuş, herkes patronun o korkunç iğneleyici tavrı yüzünden işi bırakmaktaymış. Öğrencim başka bir iş bulduğu için tekrar aynı işe geri dönmemiş. Fakat patronun ona gözyaşları içinde sarılmasının ardından o restoranı terk ettiği andan itibaren boğazındaki acı tamamen geçmiş. Böylece, doğruyu söyleyip, samimi davranarak hem kendini hem bir başkasını iyileştirmiş.

Bu dünyadaki diğer insanlar üzerinde gücümüz yoktur, sadece kendi üzerimizde gücümüz vardır. Hayatınızdaki insanlar ne kadar sorunlu olurlarsa olsunlar, çözüm her zaman sizsiniz.

Bir başkasını değiştiremezsiniz, mucizevi bir şekilde bunu yapabilecek bile olsanız, yine de asıl meydan okumayı kendi hayatınızda yaşarsınız. Bu meydan okuma Maymun Beyninizdir, fakat karşılaştığınız her sorunun çözümü, Tanrı ile birlikte sizsiniz. Kendinizi en iyi iyileştirebilecek kişi yine sizsiniz. Bu öğrencimle patronunun durumunda da, öğrencim, sorununun patronu olmadığını sonunda görmüştür. Onun en büyük sorunu duyduğu korkudur. Kendisini yıpratan bir iş ortamında kalarak kendisine karşı dürüst davranmamıştır. Oradan ayrılmasının nedeni hakkında dürüst olana dek de tam olarak iyileşememiştir.

Bu kitap yazıldığı sırada, boğaz çakrasında sorun yaşayan başka bir öğrencim daha vardı. On beş yıldır evliydi. Kocası kısa bir zaman önce alkoliklikten kurtulmuş başarılı bir yapımcıydı. Pek çok açıdan sevgi dolu olan bu ilişkide, her iki taraf da birbirini defalarca aldatmıştı. Her ikisi de doğruyu söylemeye başlıyorlardı.

Bu iki insan onlara ne kadar acı verse de, kendilerini ve evliliklerini düzeltmeye başladılar. Bu öğrencim, Adsız Alkolikler ve Al-Anon'daki on iki aşamalı programa katılmanın ile evlilik danışmanına başvurmanın yanında yoga ve meditasyon yapmaya da başladı, bunun bu kritik noktada yaptığı her şeyi daha iyiye götürdüğünü fark etmekteydi. Dediğine göre, hem Al-Anon hem de danışman sayesinde bu ilişkide var olan zararlı davranış kalıplarının farkına vararak doğruyu söylemeyi öğrenmek ona yardımcı olmuştu. Bu, ayrıca heyecan vericiydi de. Kundalini Yoga'yı çok az fakat düzenli olarak çalışmak bile bedenini tekrar enerjiyle doldurmuş, kendi doğrusunu söyleme cesaretini artırmış ve huzurlu bir zihin yapısı yaratmak için duygularını dengelemişti.

EGZERSİZ

BOYNU SEKİZ ÇİZEREK ÇEVİRMEK

Bu öğrencim bu çalışmanın hayatını kurtardığını söylemişti, çalışma çok basittir.

1. Gözlerinizi kapayın. Başınızı sekiz çizerek çevirmeye başlayın.
2. Çenenizi sol omzunuza doğru döndürün; sonra çenenizi öne doğru, köprücük kemiği boyunca, çeneniz göğsünüzün ortasına ulaşana dek çevirin.

3. Sonra, başınızı geriye doğru eğin, sonra çenenizi sağ omzunuza değene dek sağa doğru çevirin.
4. Bir kez daha köprücük kemiği boyunca ortaya değecek şekilde çevirin.
5. Sonra başınızı geriye doğru eğin ve çeneniz sol omza değene dek sola doğru döndürün.
6. Sekiz çizme çalışmasını yumuşak, sürekli hareketlerle yirmi altı kez yapmaya devam edin. Bu sayıyı elli dörde kadar çıkarın. Yavaşça yapın. Burnunuzdan uzun ve derin nefesler alıp verin.

Bu çalışmanın anahtar kısmı, solukla bağlantılı olmasıdır. Çeneniz sol omzunuza değdiğinde nefes alın ve başınız sağ omzunuza değdiğinde nefes verin. Hareket yavaş yapılmalıdır, nefes alış verişiniz de yavaş olmalıdır.

Etkileri: Bu çalışma, pek çok açıdan işe yarar. Boyun kaslarındaki gerilimi kaldırır, böylece beyne, gözlere ve kulaklara giden kanda daha fazla oksijen taşınır. Tiroid bezinize masaj yapılmış ve enerjisi dengelenmiş olur; parlaklığı yüzünüze daha genç bir görünüm kazandırır.

Eğer bir adım daha ileri gitmek isterseniz, duşa girin ve bırakın su, kollarınızın altındaki bölüme, boğazınıza ve kalbinizin üzerine aksın. Su ve nefes, mükemmel şifa vericilerdir. Sıcak su ile başlayın ve soğuk ile bitirin.

Kundalini Yoga ve Meditasyon biliminde, nefes çalışmaları bedenimiz, zihnimiz ve ruhumuz üzerinde kendini yavaş yavaş belli eden ve mucizevi etkilerde bulunabilir. Beynimiz yarı küreler halinde düzenlendiği için, nefesimiz üzerinde ne zaman sol ve sağ yönlere göre yoğunlaşsak, beynimizdeki sinirlerin de bu yarı küreler arasında birbirleriyle bağlantıya geçmelerine yardımcı oluruz. Hareketi nefesle birleştirmek, kanın oksijen bakımından oldukça zenginleşmesini sağlar. Hareket sayısını saymak ise, zihninizin dikkatini tüm takıntılardan uzaklaştıran bir mantra durumuna gelir.

Evliliğinde sorun yaşayan bu öğrencim de kocası ile birlikte danışmana gitmeden önce bu sekiz çizme hareketini yapıyordu. Bunu yapmak sadece iki üç dakikasını almasına rağmen, onu gerçekten rahatlatıyor ve kendinin tam anlamıyla var olduğunu hissetmesini sağlıyordu. Boğaz çakrasının açılması için yapılan bu çalışma, ilişkilerimizin iyileştirilmesi sürecinde son derece önemli olan baş ve kalp arasındaki bağlantıyı sağlamanın basit bir yoludur. Ayrıca bu çalışma, beyne giden kan damarlarını açar ve buraya taze oksijen dolmuş kanın akmasına olanak tanır, berraklık ve içgörü verir.

Bir öğrencim bir zamanlar evliliğinin düzelmesi için çok içten bir şekilde dua ediyordu. Evliliğinde pek çok sorunlar vardı, özellikle de cinsel hayatları çok sorunluydu. Bu evlilik sona erdiğinde, öğrencim bu durumu Tanrı'nın var olmadığının bir kanıtı olarak gördü. Fakat boşanmanın sonrasında kocasının bir eşcinsel olduğunu fark etti. Onun durumunda boşanmak, evliliğinin düzelmesi için tek çözümdü. Zamanla, dualarının yanıtlanmış olduğunu anlamaya başladı, fakat çoğu durumda olduğu gibi, bu yanıtı anlamak ilk başta o kadar kolay olmamıştı.

İlişkilerini düzeltmeye ya da yeni bir ilişkiye girmeye çalışan pek çok öğrencim vardır. Eğer doğruyu söyleme becerilerini geliştirebilirlerse, arzuladıkları huzurlu ve destekleyici ilişkiyi de bulabilirler, çünkü öncelikle kendilerini desteklemiş olurlar. Yalnızca kendinize karşı dürüst olduğunuzda bir başkasına karşı da dürüst olabilirsiniz. Ancak kendinizi sevdiğinizde bir başkasının sevgisini de tam olarak alabilirsiniz ve karşılığında ona sevginizi tam olarak gösterebilirsiniz.

Arayışınıza, kendinizi en gerçek şekilde bulmakla başlayın. Bu mutluluğa giden en güvenli yoldur.

Kim olduğunuz ve bu dünyada neden olduğunuz sorularını inkar ederseniz, bu durum, kaçınılmaz bir şekilde bedeninizde bir rahatsızlık olarak kendini belli edecektir. İnsanlarla çalıştığım otuz yıl boyunca, insanlarda kendi gerçek doğalarından kaçmalarının sonucu olduğuna inandığım ve bedeni harap edici düzeylere ulaşmış hastalıkların ortaya çıktığını gördüm.

Kendimizden kaçmak çok yaygın olduğu için, boğaz çakrasını etkileyen hastalıklara da çok sıkça rastlanmaktadır. Bunların arasında en sık görüleni diş hastalıkları, boğaz ağrısı, işitme kaybı, tiroit bezi rahatsızlığıdır. Modern toplumda salgın halinde görülen ve boğaz çakrası ile ilgili bir diğer rahatsızlık da madde bağımlılığıdır.

Tabii ki, insanların bağımlılık gösterdiği pek çok şey vardır, fakat ilginç olan, en çok rastlanılan bağımlılığın madde bağımlılığı olması -alkol, sigara, yemek- ve bunların bedenimize boğaz çakrasının olduğu bölge yoluyla girmesidir. Bağımlılıklarıyla mücadele eden öğrencilerle çalışırken, bağımlılığı olan bir kişinin bakış açısından yaklaşırım. Ben de bir uyuşturucu bağımlısıydım ve yıllarımı böyle geçirdim. Tanrı'ya olan inancımın artmasıyla birlikte, Kundalini Yoga ve Meditasyonun iyileşmemi sağladığını dürüstçe söyleyebilirim.

Bazen, enerjiniz çok düşük olduğunda, buzlu bir Burbon, bir kahve ya da bir sigara veya uzak durmaya çalıştığınız şey her neyse ondan istersiniz. İradenizi kaybedersiniz. Hadi, biraz da bu durumda neler yapabileceğinizden söz edelim.

Ateş solunumunu biliyorsanız şanslısınız, sizi tekrar canlandıracaktır, fakat markette bu solunumu yapmak sizi aptal gibi gösterecektir. Bunun yerine, çok derin bir nefes alın, kendinizi rahat hissettiğiniz sürece nefesinizi tutun ve sonra nefes verin. Bunu kaç kez mi yapacaksınız? Yedi kez.

Bedeninize daha fazla giren oksijenin size artı bir enerji verdiğini görecek ve kısa sürede bu arzunuzdan kurtulacaksınız.

"Nefes alır ve nefesinizi yedi kez tutarsanız, oksijen tüm kan dolaşımınızda dolaşacaktır ve biraz önce

şiddetle arzuladığınız şeye artık gereksinim duymayacaksınız."

Yogi Bhajan

Yogi öğretileri, terapi, din, alternatif şifa çalışmaları gibi diğer pek çok şifa bulma yolu ile uyuşmaktadır. Öğrencilerin iyileşmek için kullandıkları çeşitli yollar kaleydoskop gibidir. Hangi yolu seçerseniz seçin, Kundalini Yoga ve Meditasyon, kendinizi beslemek için yaptıklarınızı daha da iyiye götürecektir.

Bağımlılıklar kendi gerçeğimizi yaşamadığımız ve geliştirdiğimiz zaman etkin olurlar. Bağımlılıklar gerçeklerden kaçmak içindir.

Bir içkiye, sigaraya ya da şeker yemeğe "gereksinim" duyduğumuzda, aslında "gereksinim" duyduğumuz şey, başa çıkamadığımız ya da hakkında konuşmak istemediğimiz bir gerçekten kaçınmaktır. Alkol düşkünlüğünün olduğu ailelerde, olup bitenlerden söz etmek, durumun gerçekliğini adlandırmak tam anlamıyla bir tabudur. Bağımlıların iyileşmeleri için de, kendileri için güvenli bir yerde "Ben bir alkoliğim" demeleri işte bu nedenle çok önemlidir. Boğaz çakramızı açtığımızda ve gerçeği serbestçe ifade etme yeteneğimize olanak tanıdığımızda, mucizeler oluşur.

Beşinci çakranın gölge duygularından biri de inkar etmektir.

İnkar etmek ya da gerçeği söyleyememek, hayatımızda geçerli bir davranış ve yaşamı sürdürme mekanizması olabilir, fakat sadece o kadardır, bir mekanizma. Yaşamayı tasarladığımız yol değildir. İnsanlar belirli davranış kalıplarını çocuklukta kazanırlar. Bu kalıplar, bir yetişkin olduklarında gerçek kimliklerini gölgeler.

Mizah, gerçeği serbest bırakmak için kullanılabilecek bir başka araçtır, çünkü bir şeyin eğlenceli olabilmesi için, içinde biraz da gerçek payı olması gerekir ki, genellikle bu gerçek biraz acılıdır.

Bir komediye gitmek, eğlenceli bir film izlemek, bir mizah kitabı okumak harika ve eğlenceli şeylerdir. Bedensel sağlığınızın da düzelmesine yardımcı olurlar. Tabii ki, mizahın iyileştirici etkisi yeni bilinen bir şey değildir, sadece bu konu üzerinde yazılmış pek çok kitap vardır. Gülme eylemi daha derin nefes alıp vermeye neden olur; diyaframınızın, gülmek için gerekli hızlı hareketleri yapabilmesi için ciğerlerinize daha fazla hava çekmeniz gerekir. Bazen, öğrencilerime üç buçuk dakika boyunca gülme eylemini yaptırırım. İlk başta direnirler, kahkahaları sahte ve zorlama çıkar, fakat otuz saniye sonra yaptıkları şeyin saçmalığının farkına varırlar, bu kez de onları durdurmakta epey zorlanırım.

Boğaz çakrasını açmanın diğer bir kolay yolu da renkleri kullanmaktır. Bu çakra ile ilişkili olan renk mavidir. Boğaz çakralarının enerjisini düzeltmek için çabalayan öğrencilerime sık sık; meditasyon yaparken ya da rahatlarken çeşitli mavi renkte şeyleri hayal etmelerini söylerim. Uyumadan önce yatağa uzanıp, zihninizi, gökyüzü, okyanus, safirler, akuamarin, yaban mersini gibi mavi renkte güzel şeyler üzerinde yoğunlaştırmak çok kolaydır. Ben de, pencerelerime mavi camlar koyup güneşin üzerlerinde ışımasını seyretmekten çok hoşlanırım.

Bu çakramın zayıfladığını hissettiğimde, ucunda mavi renkli bir akuamarin taşı olan bir kolye takarım. Görüşmelerimde bu kolyeyi takmayı severim, çünkü bana gerçeği söylemeyi hatırlatır. Belirli bir renk giymek, çok iyi bir meditasyon yöntemidir, bize ruhun niteliğini hatırlatır. Pek çok geleneksel din, bu yolu geliştirmiştir. Giysiler ya da aksesuarlar, bize ruhsal yolumuzu hatırlatırlar. Her ne kadar, modern hayatta pek çok insan belirli bir dini tarzda giyinmese de, şifa bulmak ve kişisel gelişimimizde bize yardımcı olabilecek giysi ve takıları kullanmakta da özgürüz. Bu, yapması çok kolay ve etkili bir uygulamadır. Bu küçük öneriler, etkileri üst üste binerek arttığı ve kendinizi iyileştirmek için harika armağanlar oldukları için çok etkilidirler.

Bu basit yoga uygulamalarının hayatınızı nasıl değiştirebileceğinin mükemmel bir örneği olan bir öğrencim vardı. Bu öğrencim bir oyuncuydu ve boğaz bölgesinde birden çok sorun vardı; gırtlağında eğrilik vardı, bir trafik kazası sonucu boynu hasar görmüştü, dişleri berbat durumdaydı. Boğaz çakrasını temizlemek için kırk günlük çalışma ve meditasyon programına başladı. Mavi bir kolye takmaya ve olabildiğince mavi elbiseler giymeye karar verdi. Ayrıca her ne kadar saçma bulsa da duş alırken şarkı söylemeyi denemeyi kabul etti.

Pek çok kentli gibi o da genellikle siyah giyiyordu. Hayatındaki ilk değişiklik, maviler içinde ne kadar güzel göründüğü hakkında iltifatlar alması oldu. Bu onun güvenini artırdı ve iyileşmeye başladığını hissetmeye başladı. Giydiği mavi elbiseler, dikkatini bedeninin o bölgesi üzerine yöneltmesini sağladı, boğaz çakrası gözünün önünde artık canlılıkla dolu bir şekilde belirmekteydi.

Kırk günlük programa başladıktan çok kısa bir süre sonra, sürekli yaşadığı boyun ağrıları azalmaya başladı. Bir oyuncu olarak da işinde yeni bir esin bulmaktaydı. Pek çok durumda olduğu gibi, boğaz çakrasındaki iyileşme, çevresindeki çakraları da etkiledi. Altıncı yetenek olan, sezgi yeteneğinin farkına varmaya başladı. Güzel görünmek ve işinde büyük adımlar atmak kendini daha da iyi hissetmesini sağlamaktaydı. Geçirdiği bu sürece inandıkça, iyileşmesi de daha köklü bir duruma geliyordu.

Meditasyon ve yoga sayesinde daha sakin ve daha rahat bir insan olmuştu. Duşta şarkı söylemek de çok hoşuna gidiyordu; bu küçük şey, yüzüne bir gülümseme yerleşmesine neden olmuş ve mavilerle birlikte onu daha da güzelleştirmişti. Görünüşte saçma ve basit olan ve günde sadece on beş, yirmi dakika alan bu şeyler sayesinde, kırk gün bittiğinde acılardan kurtulmuş, daha mutlu ve işinde daha başarılı bir insan olmuştu. Bu, daha önce denediği her şeyden elde ettiği sonucun çok daha ötesindeydi.

Yoga ve meditasyon öğretirken, boğaz çakralarını açan öğrencilerimin dili kullanma ve iletişim becerilerinin son derece gelişip, dışa dönük duruma geldiklerini defalarca gördüm. Bu bölgedeki çakrayı açmanın bir başka kolay yolu da bilinçli bir şekilde nefes alıp vermektir.

Bilinçli nefes almak, Kundalini Yoga çalışmasının büyük bir bölümünü oluşturur, buna başlamanın en kolay yolu da sadece burnunuzdan nefes alıp vermeyi denemektir.

Bu, zaman ayırmaya değmeyecek kadar basit gelse de sağlığınızda çok çabuk olan gelişmelere yol açabilir. Solunum sisteminiz, neredeyse sadece burnunuzdan nefes alacak şekilde tasarlanmıştır. Burnunuz, karmaşık ve son derece ustalıkla yapılmış bir hava filtre sistemidir. Çok sık olarak insanlar gerilim altındayken, yaptıkları ilk şeylerden biri burunlarından nefes alıp vermektir.

Genel olarak, ağzınızdan nefes alıp vermek panik halindeyken verilen bir tepkidir. Bunu yapmaya başladığınızda, bedeninize, kriz durumunun gerçek olduğunu söyleyen endorfin salgılanmasını da tetiklersiniz. Sadece dikkatinizi burnunuzdan nefes alıp vermek üzerinde yoğunlaştırarak, spor salonunda çalışıyor ya da koşuyor veya yürüyor olsanız bile, kendinizi daha az stresli bir duruma sokarak bedeninizdeki ihtiyaç fazlası endorfin salgısının seviyesini azaltırsınız.

Tabii ki, bu küçük şeylerin dışında konuşma becerinizi artırmak için uygulayabileceğiniz sayısız yöntem vardır, fakat basit eylemlere büyük bir ilgi duyarım, işte bunun nedeni. Çakralarımızın enerji dengesi, günlük hayatımızda yaşadığımız önemsiz tacizler sonucu bozulur ve küçük hareketlerle de neredeyse tamamen düzelir. Size ne zaman birisi susmanızı söylese, boğaz çakranızın da bir bölümü kapanır. Burnunuzdan aldığınız her temizleyici nefesle birlikte, boğaz çakranız da açılmaya ve iyileşmeye başlar.

Bana, bağımlılıklarından bir türlü kurtulamayan pek çok insan gelir. Öğrenciler, yoga dersi sonrasında otomobillerine giderken bir sigara yakarlar, ben de onlara pek çok kişiyi şaşırtacak şekilde bu alışkanlıklarını değiştirmeleri gerektiğini asla söylemem.

Deneyimlerime göre, gün içinde o küçük zarar vericileri kendinizden ne kadar uzak tutarsanız, sonunda bedeniniz de zihniniz ve ruhunuz ile birlikte bu zararlı maddeleri şiddetle arzulamanın bir yanılsama olduğunu, şiddetle arzulamanın biyokimyanızda siz daha çocukken gelişen bir sistem hatası olduğunu, yanlış bir şekilde başa çıkamayacağınızı düşündüğünüz gerçeklerden kaçınmanın bir yolu olduğunu o kadar kolay anlayacaktır. Bedeniniz, yadsımaktan vazgeçip, gerçeğe dönecektir. Bağımlılık, sizin ve ruhunuzun birbirinden ayrılmasıdır. Bu ayrılma o kadar acılıdır ki, acıdan ötürü ölebilirsiniz. Bu nedenle de, bedeninizi ve ruhunuzu *Bir* yapmak için size bir yol gösterilene dek bu boşluğu bir bağımlılık ile doldurursunuz.

Aşırı yeme sorunu olan öğrenciler, Kundalini Yoga ve Meditasyon çalışmaya başladıktan sonra, daha sağlıklı yiyecekler, daha taze sebze ve meyveler, daha doyurucu yiyecekler seçmeye, daha az et, balık, tavuk ve yumurta yemeye başlarlar. Her türlü yeme bozukluğundan ötürü bana gelen pek çok öğrencim vardır. En basit çalışma yöntemini uygulayanlarda bile istisnasız olarak, belirgin bir düzelme görülür.

Bunun niçin doğru olduğunu gösteren sayısız araştırma vardır. Ana nedenlerden biri, Kundalini Yoga'da yapılan hemen hemen her çalışmanın, gözler kapalı ve kaşların arasındaki bölge olan üçüncü göze doğru çevrilmiş olarak yapılmasıdır. Burası serotonin salgısını düzenleyen hipofiz bezinin yeridir. Serotonin, iştahımızı düzenlemede büyük bir rol oynar.

İnsanlar, bir şeyin nasıl işlediğinin mekanik, bilimsel nedenini bulmaktan hoşlanırlar. Bunu ben de heyecan verici bulurum, fakat bu öğrencilerin yeme alışkanlıklarının iyileşmesinde bu kadar dikkate değer iyileşmeler yaşamalarının başlıca nedeni boğaz çakralarının açılmasıdır.

Tanınmış ve yetenekli bir psikoterapist olan bir öğrencim vardır. Kendisi de dahil olmak üzere bir insanın belirli bir davranışın çocukluğunda tam olarak nereden kaynaklandığını belirleme konusunda gerçek bir yeteneği vardır. Bir sorunun nasıl başladığını belirlemenin her zaman çözüme götürmediğini bilir. Bana sık sık, belirli bir duygusal davranış kalıbını iyileştirmek için kullanılabilecek özel çalışma ya da meditasyonları sorar. Bu terapist arkadaşım, kökeni hastanın çocukluğuna uzanan yeme bozukluğu için meditasyon yapmanın, bu sorunun ne zaman, niçin ve nasıl başladığını incelemekten çok daha etkili olduğunu bulmuştur.

Fiziksel bedenimizi biçimlendirme konusunda, yağ aldırmak da dahil olmak üzere bedenimize daha "mükemmel" bir görünüm veren pek çok seçenek olduğundan eminim. Eğer aradığınız buysa, Kundalini Yoga ve Meditasyon yerine başka şeylere bakmanız çok daha iyi olacaktır. Öğrencilerimde gördüğüm en önemli değişikliklerden biri de, özellikle bedenlerinin şeklinden memnun olmayanların, bu çalışmayı yaparak sadece bedenlerini daha iyi bir duruma sokmaları değil, bedenlerini olduğu şekilde sevmelerini sağlamalarıdır.

Kendi bedenimiz hakkında olumsuz bir görüşe sahip olmanın ne kadar kolay olduğunu biliyorum. Gençliğimde diyet hapları kullanırdım, bugün bile kendimi kötü hissettiğim bir sırada aynaya baktığımda şişman bir kişinin belirmeye başladığını görürüm.

Amerika'da yaşayan kadınlar olarak, bize saldıran, sürekli olarak bedenlerimizin yetersiz olduğunu söyleyen imajlarla çevriliyiz. İnsanlar, doğal ve sağlıklı olmayan bir görünüme ulaşmak için milyonlarca dolar harcamaktadırlar.

Kundalini Yoga çalışmaları sayesinde bedeninizi sevmeye başladığınızda, kendinizi dergilerdeki o yanlış imajlardan kurtarıp bedeninizin ne kadar mucizevi bir makine olduğunu gördüğünüzde, bedeninizin de ideal ölçülere ulaştığını, başkalarının yanlış bir şekilde ideal beden diye size kabul ettirmeye çalıştığını değil kendi ideal bedeninize ulaştığınızı görürsünüz.

Bir yoga çalışması gösterirken, öğrencilerime herhangi bir çalışmanın "karındaki yağları yok edeceğini" ya da "çelik gibi kaslar" sağlayacağını söylemem. Bir anlamda her yoga hareketi tüm bedeniniz içindir. Bedeninizin tek bir parça gibi hareket ettiğini görebilirsiniz. Bir Lego Dünyası'nda yaşamıyoruz ve bedenimizin pek çok farklı parçadan oluştuğunu, bazılarının diğerlerinden daha değersiz olduğunu düşünerek yoga çalışmıyoruz. Gerçekte elde ettiğimiz sonuç, bedenimizi daha fazla sevip daha fazla takdir etmemiz ve bedenimizin daha sağlıklı ve daha güçlü bir duruma gelmesidir.

Kendi yoga ve meditasyon çalışma programınızı yaratmaya başladığınızda, sizin için en sağlıklı olan yiyecekleri istemeye başlarsınız ve bu yiyecekler size son derece lezzetli gelmeye başlarlar. Kendinizi, taze meyve ve sebze bölümüne giderken bulursunuz. Ve tabii ki, yogi çayı. Görüyorum ki, bu konudan tekrar tekrar söz etmekteyim.

Sağlıklı bir diyet, işe zevki karıştırmaz; önemli olan dengedir.

İyileşme ve gelişmenin kişiyi zorlayıcı yanlarından biri de denge bulmaktır. Bu yeteneğin bedenimizde bulunduğu bölge, bir denge mucizesi olduğu aklımıza bile gelmeyen boynumuzdur. Başını yukarıda tutmaya çalışan bir bebeği izlediğinizde, bu basit hareketin gerçek bir sirk gösterisi olduğunu görebilirsiniz. Simgesel olarak söylersek, başımız ve kalbimiz arasındaki dengeyi sağlamak, hayat kalitemizin en önemli etkenlerinden biridir. Bu denge, sevecenlik ve iyilik olarak adlandırılır. Dikkatsizce maymun zihnimizin bizim yerimize konuşmasına izin vermemiz kendimizin ve başkalarının kalbini kırar.

Bir öğrencimin, doksan yaşında bir anneannesi vardı. İçinde yirmi dört hemşirenin çalıştığı bir bakımevine taşınmıştı ve buna uyum sağlamakta zorlanıyordu. Bu iyi bir çözüm olasına rağmen, onun özgürlüğüne malolmuştu. Torunu onu bakımevinde ilk ziyarete geldiğinde, anneanne gururla gaz ocağını göstermiş. Torununa, elektrikle çalışan ocağı olan bir bakımevine taşınmayı asla kabul etmeyeceğini, yemeklerini her zaman gaz ocaklarında pişirdiğini ve gazlı bir ocak koyana dek bu bakımevine taşınmayı reddettiğini söylemişti. Öğrencim ocağa baktığında elektrikle işlediğini görmüş fakat hiçbir şey söylememiş. Anneannesi, bu elektrikli ocakta bir öğle yemeği hazırlamış ve mutlu bir şekilde gaz ocağında yemek pişirmenin kolaylığından söz etmiş. Ayrıntılar konusunda çok hassas olduğunu bildiğim öğrencim ise, hiç tereddüt etmeden anneannesinin "gazlı" ocakta yemek pişirmesine izin verecek kadar bilgece davranmış.

Dürüstlük, bir şeydeki küçük gerçeklerden daha önemlidir. Bu, eyleme dönüşmüş dürüstlüktür.

Yogayı, bedensel ve ruhsal bir çalışma olarak hayatınıza sokmak, bedeninizi bir araç olarak kullanarak ruhunuzun iyileşmesini sağlar. Bu tersine de işleyen bir ilişkidir, çünkü kendi aralarında ilişkili oldukları için, bedeniniz iyileştiğinde, zihniniz ve ruhunuz da iyileşir.

Eğer boyun ağrıları, diş sorunları, boğaz ağrısı, işitme kaybı, tiroid bezi sorunu çekiyorsanız ya da bağımlılıklarınız varsa ve bunlar hayatınızı etkiliyorlarsa, bedeniniz sizi uyarmak için bildiği tek dil olan acı ve rahatsızlığı kullanarak size bir dengesizliğin süregittiğini söylemektedir. Bu rahatsızlıklara neden olan sadece kalıtımsal koşullar ya da bedenimizi toksinle doldurmamız değildir. Bunlar, ruhunuzun kendi gerçeğini bağırarak söyleme gereksinimi ile doğrudan ilişkilidir. Ruhunuz gerçeği arzular, Kundalini Yoga ve Meditasyon bilimini kullanarak, bedeniniz sizi bunu keşfetmeye yönlendirebilir.

BEŞİNCİ ÇAKRA EGZERSİZİ

GENÇLİĞİ VE CANLILIĞI KORUMA EGZERSİZİ

1. Omurganızı düz tutarak ayakta durun.
2. Ellerinizi göğsünüzün önünde birleştirin, işaret parmaklarınız yukarıyı göstersin. Dirseklerinizi yanlarda rahat bir şekilde tutun.
3. Burnunuzdan derin bir nefes alın ve kollarınızı başınızın üzerine doğru uzatırken bedeninizi de altmış derecelik bir açıyla geriye doğru yatırın. Başınızı geriye atıp boğazınızın esnemesini sağlayın.

Geriye doğru yatarken ellerinizi bitişik durumda tutun.

4. İlk baştaki pozisyona dönerken burnunuzdan nefes verin.
5. Güçlü bir şekilde nefes alıp verin.

Etkileri: Bu çalışma, sağlığınızın ve güzelliğinizin koruyucuları olan tiroid ve paratiroid bezlerini uyarır. Bu iki bezin enerjisinin yanlış bir dengede olması, sizin zamanından önce yaşlanmanıza neden olabilir. Tiroid bezinin durumu deri, cilt ve dış görünüşü de etkiler.

KÖTÜ ALIŞKANLIKLARI YENME MEDİTASYONU

1. Rahat bir şekilde oturun. Omurgayı ve özellikle alt altı omuru düz bir durumda tutun.
2. Ellerinizi yumruk yapın ve baş parmağı dışa uzatın.
3. Baş parmakların ucunu şakaklarınıza dayayın, şakaklarda baş parmakların tam olarak oturdukları girintiyi bulun.

4. Arka azı dişlerinizi birleştirin ve dudaklarınızı kapalı tutun.

5. Sanki bir şeyi ısırıyormuşsunuz gibi, azı dişlerinizi birbirlerine bastırıp bırakın. Baş parmaklarının altındaki bir kasın belirli bir ritimle hareket ettiğini hissedeceksiniz. Baş parmaklarınızın ucuyla şakaklarınıza sıkıca bastırmaya devam edin.
6. Gözler kapalı olmalı ve üçüncü göz noktasına doğru bakmalıdırlar.
7. Azı dişlerinizi her sıktığınızda, "Sa-Ta-Na-Ma" seslerini sessizce tekrarlayın, bu seslerin sanki kaşlarınızda titreştiğini hissedin.
8. Burnunuzdan uzun ve derin nefesler alıp vererek bunu beş-yedi dakika kadar devam ettirin. Çalıştıkça, süre otuz bir dakikaya dek çıkartılabilir.

Etkileri: Modern toplumda sigaradan yemeğe, içkiden uyuşturucuya dek pek çok şeye bağımlılık gösteririz; daha mantıksal bir düzeyde ise kabullenmeye, duygusal aşka ve hatta düşünmeye bağımlılık gösteririz! Tüm bunlar, bizi davranış ve seçimlerimizde güvensizliğe götürür.

Bu meditasyon, her tür bedensel ve zihinsel bağımlılığa karşı çare olarak kullanılır. Azı dişlerinin yaptığı baskı, beynin orta bölümünde bir akım yaratır. Buradaki bir dengesizlik, zihinsel ve bedensel bağımlılıklardan kurtuluş olmadığı izlenimi yaratır. Bu meditasyon, orta beyinde oluşan bu dengesizliği düzeltir ve özellikle uyuşturucu bağımlılığı, zihin-

sel rahatsızlıklar, aşırı yemek yeme ile çeşitli fobiler nedeniyle tedavi gören kişilere yardımcı olur.

6
ALTINCI ÇAKRA

SEZGİ

"İnsanlar olarak kendimizi korumak için bize pençeler, dikenler ya da toynaklar verilmemiştir. Bunun yerine Yaratıcı, bize kendimizi korumak için sezgi gücümüzü geliştirme yeteneği vermiştir."

Yogi Bhajan

İnsandaki sezgi yeteneği, genellikle kaşlarımızın arasındaki bölgede olduğu kabul edilen altıncı çakrada bulunur. Bu, klasik çakra sisteminde, bazen üçüncü göz olarak da adlandırılan kaşlarımızın arasındaki nokta ile ilişkilidir. Bu bölge, esas salgı bezi de denilen hipofiz bezinin bulunduğu yerdir. Hipofiz bezi, son araştırmalarda duygusal sağlığımızda ana etken olduğu anlaşılan serotonin salgısının üretiminden sorumludur. Sezgi yeteneği, Tanrı ile olan bağlantımızı algılayan yanımızdır.

"Zekânız, sezgilerinizin gözetimi altında çakralarınız boyunca akmalıdır Bu, sayesinde hayatta başarılı olabileceğiniz basit bir bilimdir."

Yogi Bhajan

Meditasyonlar genellikle gözler kapalı olarak yapılır. Öğrencilerden, bakışlarını sanki üçüncü göz noktasında yoğunlaştırıyorlarmış gibi yukarı ve içeri doğru bakmalarını isteriz. Herhangi bir meditasyonu uygulamasanız bile, gözlerinizi kapayıp dikkatinizi üçüncü göz üzerinde yoğunlaştırmanın bile inanılmaz gevşetici etkisi vardır.

"Duygularınızı denetlemek için altıncı enerji merkezinize konsantre olmanız gerekir."

Yogi Bhajan

ÜÇÜNCÜ GÖZ NOKTASI ÜZERİNDE MEDİTASYON YAPMAK

Sezgi gücünü geliştirmek ve üçüncü gözdeki daha yüksek güçlerinizi deneyimlemek için:

1. Baş parmaklarınızı kaşlarınızın arasındaki noktaya yerleştirin.
2. Bu nokta üzerine sıkıca bastırın ve göz kapaklarınızı kapayarak, parmaklarınızla bastırdığınız noktaya doğru gözlerinizi yuvarlayın.

3. Bunu üç dakika boyunca yapın. Uzun ve derin nefesler alın, her nefes alış verişte, soluğun alnınızdaki bu noktadan girip çıktığını hissedin. Nefes alırken girsin, verirken çıksın.

4. Üç dakika boyunca, baş parmaklarınızı indirin ve ellerinizi kucağınıza koyarak sessizce oturun. Gözlerinizi alnınızın ortasındaki noktaya doğru çevirip o nokta üzerine yoğunlaşmaya devam edin. Nefes alırken, zihninizden "Sat" sözcüğünü ve nefes verirken, zihninizden "Nam" sözcüğünü geçirin. Bu seslerin sanki titreştiğini hissedin. Üç dakika kadar buna devam edin.

5. Nefes alın ve gevşeyin. Yavaşça gözlerinizi açın, çevreye bakının ve gevşeyin.

Etkileri: Genellikle kısa bir süre sonra renkler ve ışık demetleri görmeye başlarsınız. Sıklıkla çalışmaya oturduktan sonra inanılmaz bir çivit mavisi görülür, klasik olarak bu çakra ile ilişkili görülen renk de tam olarak budur.

"Eğer bilinçli iseniz uyanıksınızdır ve sezgileriniz güçlüdür, bu durumda hata yapmak söz konusu olmaz."

Yogi Bhajan

"Psişik hatlar" denilen yerleri aradığı için binlerce dolar telefon parası ödeyen insanların olduğunu duymak beni gerçekten üzüyor. Bu insanlar aslında kendi "psişik numaralarını" aramaktadırlar. Ve kendi psişik hattınıza ulaşmak size dakikada 3.99 dolara malolmaz. Tamamen bedavadır.

Psişik hattımız, Tanrı ile bağlantımızı algılayan sezgi gücümüzdür. Bedenimizin ruhsal tasarımı sayesin de, Tanrı'nın sözlerini sezgi duygusu yoluyla alabiliriz. Yogada üçüncü göz diye değindiğimiz yer ise fiziksel gözlerimizin gerisinde bulunur. Bu üçüncü göz, bize, bu gizemli dünyada derinlik ve boyut verir. Burası, zihnimizdeki ikilik akışı ve duygusu üzerinde ustalaştığımız enerji merkezidir. Örneğin, eğer mantıklı zihnimiz bir soruya evet diyorsa, sezgi duygumuz hayır diyebilir. Altıncı çakra üzerinde ustalaşırsak, hayattaki çeşitli kutuplar nedeniyle aklımız asla karışmaz ve deyim yerindeyse, üçüncü göz sayesinde satır aralarını da okuyabiliriz.

Tanrı'nın Ne Zaman Geldiğini Nasıl Biliriz? (How Do We Know When It's God?) adlı harika kitabında Dan Wakefield, tam olarak bu soruyu yöneltmektedir. Bu kitapta, sorunlu bir döneminde, yoga çalışmasının kendi Hıristiyan inancını nasıl güçlendirdiğinden söz etmektedir. Kitabında şöyle yazmaktadır: "Yoga yaparken sözlerden çok bedenimle dua etmeye çalışarak, kendimi sanki köklerime geri dönüyormuşum, ruhu bulmak için bedenime geri dönüyormuşum gibi hissederim."

Altıncı çakrada, akıl ve ruhsallığın daha yüksek katlarına doğru çıkmaya başlarız. Bu nedenle, altıncı çakraya uygun düşen bir element yoktur. Son üç çakrada -altıncı, yedinci ve sekizinci çakralar - artık düşünce ve ruha doğru yönelmekteyiz.

Akıl karışıklığı, sezgi yeteneğimizin gölge duygusudur.

Geçenlerde ders verdiğim bir sırada, sınıfın ön taraflarındaki bir bey dikkatimi çekti. Hareketleri yaparken, yüzü, homurdanıp diş gıcırdatarak yapılan vücut geliştirme sporundan gelen öğrencilerinkinden bile daha fazla eğri büğrü şekillere giriyordu. Dersten sonra bu öğrenciyle konuştuğumda yüzünün niçin bu şekillere girdiğini sordum. Bana, sanki beynini "denetimden çıkmış" gibi hissettiğini ve bu sırada da "sürekli olarak dişlerini gıcırdattığını", bunun da onun kafasını karıştırıp ve depresyona soktuğunu açıkladı.

Onun da çoğu depresyon hastası gibi çok sezgisel bir insan olduğunu hissettim. Elinde bu sezgi gücünü geliştirmek için araçlar olmadığından kafası karışmakta ve bu da onu depresyona itmekteydi. Bu adamın başına gelenler, pek çoğumuzun da başına gelmektedir. Hatta, antidepresan ilaçların ne kadar yaygın kullanıldığına bakarsak, bu sorunun milyonlarca kişiyi etkilediğini de görürüz.

"Deneyden geçersiniz - bu, hayatın doğası gereğidir.
Hayat çok sert olduğunda, sakinliğinizi koruyun.
İçe dönün ve ruhunuzu bulun.
Tarafsız ve meditatif bir duruma geçin, yol daha açık bir duruma gelecektir."

Yogi Bhajan

Bu adama verdiğim üç dakikalık çalışma son derece kolay bir çalışmadır, fakat kendisinden bu çalışmayı kırk gün boyunca yapmasını ve tek bir gün bile atlamamasını istedim.

ZİHİNSEL KARIŞIKLIK VE DEPRESYONDAN KURTULMAK İÇİN MEDİTASYON

1. Bağdaş kurarak, sessizce yere oturun.
2. Kollarınızı sanki kanat gibi yanlara açın. Avuç içleri açık ve yere doğru baksın.
3. Bileklerinizi ve ellerinizi, sanki havada şiddetle uçuyormuşsunuz gibi hızla sallamaya başlayın.

4. Kollarınız hafifçe omuzlarınızdan hareket edebilir, fakat hareket bileklerdedir.
5. Uzun ve derin nefesler alıp verin.
6. Bu hareketi üç dakika boyunca yapın.

Etkileri: Bu hareket her ne kadar kolay gözükse de bir süre sonra yorucu ve acı verici duruma gelir, fakat öğrencim bunu yaptı! İnat etti ve kırk gün boyunca hiç aksatmadan her gün yaptı, her gün yapmaya da devam etmektedir. Onda gördüğüm değişim ise çok dikkat çekici oldu. Depresyonu ve zihinsel karışıklığı hafiflemeye başladı, artık sınıfta önümde oturduğunda, onda sakin, mutlu ifadeli çok daha farklı bir insan görmekteyim.

Bu, sorunlarının sona erdiği anlamına gelmese de tek

bir aracı kullanmak onu diğer araçları da kullanmaya yönlendirdi. Hayatının geri kalan bölümünde, Tanrı'yı arzulayarak, ruhsal yolunda devam etmektedir. Bu da ona daha sağlıklı ve daha mutlu bir yaşam sağlayacaktır.

Sezgi bize pek çok yolla fısıldar; bizimle konuştuğu en önemli yollardan biri de, rüyalar ve simgelerin dilidir.

"İçe dönün ve içsel sesinizi dinleyin.
Her sorunun bir cevabı vardır.
Ruhunuz bilgelikle doludur ve yolu bilir."

Yogi Bhajan

Sık sık, çok basit yöntemler kullanarak sezgi gücümü kullanma çalışması yaparım, örneğin otomobil kullanırken. Bir yerden çıkarken, kullanabileceğim çeşitli yolları düşünmek için zaman ayırarak dua ederim ve sezgilerimin beni hangisine doğru çektiğine bakarım. Buna, sezgi gücümü trafik karmaşasından kaçınmak amacıyla kullanmak için başladım, fakat şimdi bana daha fazlasını da sağladığını görüyorum. Çoğu zaman, hangi yolu seçmem gerektiğini hissetmeye çalışırken, sadece yolu gördüğümü fark ederim. Bazen bunun sonuçları sadece hoş olmakla kalırken bazen de çok derin ve hayatın akışını değiştirici olabilir.

Eğer her şeyde Tanrı'yı göremezsen, Tanrı'yı da asla göremezsin.

Bir gün, sezgilerimin beni yönlendirdiği Sunset Bulvarı'nda tek başıma otomobilimi sürüyordum. O gün, ders vermek hakkında biraz cesaretim kırılmıştı, bu derslerin duyulup duyulmadığını ve gerçekten algılandıklarından emin olmak için daha fazla neler yapabileceğimi merak ediyordum. İnsanların, gerçekten yeni bir düşünme ve var olma yolunu izlemeye hazır olup olmadıklarını, yoksa toplum olarak bağımlılıklarımıza mı takılı kalacağımızı sorguluyordum.

Bu düşünceler, zihnimde dolaşıp duruyorlardı. Tam o anda, ünlü ve eski Chateau Marmont Oteli'nin çatı katının balkonuna doğru baktım, eskiden bu otelde kalan özel müşterilere ders veriyordum. Haftada birkaç gün, süitlerine gelir ve bu balkon katında onlarla yoga çalışması yapardım. Yüzümüz her zaman doğuya, sabah güneşine ve ayrıca kocaman, üç kat boyunda bir "Marlboro Man" panosuna dönük olurdu. Dev bir sigaranın karşısında yoga yapıyor olmamızın yarattığı ironinin bizi hep güldürdüğünü hatırlıyorum.

O gün, otomobilimi Sunset'ten aşağı doğru sürerken, Marlboro reklamı olarak düşündüğüm panoya baktım. Şans eseri trafik de sıkışmıştı. Panoya daha yakından baktığımda bunun bir sigara reklamı değil sigara karşıtı bir tanıtım olduğunu fark ettim. Evet Marlboro Man vardı ve sigara içiyordu fakat sigara sarkmıştı. Reklam panosunun altındaki mesaj, sigara içmenin iktidarsızlığa yol açan nedenlerden biri olduğuydu. Ne gördüğümü anladığımda kahkahalara boğuldum. Önünde saatlerce yoga yaptığımız bu dev sigara canlılığını yitirmişti. Ben de sanki, kendimi, çalışmamızın gücü ile yorgun düşmüşüz gibi hissetmiştim.

Daha da önemlisi, simgesel anlamda, bu reklam panosunun benim için içsel bir mesajı olduğunu hissediyordum. Bu mesaj, insanların aslında kendi hayatlarında ve sağlıklarında olumlu değişiklikler yapmaya hazır oldukları idi. Bu reklam panosu da, Kaliforniyalı seçmenlerin vergi paralarının sigara karşıtı kampanyalar için kullanılmasına izin vermeleri nedeniyle oraya konmuştu.

Otuz yıl önce yoga öğretmeye başladığımda, bu, akla bile gelmeyen bir şeydi. Gerçekten de her şey değişiyordu, ben de belirli bir düzeyde bu değişimin bir parçası olduğumu hissediyordum. Ayrıca zamanla bu değişimin daha büyük bir parçası durumuna geleceğimi de düşünmekteydim.

"Eğer bir şeyin yanıtını arıyorsanız, sadece konsantre olun.
Bir saniye içinde yanıtı bulacaksınız.
Bu, Evrensel Zihnin yasasıdır.
Evrensel Zihin, sizi beslemek için hep oradadır.
Tam içinizde, çok zayıf, basit, kına olmayan, kesinlikle anlaşılabilir, küçük bir ses vardır. Konuşur, ama yüksek sesle değil, çok yumuşak bir sesle konuşur."

Yogi Bhajan

Sunset'ten aşağı yaptığım bu "sezgisel otomobil yolculuğumun" üzerinden pek uzun bir süre geçmeden, değerli bir yoga öğrencim bana bir kitap yazma önerisi ile geldi. Aylar süren bir çalışma sonrasında da bu öneri kabul edildi. İşte okuduğunuz kitap bu kitaptır. Bir anlamda, tüm bu olan biteni, Santa Monica'ya gitmek için hangi yolu izlemeliyim gibi günlük basit bir şey için sezgilerimi kullanma isteğime bağlıyorum. Eğer sezgilerimi dinlemeseydim ve pek de sevmediğim bir yol olan Sunset'ten geçmeseydim, bu reklam panosunu da hiç fark etmeyebilirdim. Bu reklam panosu, "Dünya bu kadim öğretileri duyabiliyor mu?" duamın yanıtı olmuştu. Eğer her şeyde Tanrı'yı göremiyorsanız, asla göremeyeceğinizi anlamıştım. Tanrı, Marlboro Man'de bile vardı.

Kendinizi çok basit yollarla sezgilerinize açarsanız, gerçekten büyük mesajlar da bulursunuz.

Bazen, mesaj size doğrudan gelmez. Bazen, bir anlık dürtüyle bir kitap satın alırım, biraz okurum ve sonra bana pek hitap etmediğine karar verip rafa kaldırırım, ancak daha sonradan bu kitabın bana söylediği her neyse onu dinlemeye hazır olduğumu anladığımda elime alırım. Sezgileriniz, size duymaya hazır olamadığınız mesajlar gönderebilir. Bu çok iyi bir haberdir, çünkü sezgi gücünüzün ya kazan ya da batır anlaşması yapmadığı anlamına gelir. İlk seferde mesajı anlamadığımız, sonsuzda kaybolacağını düşündüğümüz için endişelenmemize gerek yoktur.

Kendi içimizde dengemizi sağladığımızda, Tanrı'nın isteğini de yapabiliriz.

Bayan öğrencilerimden biri, yoga ve meditasyon çalışmaya başladığından beri, sezgi gücünde çok büyük bir artış olduğunu görmüştü. Kendisi, son derece yaratıcı ve ünlü bir müzisyendi. Her ne kadar müziğinde sezgilerini kullanıyor olsa da, hayatında da giderek daha sezgisel bir insan durumuna gelmekteydi ve bazen bunun dramatik sonuçları oluyordu.

Geçenlerde, gece geç vakit otobüse binmiş. Otobüs yavaşlamış ve o da ileride bir trafik kazası olduğunun farkına varmış. Birdenbire, içinde yardım etme isteği uyanmış. Aceleyle otobüsten inmiş. Şaşkınlık içinde kendisini izleyen bir sürü kişinin arasında, ezilip büzülmüş arabaların birini kaldırarak içeride sıkışmış yolculardan birini kurtarmayı başarmış. Bu olaydan sonra, böyle bir kararı mantıklı olarak vermediğini hatırlamış; sadece sezgileri onu çağırmış ve bedeni de istekle bu çağrıya uymuş.

Bu öğrencimin yaptığı, olumsuz ve olumlu zihinler arasındaki noktadan kaynaklanmaktadır. Olumsuz zihnimiz, "Yapamam" diyen ve olumlu zihnimiz de "Yapabilirim" diyen zihindir. Yogiler bu ikisinin arasındaki yere "nötr zihin", direnç göstermeyen zihin ya da sezgisel zihin derler. Eğer bir an için durup, "Bunu yapabilirim" diye düşünseydi, olumsuz zihni de buna "Bunu yapamam" diye üstün gelmeye çalışabilirdi. Ama o, yogilerin deyimiyle, "zamanın ve mekanın ötesine geçerek" hareket etmişti.

Yıllardır, bu türde öyküler duyarım -içeride sıkışan çocuklarını kurtarmak için arabaları kaldıran anneler gibi- fakat daha önceden başına böyle bir şey gelen birisiyle konuşma şansım olmamıştı. Onunla konuştuğumda, bu konuda çok alçakgönüllü davrandı. Ne yaptığı konusunda hiçbir fikri yoktu. Tanrı'nın çağrısına en açık olduğumuz anlarda, bizim "yapan" olmadığımız açıkça bize gösterilmektedir. Yapan, Tanrı'dır ve kendi içimizde dengeyi yakalarsak, işte ancak o zaman Tanrı'nın isteğini gerçekten yerine getirebiliyoruz. Bu nedenle de Tanrı'nın saf isteğinin, hayatımızda ardı ardına mucizeler yaratması da beni hiç şaşırtmıyor.

İşte burada, yani olayları ve şeyleri ne iyi ne de kötü görmeme aşamasına ulaştığımızda bilgelik başlıyor.

Gerçek, doğru sezginin neredeyse onda dokuzu, neşenin sezilmesidir.

Yogayı hayatıma bir iş olarak sokmam hayatımın en büyük şansıdır. Yogadaki yolculuğuma başlamam, altmışlarda San Francisco'da bir çiçek çocuğu olduğum döneme rastlar. Gerçeği arıyordum. Hawaii'de Maui'deki bir Zen Budizm tapınağında bir süre kalmıştım ve Japonya'da Kamakura'daki Budist bir rahibe manastırına kabul edilmiştim. Yıl 1969'du. Japonya'ya gitmeden önce kısa bir süreliğine anakaraya dönüp, çok sevdiğim eski bir dostum olan Mark J.'ye gittim. Kaliforniya'da, babasının belediye başkanı olduğu Carmel Valley'de yaşıyordu. Tüm hayatını bu vadide geçirdiği için oradaki herkes onu tanırdı. Ben, belimde çanlar, Hint kumaşından yapılmış bir gömlek giymiş, bir sürü boncuk takmış ve saçlarım dağınık ve çalı gibiyken o, temiz ayakkabıları, kravatı, kısa, taranmış saçları ve kalın siyah çerçeveli gözlükleri ile çakı gibiydi. O alçak, yavaş, ağır sesi ile beni yirmi birinci doğum günü partisine davet etti. Partiden sonra annesinin evinde yalnız kaldık ve benden, o Ocak akşamı onunla birlikte meditasyon yapmamı istedi. Meditasyondan sonra gözlerimizi açtığımızda, üç gün sonra beni Tucson'a götürüp bir aşrama bırakacağını söyledi. Dediğine göre Tanrı ona, beni oraya götürmesini söylemiş.

Ona, "Aşram da nedir?" diye sordum. "Dua etmek, meditasyon ve yoga yapmak, insanlara hizmet etmek için bir yer" diye yanıtladı. Evet yanıtını verdim, üç gün sonra hazır olacaktım. Bu konuda düşünmedim, sadece sezgilerime uydum ve evet dedim.

Bir VW-Kaplumbağa ile yapılan beş günlük bir yolculuk sonrasında, Marky J., onun kocaman Alman çoban köpeği ve ben Tucson'a vardık. Arkadaşım, arabasını bir yoga merkezi ve aşram olarak kullanılan büyük bir evin önüne çekti. Orada yedi gün boyunca kaldı ve meditasyon yaptı. Sonra oda ve yiyecek için yirmi beş dolar tutan aylık kiramı ödedi ve sekizinci gün beni orada bırakarak gitti. Bugüne kadar da onu bir daha görmedim. O kimdi? Benim ruhsal rehberim mi? Yoksa meleğim mi ? Hepimizin böyle melekleri vardır, gerçekten vardır, buna inanın.

Eğer mantıklı ya da gerçekçi biri olsaydım, ki hayatımın büyük bölümünde böyle biri olmadım, o soğuk Ocak akşamında, böyle bir öneriye hayır derdim. Kendi kendime, "Bunun hiçbir anlamı yok, bundan vazgeçeceğim" derdim. Bense, tıpkı hiç düşünmeden arabayı kaldıran müzisyen arkadaşım gibi, "Evet, gideceğim" dedim. Bu tür önsezileri izlemeniz gerektiğine inanıyorum, yoksa siz de, hep "Bunu yapmak gerektiğini biliyordum fakat kendime güvenemedim," diyen insanlardan biri olursunuz ya da sonunda şöyle de diyebilirsiniz; "Ben zaten neler olacağını biliyordum, fakat bir şey demedim. Önsezilerinizi ve rüyalarınızı izleyin.

İlk yoga dersimi yaptığımda gözlerim yaşlarla dolmuştu. İçimde bir şey açıldı ve sanki sonunda eve dönmüşüm gibi hissetmiştim. Bunun hayatımın işi olacağını ve bunu arzuladığımı biliyordum; bir şeye ait olmak için büyük bir arzum vardı. Ben çocukken, annem babam bana, "Oturup hiçbir şey yapmayan Mary" diye seslenirlerdi. Bunun nedeninin benim doğuştan bir meditatör olmamdan kaynaklandığını düşünüyorum, ben çocukken buna, oturup hiçbir şey yapmamak denirdi.

Çocukken pek de iyi konuşamazdım ve beş yaşıma geldiğimde zihinsel bir dengesizliğim olup olmadığını görmek için bana bazı testler yapmışlardı. Yaratıcı olmayı severdim, her yıl kilisede, Paskalya Töreni'nde Meryem'i oynayarak, "O doğdu, o doğdu" diye bağırdığımı hatırlıyorum. Tanrı sevgim o zaman bile benim bir parçamdı. Kim olduğumuz hakkındaki ipuçlarını çocukluğumuzda bulabiliriz, bu nedenle de onları hatırlamak önemlidir. Saçımı uzatmayı her zaman sevdim ve sonradan kural olarak asla saçımızı kesmediğimiz fakat başımızın tepesinde toplayarak bir türbanla sardığımız bir dine katıldım. Hepimizin olduğu gibi benim de bir kaderim var ve sezgi gücüm yoluyla kendini bana fısıldamaktadır.

Sevdiğimiz şeyler, bizi çeken şeyler, sanki yol üzerindeki işaret tabelaları gibidir. Hepimiz, bize sürekli olarak görünen bu işaret tabelalarına sahibizdir. Onları aramanız ve eğer bir ebeveynseniz, çocuklarınız için de onlara bakmanız konusunda size ısrar etmek istiyorum, böylece onların kim olduklarını daha iyi anlayabilir ve onları yararlı araçlar kullanarak doğru yöne yönlendirebilirsiniz.

Eğer bir şeyi seviyorsanız ve onu yaparken zamanın nasıl geçtiğinin farkına varamıyorsanız, bunu yapmak size bir anlam ifade ediyor demektir.

Bazen, bu önseziler alaycı bir kabuğun içinde gelirler. Bu çağrı alaycı bir yolla gelmese de alaycılık bundan kaçınmak için kullanılır. Stand-up komedyen olan bir öğrencim vardı, yıllarca stand-up komedyenleri izlemiş ve ne kadar kötü olduklarıyla dalga geçip durmuş, yine de onları izlemekten vazgeçmemişti. Aslında nefret ettiğini iddia ettiği bu sanata karşı büyük bir ilgi duyuyordu. Sonunda beş dakikalık bir metin yazıp kendini sahneye atma cesareti buldu, bu o kadar hoşuna gitti ki o zamandan beri bu işi yapmakta ve bu cesaretini kısmen de olsa yoga çalışmasına bağlamaktadır. Şu anda bu işi profesyonel olarak yaptığına göre de bunun ona bir anlam ifade ettiği çok açıktır.

Yoga, sezgi gücünü geliştirmek için çok değerli bir araçtır, çünkü her çalışma ya da meditasyon bize bedenimiz, zihnimiz ve ruhumuzla yaptığımız küçük bir alıştırma olanağı tanımaktadır.

Amaçsız, sıkıcı veya rahatsız edici görünen pek çok yoga çalışması ve meditasyonu vardır ve gerçekte amaçladıkları da tam olarak budur. Üç ve hatta yedi dakikalık bir çalışmayı yaparken, küçük bir yolculuğa çıkmayı da kabul edersiniz. Rahatsızlık, öfke ya da derinlerde yer etmiş duygularda yolculuk ederken, nefesinizi kullanarak bu şeyleri geride bırakırken, kendi sezgilerinizden gelen mesajları da duymaya başlarsınız.

Birkaç dakika için bile olsa, bu mücadeleyi yaşamak sizi özgür kılacaktır.

Günlük hayatımızdaki olağan öfke ya da rahatsızlık hissini yoga çalışması sayesinde yoğun bir şekilde yaşamak bu hissi temizleyecektir. Bu öfke veya rahatsızlık yaratıcı durumu bir yanılsama olarak görmeye başlayabilirsiniz. Bu rahatsızlık hissi üzerinde güvenli bir şekilde yoğunlaşmamıza olanak tanıyan bir çalışma olmadan, tüm hayatımızı bu rahatsızlıktan kaçarak yaşama tuzağına düşebiliriz. Bu toplumda yaşarken aldığımız mesajların pek çoğu ise rahatsız, korkutucu ve öfkelendirici olandan uzak durmak yönündedir.

Günde binlerce kez, "Yeni bir araba, yeni bir takım,

yeni bir parfüm alın, böylece her şey yoluna girecek" şeklinde gürültülerin bombardımanına uğruyoruz. Bu nesnelerden her birinin peşinden koşmanın bizi daha rahat, daha mutlu, daha sevilen, daha beğenilen biri yapacağına söz verilmektedir. Öfkeyi, can sıkıntısını ya da Tanrı esirgesin, acıyı tam olarak yaşamayı bize söyleyen uyarıcı bir slogan yoktur. Acı, neşe gibi bir armağandır ve kültürümüzün değerini bilmediği bir şeydir. Eğer her şeyin Tanrı'dan geldiğini anlayabilirsek, her yeni günü de yeni bir macera olarak karşılarız.

Yoga, kendisinden kaçmak için tüm gününüzü harcadığınız şeyin üzerinde birkaç dakika boyunca dikkatinizi yoğunlaştırmanıza, bunun aslında kağıttan bir kaplan olduğunu görmenize ve sonra da gününüze ve hayatınıza devam etmenize olanak sağlar. Bu öfke ya da acının üzerinde dikkatinizi yoğunlaştırdığınızda, zihniniz neredeyse mucizevi bir şekilde sessizleşip sakinleşir. Zihniniz sakinleştiğinde de, sezgi gücünüzün "radyo frekansı" sizinle yüksek ve berrak bir sesle konuşmaya başlar.

Bedenimin tüm hücreleriyle biliyorum ki, yoga ve meditasyon yapmak, hayatınızın amacını, yani ruhunuzun çağrısını bulup tamamlamanızda size yardımcı olacaktır. Hayatlarında çok keskin değişimler yapmayan öğrencilerim bile, hayatlarının daha derin ve daha meydan okuyucu bir yönüne girmişlerdir.

Bazı öğrencilerimin yüksek maaşlı işlerden ayrıldıklarını, parasal kumarlara giriştiklerini ve sezgilerinin onlara, yapmalarının anlamlı olduğunu söyledikleri işlerin peşinde koştuklarını gördüm. Onların hayattaki meydan okumaları kabul ettiklerine ve maddi hayat tarzlarında ciddi değişiklikler yaptıklarına tanık oldum. Şimdi bunu okuyup şöyle diyebilirsiniz: "Bu bana korkunç geliyor." Bu değişimin acısız olacağını söyleyerek size yalan söylemeyeceğim, fakat istisnasız olarak, bu zorlu yolu seçen öğrencilerimin sonunda tanıdığım en mutlu insanlar arasına girdiklerini söyleyebilirim. İçlerindeki sezgisel, yaratıcı yanı dinleyen diğer öğrencilerimin de büyük başarı kazandıklarını gördüm.

> **"Hayatımıza sezgi gücümüz olmadan devam etmek sanki yan ve dikiz aynaları olmayan bir otomobili sürmeye benzer. Tüm görebildiğiniz sadece önünüzdür."**
>
> **Yogi Bhajan**

İşi, yazarların eserlerini geliştirmek ve eleştirmek olan, kariyerinde çok başarılı bir öğrencim vardı. Bu konuda iyiydi ve çok para kazanmıştı, fakat içini kemiren bir duygu ona hayatını boşa harcadığını söylüyordu. Sürekli olarak, "Evet, giderek gençleşmiyorum" demekteydi. Bu onun mantrası haline gelmişti. Hafif düzeyde bir depresyona girmişti, aşırı yiyordu ve çok içiyordu, fakat dış dünyaya karşı çok başarılı biri olarak görünmekteydi.

Bu adam, yolunu benim derslerimde buldu. Sonradan dediğine göre, ilk dersin sonrasında tüm bunların "tam bir zaman kaybı, anlamsız saçmalıklar" olduğunu düşünmüş. Bu gelişmeden sonra niçin tekrar derslere katıldığını anlayamadım fakat gelmeye devam etti. Yoğun iş programı içinde, tamamen zaman kaybı olduğunu düşündüğü bir şey için zaman ayırdı. Haftada iki gün derslere gelerek azimli bir öğrenci oldu.

Hayatında değişiklikler yapmaya başladı. İçkiyi bıraktı, yanlış bir iş alanında bulunduğu olasılığı üzerinde düşünmeye başladı. Belki de yazarları eleştirmek yerine o da onlardan biri olmalıydı. Ona nasıl olup da bunu anlamaya başladığını sorduğumda, bir yanıt veremedi. Sanırım, yoga ve meditasyon yapmak bu adamın, şimdiye dek görmezden geldiği sezgilerini bilinçsiz de olsa dinlemesine olanak tanımıştı.

Sonunda güvenli işini bıraktı ve kendine bir yazar olarak kariyer yapmak için uğraşmaya başladı. Bu kolay ya da çabucak olmadı fakat sonunda başarılı bir yazar oldu ve daha önceden mümkün olduğuna inanmadığı kadar mutlu oldu.

Onunla bu değişim hakkında konuştuğumda, yoganın, hayatını değiştirmede gerçekten de ilk adım olduğunu söylemişti. "Yogaya başladım, beni çok zorladı ve pek çok kereler ondan nefret ettim. Sonra, ne kadar içtiğime baktım ve içkiyi bırakmaya karar verdim. Sonra Musevilikle olan bağımı tekrar keşfettim. İşimi bıraktım ve şimdi yaptığım işi yapmaya karar verdim, tüm bu değişiklikler için de çok mutluyum. Fakat sanırım, başlangıç vuruşunu yapan gerçekten de yogaydı."

Bu öğrencinin öyküsü, yoga ve meditasyon yoluna giren kişilerin karşılaştıkları konusunda tipik bir örnek oluşturmaktadır. Kundalini Yoga bilimi, bedeninizin her hücresinde bilgi ve farkındalık olduğunu söyler. Dünyadaki sözlerin hepsi birleşse, içinizdeki sezgi gücünü hücresel düzeyde uyandıramaz. Varlığınızın tamamı bedeninizin her bir hücresinde vardır, bu kadim yoga bilimi de sizi hücresel düzeyde uyandırmak için özel olarak tasarlanmıştır.

Bedeniniz sizinle, simgesel anlamda ve çeşitli hastalıklar yoluyla, bu dili kullanarak konuşur.

Bedenimizin doğasında var olan bu bilgelik, rahatsızlığın oluşumunda da görülür. Kundalini Yoga öğrencilerimden biri bana güzel bir öykü anlatmıştı. Otuz yaşını henüz aşmış bu genç kadın, ona parasal anlamda başarı sağlayan fakat gerçek bir tatmin vermeyen bir iş tuzağına düşmüştü. Patronu ona karşı hem saldırgandı hem de ona çok düşkündü. Öğrencim, sanki tüm enerjisini ona verdiğini ve geriye hiçbir şey kalmadığını hissediyordu. Patronu hakkındaki duyguları belirsiz ve bulanıktı. Kafasında belki de yanlış işte olduğu düşüncesi ile bağlantı bile kuramıyordu.

Sonunda migren ağrıları çekmeye ve bunun için ilaç almaya başladı, bu ona biraz yardımcı oldu. Yine de hiçbir şekilde hayattaki seçimleri üzerinde düşünmüyordu. Sonra çok rahatsız edici bir şey oldu. Göğüslerinden süt gelmeye başladı, oysa çocuğu yoktu ve hiç hamile kalmamıştı. Doktora gittiğinde, hipofiz bezinde, sezgi gücünün evi olan üçüncü gözünde habis olmayan bir tümör bulundu.

İşinden ayrıldı. Çalışmadığı dönem boyunca, ameliyat için hazırlanırken, hayatına ve yaşam tarzına daha derin bir bakış atmaya başladı. Tümörün alınması için ameliyat oldu, sonuç başarılıydı.

Hastanede yatarken, bir arkadaşı ona Kundalini Yoga hakkında bir kitap verdi, bu kitapta tümörün tam olarak büyüdüğü bölge olan üçüncü göz bölgesi ve sezgi gücünden söz ediliyordu. Bundan sonra, çok ciddi bir şekilde Kundalini Yoga çalışmaya başladı, bu sayede kendisi için çok daha sağlıklı bir beden ağırlığına ulaştı. Dikkati çekecek ölçüde farklı bir insan olmuştu. Yaptığı işi bıraktı ve her zaman ilgisini çeken fakat denemek için kendinde asla yeterli cesaret bulmadığı başka bir alanda yeni ve çok başarılı bir kariyere başladı. Her ne kadar yogaya başlamadan önce de bedensel olarak aktif bir insan olsa da, yoga çalışmaya başladıktan sonra on kilo verdi.

Son derece gayretli bir öğrenciydi. Yoga ve meditasyon çalışmaya başladıktan birkaç ay sonra baş ağrıları yok oldu. Tümör bir daha büyümedi ve göğsünden süt gelmesi de kesildi. Bu öğrencim, sezgilerinin ona seslendiğini ve sonunda dikkatini çekebilmek için çok dramatik yöntemler kullandığını düşünüyordu. Saldırgan bir patrona tüm besleyici enerjisini verirken göğüslerinden süt gelmesini de tam bir ironi olarak görmekteydi. Bedeniniz sizinle, çeşitli imgeler ve hastalıklar yoluyla geliştirdiği bir dili kullanarak konuşur.

Bu öğrencimin yoga çalışması için duyduğu şevk bulaşıcıydı. Hayatında ve sağlığında olan inanılmaz gelişmelere ek olarak, başka ve daha nice yararları olduğunu düşünüyordu. Hem o hem de kocası sadık yoga öğrencileri oldular. Artık günlerine birlikte yoga yaparak başlamaktalar. Öğrencim, bunun, bir çift olarak önsezilerini artırdığını ve onları daha sabırlı ve sevgi dolu yaptığını düşünmekte.

Kundalini Yoga ve Meditasyonu, sezgi gücünüzün gelişmesine yardımcı olur. Bir süre sonra, sezgileriniz, dikkatinizi çekmek için o kadar da gösterişli yollar seçmek zorunda kalmaz. Ona giderek daha fazla güvenmeye başladıkça, sizinle daha az dramatik bir yolla konuşmaya başlar, çünkü bu yeteneğin gerçek olduğunu bilirsiniz. Sezgi gücü, sadece birkaç kişiye bahşedilmiş özel bir yetenek değildir, kendilerini dinlemeye istekli olan herkes bunu kullanabilir. Dış dünyadan gelen mesajları ne kadar çok dinlediğimiz hakkında düşünürseniz, içimizden gelen mesajlara da en azından eşit derecede güvenmenin anlamlı olduğunu anlarsınız.

> **"Sezgi gücü gerçek güçtür. Hepiniz buna sahipsiniz. Bu, Tanrı'nın verdiği bir armağandır."**
>
> **Yogi Bhajan**

Çoğu zaman, özellikle yaratıcılık gerektiren bir projede, esine gereksinim duyduğumda sezgi gücümle bağlantıya geçerim. Hoşuma giden proje her neyse ondan daha az tehlikeli görünen yollarla yaratıcı olmanın, bunu başlatmak için iyi bir yol olduğunu gördüm. Örneğin, evimdeki ya da yoga merkezindeki bir odayı döşemek istiyorsam, bu oda hakkındaki yaratıcı olasılıkları sezgilerim yoluyla bulurum. Geçen sefer bunu, tropikten geleneksele dek dünyanın değişik bölgelerinden gelen farklı çiçekler satın alarak yapmıştım. Bir hafta mavi çiçekler, bir hafta kırmızı, sonraki hafta sarı çiçekler kullanmıştım, böylece bu çiçeklerin odanın içinde yarattıkları çeşitli durumları hissetmiştim. Sonunda kırmızı bir Doğu halısı için para harcadığımda, buranın "kırmızı oda" olduğuna karar vermiştim.

Eğer Batı toplumunda kullanılan antidepresan ilaçların oranına bakarsanız, salgın halinde depresyona yakalandığımız sonucuna varabilirsiniz. Bu, bir anlamda doğrudur, fakat bunu depresyon yaratıcı olarak görmüyorum, bence bu istatistik sonuçları biraz da insanların depresyonda olduklarını kabul etmeye daha istekli olmalarından kaynaklanmaktadır. Benim çocukluk ve gençlik dönemimde, bu konu hiç tartışılmazdı.

Yoga ve meditasyonun, kandaki serotonin ve beta endorfin salgısını artırdığı bilimsel olarak da kanıtlanmıştır.

Her ne kadar, Prozac ya da Zoloft gibi serotonin düzeyinin tekrar yükselmesini önleyici ilaçların bazı insanların yaşamını kurtardığını düşünsem de, Kundalini Yoga ve Meditasyonun da, ister antidepresan ilaçlarla birlikte ister tek başına çalışılsın, bu iyileşme sürecinde büyük yardımları olmaktadır. Potatoes, Not Prozac (Prozac değil Patates) adlı müthiş kitabında Dr. Kathleen DesMaisons, yoga ve meditasyonun kandaki serotonin ve beta endorfin salgısını artırdığının bilimsel olarak nasıl kanıtlandığından söz etmektedir. Her ne kadar bir tıp doktoru olmasam da, kendi eğitmenlik deneyimlerimden bunun doğru olduğunu bilmekteyim. Şimdiye kadar, kendini ilaçlardan kurtaran pek çok öğrenci gördüm.

BAŞLA SELAM VERME EGZERSİZİ

Bu, depresyondan kurtulmak ve sezgi gücünü iyileştirmek için inanılmaz derecede etkili bir yoga çalışmasıdır. Kundalini Yoga'daki en basit çalışmalardan biri olmasına rağmen, son derece etkilidir.

1- Rahat bir şekilde ve tercihen dizlerinizin üzerine çökerek oturun. Bu size zor geliyorsa, yere bağdaş kurarak ya da nasıl istiyorsanız öyle oturabilirsiniz. Bazı öğrenciler, diz çöktüklerinde dizlerinin altına yastık koymayı tercih ederler.

2- Her iki elinizi de yere koyun ve üçüncü gözünüzü yere değdirecek şekilde başınızı eğin.

3- Tekrar başlangıç pozisyonuna dönün.

4- Eğilme hareketine devam edin, her seferinde boynunuzu ve omurganızı gevşek ve rahat tutarak alnınızı yere değdirin.

5- Hem eğilirken hem de kalkarken kalçalarınız topuklarınızın üzerinde kalsın.

6- Bedeninizi düzeltirken sessizce ya da yüksek sesle "Sat" ve eğilirken de "Nam" deyin. Gözlerinizi kapatın ve üçüncü göze doğru yönlendirin. Burnunuzdan derin ve uzun nefesler alın. Eğer sesleri içinizden sessizce tekrarlamak istiyorsanız, başınızı kaldırırken nefes alın ve indirirken nefes verin.

Etkileri: Eğilmek, dünyadaki hemen hemen her kültürün bir parçasıdır, çünkü içimizdeki inceliği uyandırır. Bunu kısa bir süre yapsak bile etkilerini hissedebiliriz. Bu, uzun bir süre boyunca yapmak için de çok iyi bir çalışmadır, fakat üç dakika kadar çalışıldığında bile çok rahatlatıcı ve ruhu yüceltticidir.

Eğilmek, omurgayı nazik bir şekilde esnetir, boyun kaslarını gevşetir, bacak ve kol kasları ile göbek deliği çevresindeki kasları çalıştırır. Gözlerin yukarı doğru yönlendirilerek, üçüncü gözün nazikçe yere değdirilmesi de altıncı ve yedinci çakraları uyarır.

Simgesel anlamda, eğilmek pek çok şey ifade eder. Bazı insanlar, kendilerinin başka insanların ya da başka bir şeyin isteklerine boyun eğmelerini sağladığını düşünürler. Aslında, eğilmek, kendinizi ve içinizde yaşayan kutsal yaratıcı gücü onurlandırmak demektir. Alçakgönüllülük dolu bir eylemdir, fakat çoğunlukla insanlar alçakgönüllü olmakla küçük düşmeyi karıştırırlar.

Alçakgönüllülük, kendinizin, daha büyük bir bütünün bir parçası olan değerli bir insan olduğunuzu anlamaktır. Biz, büyük bir şükran ve saygıyla eğiliriz. Kendimizi küçük düşürmek ise, irade gücümüzü bir başkasının eline verip yanlış bir şekilde o kişinin daha fazla bir güce sahip olduğuna inanmaktır. Bu basit eğilme hareketi bedeniniz için yararlı olduğu kadar, bize evrenin engin genişliği içindeki yerimizi fiziksel olarak hatırlatır. Basit bir eğilme hareketinde bu kadar çok şey vardır!

Bence, kadim yogayı böylesi bir mucize haline getiren de, tek bir basit çalışmanın bu kadar anlam ve yarar taşımasıdır. Tıp biliminin de, insanların binlerce yıldır bildiği bir şeyi yeni keşfetmeye ve anlamaya başlaması son derece doğaldır. Yoga işe yarayan bir şeydir, çünkü bedeninizin, zihninizin ve ruhunuzun şifa bulmasında değerli bir araçtır.

Bunu okuyan kuşkuculara sadece tek bir çalışmayı üç dakika kadar denemelerini söyleyebilirim. Bakalım kendinizi daha iyi hissedebilecek misiniz?

Yıllardır binlerce kişiye yoga öğrettim ve bu dene-

yimin kadın ya da erkek, hiç kimsede hiçbir duygu uyandırmadığını asla görmedim.

Tabii ki, bana gelen herkes Kundalini Yoga ve Meditasyona devam etmez. Öğrencilere niçin ara verdiklerini sorduğumda çoğunlukla zamanları olmadığı veya "yeterince iyi bir çalışma" yapmadıklarını düşündükleri yanıtını verirler. Bana en ilginç gelen de, çoğu zaman sadece tek bir derse gelip sonra ortadan kaybolan insanların yıllar sonra geri dönüp Kundalini Yogayı, kendilerini adayarak çalışmalarıdır. Sanki içlerine bir tohum ekilmiştir; bu deneyim hakkındaki bir şey onlarla birlikte kalmıştır.

Bu eğilme çalışmasını yapın. Eğer başlar ve yapmaya devam ederseniz, siz de korunursunuz. Bu çalışmayı kırk gün boyunca günde bir ya da daha fazla bir süre boyunca yaparsanız, depresyonunuzun çok azaldığını görürsünüz. Bu, kendinizi kötü hissettiğiniz günler olmayacak anlamına gelmez, fakat bedeninizi ve bedeninizin tüm kaynaklarını, kendinizi kötü hissettiğiniz bu günlerin alışılageldik bir durumdan çok, bir istisna olmalarını sağlayacak şekilde kullanmak için bir yoldur.

Daha henüz üniversitede öğrenciyken bana gelen bir öğrencim vardı, ciddi şekilde depresyon yaşıyordu. Pek çok kereler intihar etmeyi düşünmüştü ve ailesinde de intihar ederek ölen kişiler vardı. Yoga çalışmaya neredeyse on yıl önce başladı. Çalışmasının ilk aşamalarında, hareket etme becerisi, neşe ve mutluluk düzeyinde büyük gelişmeler gördü.

Sonunda terapiye gitmeye ve iyice düşündükten sonra antidepresanlar almaya başladı. Şimdi ise düzenli olarak yoga çalışmaya devam etmekte ve hem ilaçların hem de yoganın normal ve mutlu bir hayat yaşamasına olanak tanıdığına inanmakta. Bir keresinde şöyle demişti: "İlaçla tedavi edilmesi gereken klinik düzeyde bir depresyon yaşadığıma inanıyorum, fakat yoga çalışmaya başlamasaydım kendimle ilgili gerçeği görmeyi asla başaramazdım. Yoga yapmak, önümdeki karanlık sisi kaldırarak gereksindiğim şey için mantıklı bir şekilde çaba göstermemi sağladı."

Bu ve diğer öğrenciler için, kendi genel sağlıkları için yoga ve meditasyon yapmak kendi iyileşmelerine kendilerini ortak etmektedir. Bu öğrencim, kendisini daha iyi hissettirecek "bir şey almamış", kendisini daha iyi hissettirecek "bir şeyi yapmıştır."

Kendi zihinsel sağlığınızın iyileştirilmesinde, etkin bir katılımcı olmanız çok önemlidir.

DEPRESYONU ALT ETMEK İÇİN MEDİTASYON

Eğitmenim Yogi Bhajan, yıllar önce bana, depresyonu iyileştirmek için çok etkili bir meditasyon öğretmişti. Bu meditasyon biraz karışıktır çünkü işin içine mantralar da girer, fakat son derece inanılmaz sonuçlar getirdiği için bu meditasyonu da kitabıma dahil ettim.

1. Bağdaş kurarak rahat bir şekilde oturun.
2. Kollarınızı önünüzde düz olarak uzatın, dirsekleriniz düz ve kollarınız yere paralel olsun.
3. Ellerinizin üst yüzünü birbirine birleştirin, tüm parmak eklemleriniz birbirlerine değsin ve baş parmaklarınız aşağı baksın.
4. Gözlerinizi onda bir oranında açık kalıncaya dek kapatın, içeri sadece çok az ışık girsin. Burnunuzun ucuna doğru bakın.
5. Çok derin bir nefes alın ve nefes verirken monoton bir tarzda "Wah-Hey Gur-Roo" seslerini tekrarlayın. (Bu, bu seslerin fonetik olarak hecelenmesidir.

Bu seslerin yaklaşık olarak çevirisi "Halleluliya'dır -Tanrı, Sözcüklerin Ötesinde/Sözcüklerle Anlatılamayacak Kadar Büyüktür- ki bu bize pek de yabancı olmayan bir sözcüktür.)

6. Bunu bir nefeste, olabildiği kadar çok sayıda tekrarlayın, sonunda bu sözcükleri her nefeste on altı kez söyleyene dek çalışmaya devam edin.
7. Bu meditasyonu en az üç dakika kadar yapın, fakat bunu on bir dakika boyunca yapabilene dek günde bir dakika artırmayı hedefleyin.

Etkileri: Gözlerinizi bu şekilde dikerek bakmak, çocukların oynamaktan hoşlandıkları bir oyundur. Sadece gözleri bir noktaya dikmek bile inanılmaz derecede rahatlatıcıdır. Sesleri tekrarlamak ise, akupunktura benzer bir etki yapar. Akupunkturda, bazı sinir demetlerini iğnelerle uyarırsınız ve böylece bedenin diğer bölgelerinde değişiklik yaratırsınız.

Eğer sesleri tekrarlamak (mantra) ve ellerin duruşu size çok zor geliyorsa, sorun değil. Daha basit bir yöntemle başlayın, sadece, gözlerinizi onda bir oranında açık kalacak kadar kapatın ve sonra bakışlarınızı burnunuzun ucunda yoğunlaştırın. Bu, biraz bulanık görmenize neden olabilir fakat bir süre sonra, görüntülerin ve ışığın bulanıklaşıp ve titreştiği şekilde bakışlarınızı yoğunlaştırmak eğlenceli gelmeye başlar.

Bankada ya da postanede sırada beklerken bunu yapmaya bayılırım. İnsanı hemen gevşetir ve benim de sıradaki yerimi kaybetmeden ayaklarımı sürüyerek yürümeme izin verir. Zamanımı bu göz egzersiziyle değerlendirdiğimde sırada olmayı daha çok seviyorum. Bazen, kendimi o kadar tazelenmiş hissediyorum ki sırada önlere doğru ilerledikçe kendimi sıranın biraz daha uzun olmasını isterken buluyorum. Benim için, başka hiçbir şey, yoga meditasyonunun bir mucize olduğunun bundan daha iyi bir kanıtı olamaz.

Her gün bu tür sonuçlarla çevrili olduğum için de, Kundalini Yoga'nın şifa bulmak için bir bilim, bir teknoloji olması artık bana şaşırtıcı gelmiyor. Ayrıca, yoga ve meditasyonun insanların sağlığı ve refahı üzerinde ne kadar büyük ve olumlu bir etkisi olduğunu gösteren sayısız araştırma vardır. Bilim adamlarının, Kundalini Yoga ve Meditasyonunun insanların bedenleri üzerindeki gerçek etkilerini ciddi olarak inceleyecekleri günü sabırsızlıkla bekliyorum.

Depresyon sırasında serotonin salgılanmasındaki rolüne ek olarak altıncı çakradaki esas bez olan hipofiz bezinin bir başka işlevi de insandaki büyüme hormonunun (HGH human growth hormone) salgılanmasında görülür. Kundalini Yoga ve Meditasyonu bilimini uygulayarak, salgı bezlerinizi, sağlıklı olmanız için gerekli tüm hormonlarınızı üretmek ve kullanmak için uyarabilirsiniz.

Bazı hormonların üretilmesindeki azalma, biz yaşlandıkça ortaya çıkan pek çok soruna neden olabilir. Hâlâ Kundalini Yoga ve Meditasyon yapmaya gayretle devam eden insanların neden güç, esneklik ve zekâ kıvraklığının yüksek derecede olduğunu merak ediyor musunuz?

Öyküleri birkaç yıl önce basına da yansıyan ve yüz yaşını aşmış iki kardeş beni özellikle etkilemişti "Having our Say" (Bizim de Söyleyeceklerimiz Var) adlı kitabı yazan şu ünlü Delaney kardeşler. Bu harika kitapta, yüz yıldan fazla bir zaman boyunca Amerika'da siyah bir kadın olmanın nasıl bir şey olduğu hakkındaki görüş açılarını anlatmaktadırlar. Öykülerini okurken beni en çok şaşırtan, bu iki cesur kadının altmış beş yaşından sonra, büyük bir gayretle yoga çalışmaya başlamaları olmuştu. Çoğu insanın emekli olduğu bir yaşta, onlar, beden, zihin ve ruhu çalıştırmanın zamanı geldiğine karar vermişlerdi. Tabii ki, onların yüz yaşından sonra zor yoga hareketlerini yaparken çekilmiş resimlerini görmek de benim için esin vericiydi.

Araştırmalar, yoga ve meditasyonun, yaşlanmanın etkilerini yavaşlattığı düşüncesini desteklemektedirler.

Her gün meditasyon yapan iki bin kişi üzerinde bir araştırma yapılmıştır. Bu araştırma sırasında on üç ana sağlık durumu belirlenmiş ve meditasyon yapan bu insanlar, bu on üç sağlık ve hastalık durumunda, meditasyon yapmayan kişilere büyük bir üstünlük sağlamışlardır. Örneğin, meditasyon yapan kişilerde kalp rahatsızlığı yüzde seksen ve kanser yüzde elli daha azdır.

Bir başka araştırma, beş yıl ya da daha az bir zamandır meditasyon yapan insanların, "biyolojik yaşlarının" kronolojik yaşlarından beş yıl daha genç olduğunu göstermiştir. Eğer beş yıldan fazla bir zamandır meditasyon yapıyorlarsa, biyolojik yaşları da kronolojik yaşlarından yaklaşık on iki yıl daha az olmaktadır. Bu araştırma, bu sayıları temel alarak daha fazla tahmin yapmaya devam etmemiştir, fakat eğer bu oran bu şekilde devam ediyorsa Delaney kardeşlerin yüz yaşında oldukları dönemde, biyolojik olarak neredeyse yoga ve meditasyon yapmaya başladıkları yaşta olduklarını düşünebilirsiniz. Eğer onların yoga yaparken çekilmiş resimlerine baksaydınız, daha genç olduklarını bile söyleyebilirsiniz.

Üçüncü gözünüzde yer alan hipofiz bezi, bizim en önemli salgı bezimizdir. Kundalini Yoga çalışmasında, bu salgı bezinin uyarılmasına yönelik çalışmaların diğer tüm salgı bezlerininkinden daha fazla olduğunu görürsünüz. Bunun nedeni "altıncı çakranın" diğerlerinden daha önemli olması değildir. Bunun nedeni, hipofiz bezi sağlıklı işlediği zaman, bu çakranın diğer çakralara sağlık yayma becerisi olmasıdır.

Hipofiz bezi tüm bedeni düzenler ve sezgilerimiz de tüm hayatımıza yön verir. Tek yapmamız gereken her ikisini de etkin duruma getirmektir.

"Sezgi gücümüzü geliştirmeye çalışmak çok önemlidir (ki bu da meditasyon yoluyla olur), çünkü sezgilerimiz olmadan kuşkuya düşeriz, bu da ikiliğe ve hayatımızda krizlere yol açar."

Yogi Bhajan

Yoga öğrettiğim yıllar boyunca, insanlar sık sık, "ani bir sezgi" sonucu hayatlarında yaptıkları değişikliklerden söz ettiler. İnsanlar bana, hayatları, işleri, aşkları hakkında öyküler anlattıklarında genellikle şu cümle de bu öykülere eşlik etmekteydi, "Sadece yapmam gerekenin bu olduğunu biliyordum."

"Sezgi gücü, sadece meditasyonda ustalaşarak geliştirilebilir. Ve bu da zaman demektir. Meditasyonda ustalaşmak için zamana ihtiyacımız vardır."

Yogi Bhajan

Bir öğrencim, ansızın bir sezgiye kapılıp onun peşinden gitmekle ilgili çok hoş bir öykü anlatmıştı. Uzun süredir Kundalini Yoga çalışan bu bayan öğrencim uzun süre terapi gören eski bir alkolikti. Seçtiği alanda başarılıydı ve içkiyi bırakmaktan ötürü de mutluydu, fakat romantik bir birliktelik kurmak ve çocuk sahibi olmak istiyordu.

"Kağıt üzerinde iyi görünen" çok sayıda erkekle çıkmıştı fakat bunlar onun hayat ortağı olabileceği türde insanlar değildiler. Genellikle de, çok şey isteyen insanlardı ve o duygusal bir desteğe gerek duyduğunda ortalarda olmuyorlardı. Onları beslemenin ve yönlendirmenin bu öğrencimin görevi olduğunu düşündükleri ve aynısını onun için yapmanın onları ilgilendirmediği de açıktı.

Sonunda doğru özelliklerin hepsini üzerinde taşıyor gibi görünen bir adamla çıktı. Bu adam, başarılı bir avukattı, nazik ve akıllıydı. Yine de bu erkeğe kendini gerçekten yakın hissetmiyordu ve onunla çıkmaya devam etti.

Aynı sıralarda, işyerinden bir erkekle dostça bir ilişki kurdu. Bu erkek, neşeli ve onun kariyerine yardımcı biriydi. İş dışında da birlikte zaman geçirmeye başladılar, bazen sinemaya ya da yemeğe gidiyorlardı, fakat aralarındaki ilişki arkadaşçaydı, iş arkadaşıydılar.

Bir gün, bu öğrencim bu avukatla sinemaya gitmişti. Filmi beğenmemiş ve tüm akşam boyunca kendini rahatsız hissetmişti. Aniden, içinde bu iş arkadaşını aramak ve gördüğü bu korkunç filmi ona anlatmak için dayanılmaz bir istek duydu. Kendini gerçekten de rahatsız ve sabırsız hissetmeye başlamıştı, randevusunu bir an önce sona erdirmeye çalışıyordu, böylece eve gittiğinde dostunu aramak için çok geç olmayacaktı. Birdenbire kafasına dank etti. Onu sadece bu kötü film hakkında konuşmak için aramak istemiyordu.

Onu aramak istemesinin gerçek nedeni, aslında bu dostuna aşık olmasıydı. Duygularının gerçek niteliğini anlayana dek sezgileri vızıldamaya devam etmişti.

Çıktığı erkekle olan ilişkisini bitirdi ve iş arkadaşıyla çıkmaya başladı. Şimdi birlikteler ve çılgıncasına mutlular. Bu öğrencim, her ne kadar geleceğin ne getireceğini bilmiyorsa da, bana bu erkeğin yıllardır çıktığı erkekler arasında birlikte yaşlanabileceğini düşündüğü ilk erkek olduğunu söylemişti. Bu sıralar evlenmeye hazırlanıyorlar ve öğrencim, mantığı yerine sezgilerini dinlediği için de minnet dolu.

"İçe dönün ve içsel sesinizi dinleyin.
Her sorunun bir yanıtı vardır.
Daha derine bakın ve bu sessiz sesi dinleyin."

Yogi Bhajan

Bir şimşek gibi aniden gelen böyle bir sezgi, Tanrı'nın sesidir. Genellikle çok ince yollardan gelir ve biz mesajı anlamayız. Neyse ki, mesaj hemen hemen her zaman tekrar ve tekrar, biz onu önemsemeye hazır olana dek gelmeye devam eder.

Bence, kendi sezgilerinizi dinlemeyi öğrenmenin en iyi yollarından birisinin düzenli olarak yoga çalışmak, meditasyon yapmak ve dua etmek olduğuna kuşku yoktur.

Sezgilerim her zaman güçlü olmuştur, fakat son otuz yıl boyunca, Kundalini Yoga ve Meditasyon sayesinde, bu konuda kendi kendime bile şaşar duruma geldim. Sezgilerimi, günlük hayatımda, özellikle de ders verirken kullanırım.

Sezgi gücünü kullanma becerinizi kullanmayı tıpkı yürüme becerinizi kabul ettiğiniz gibi kabul edebilirsiniz. Sezginizi, daha yüksek güçlerin rehberliğine giden kapıyı açmak için, sanki uzun bir günün sonunda evinizin kapısını açmak için elinizi kullandığınız kadar kolaylıkla kullanabilirsiniz. Zamanla sizin ikinci doğanız haline gelebilir.

Sezgi gücü ve bunun Tanrı'nın bizimle doğrudan konuşmak için bir yolu olduğu hakkında düşündüğümde, çok sevdiğim eski bir fıkrayı anımsarım. Bir gün büyük bir sel olmuş ve adamın biri de evinin çatısına tırmanmış. Hiç korkmuyormuş çünkü Tanrı'nın onu kurtaracağını biliyormuş.

Çatıda böyle çömelmiş otururken, bir kayığa binmiş bir aile ona doğru yaklaşmış. Ona bağırarak, "Hey, sen! Çatıdaki! Kayığımız çok kalabalık fakat eğer binmek istersen sana yer açabiliriz!" demişler. Adam yanıt vermiş: "Hayır, gidebilirsiniz, Tanrı beni kurtaracaktır." Kayıktaki insanlar onu ikna etmeye çalışmışlar, fakat adam kayığa binmeyi kesin olarak reddetmiş. Sonunda kayıktakiler kürek çekerek uzaklaşmışlar.

Uzun bir süre sonra, bir arama kurtarma botu gelmiş. Su daha yükselmiş ve adam artık çatısının tam tepesinde tüneyerek duruyormuş. Bottaki kurtarıcılar adama bir can yeleği atmışlar ve kendilerine doğru yüzmesini, böylece onu kancalarıyla yakalayıp hızla akan sudan çekebileceklerini bağırarak söylemişler. Adam yine reddetmiş, çünkü Tanrı'nın onu kurtaracağını düşünüyormuş.

Sonunda adam evinin bacası üzerine tünemiş, su sadece birkaç santim altından akıyormuş. Gökyüzünden bir helikopter yaklaşmış ve ona doğru bir ip sarkıtılmış. Hoparlörden gelen bir ses, zavallı adamın yukarıya doğru tırmanmasını söylemiş, çünkü bu onun kurtarılmak için son şansıymış. Adam yine reddetmiş, Tanrı'nın onu kurtarmasını bekliyormuş. Helikopter son ana kadar beklemiş ve sonunda uçarak uzaklaşmış, kısa bir süre sonra da adam, köpürdeyerek akan suya kapılarak boğulmuş.

Cennete vardığında Tanrı'ya sormuş, "Nasıl olur da

beni böyle terk edebilirsin? Beni kurtaracağını sanıyordum, oysa şimdi burada bir ölüyüm. Niçin?" Tanrı da yanıt vermiş: "Sana iki tane tekne ve bir helikopter gönderdim. Daha ne yapmamı istiyorsun?"

Sezgilerimizi dinlemek, ne şekilde gelirse gelsin Tanrı'nın yanıtına açık olmak demektir.

ALTINCI ÇAKRA EGZERSİZLERİ

İNCE VE USTALIKLI OLANI BULMAK

1. Dizlerinizin ve topuklarınızın üzerinde yere oturun.
2. Gözlerinizi üçüncü gözünüze doğru çevirin. Nefes alırken "Sat", nefes verirken "Nam" demeye başlayın.
3. Kollarınızı düz ve yere paralel olarak yanlara doğru açın.
4. Ellerinizi kapatın, parmak uçlarını parmak diplerindeki tepeciklere doğru kıvırın ve oraya bastırın.
5. Baş parmaklarınızı düz tutun.
6. Parmaklarınızla yaptığınız sıkı kavrayışı koruyarak, baş parmaklarınız yukarı ve aşağı gelecek şekilde ellerinizi ve bileklerinizi çevirmeye başlayın.
7. Burnunuzdan güçlü nefesler alarak ritmik bir şekilde bunu yapmaya devam edin, yedi ya da sekiz dakika kadar çalışın.

Etkileri: Bu çalışma, hipofiz bezi üzerinde etkilidir, en büyük korku ve paranoyalarınızı yok eder. Gerçek bir meydan okumadır çünkü gerçekten işe yarar!

SEZGİ GÜCÜNÜ VE BİLGELİĞİ ARTIRMAK İÇİN ESAS SALGI BEZİNİ UYARMAK

1. Oturur durumda, gözlerinizi kapayın ve üçüncü gözünüze doğru çevirin.

2. Kollarınızı düz ve yere paralel olarak yanlara doğru açın. Ellerinizi kapatın, parmak uçlarını parmak diplerindeki tepeciklere doğru kıvırın ve oraya bastırın ve baş parmaklarınızı yukarı doğru uzatın.

3. Nefes alırken "Sat" deyin ve baş parmaklarınızı omuzlarınıza doğru getirin fakat onlara pek dokunmayın.

4. Nefes verirken "Nam" deyin ve ilk pozisyona geri dönün, kollar tekrar açılsın ve yere paralel olsunlar. Bunu tıpkı bir pompa hareketi gibi güçlü bir şekilde yapın. Bir sefer yaklaşık bir saniye sürmelidir.
5. İki dakika boyunca, güçlü nefeslerle ve hızlı bir şekilde bu harekete devam edin.

Etkileri: Bu çalışma, hipofiz bezini uyarır, böylece sezgi gücü ve berraklık artar. Bu da, hayatınızdaki etki ve tepki yasasını anlamanıza yardımcı olur.

CÖMERT, GÜZEL, NEŞE DOLU BİR MEDİTASYON

1. Omurganız dik olacak şekilde, yere bağdaş kurarak oturun.

2. Sağ kolunuzu bedeninizin önünde altmış derece açıyla kaldırın, avuç içiniz yere baksın.

3. Sol bileğinizi sol dizinizin üzerine koyun, avuç içi yukarı baksın, sol baş parmağınızın ucunu sol işaret parmağınızın ucuna bastırın (gyan mudra) .

4. Gözlerinizi üçüncü göz üzerinde yoğunlaştırın ve sesli olarak aşağıdaki mantrayı söylemeye başlayın:

Ben Ruhumun Işığıyım.
Ben Cömertim, ben Güzelim.
Ben Neşeyim. Ben, Benim.

Bunu inanarak, kararlılıkla ve samimi olarak söyleyin.
Bunu dünyaya, Tanrı'ya ve kendinize söyleyin.

5. Üç-on bir dakika kadar buna devam edin.

Etkileri: "Ben, Benim" mantrası ile, egonun kişiliği Evrensel Kişilik içinde erir. Bu meditasyon, kendine saygıyı ve kendini onurlandırmayı geliştirir.

7
YEDİNCİ ÇAKRA

SINIRLANDIRILMAMIŞLIK

"Yedinci merkez, Shashara, yüce bilincin mandalasıdır ve sadece iki kelimeyle açıklanabilir: 'Wahe Guru'".

Yogi Bhajan

Belirli sınırlar içinde kalmama ya da sınırlandırılmamışlık yeteneği, yedinci ya da bazen adlandırıldığı gibi "taç" çakrası ya da "onuncu kapı" noktasında yer alır, burası beynin büyük bölümünü kaplar. Geleneksel olarak, bu çakranın sadece beynin işleyişini değil aynı zamanda, sinir sistemi, iskelet sistemi ve dolaşım sistemi de dahil olmak üzere bedenin tüm önemli sistemlerini yönettiği söylenir.

Bu çakra ile ilişkili bulunan renk geleneksel olarak, menekşe rengi ya da mordur. Bu renk, ışık tayfının son rengidir ve gökkuşağının tepesinde gördüğümüz renktir.

Mor, genellikle, soylu bir renk olarak adlandırılır ve sınırlandırılmamışlık da kesinlikle soylu bir yetenektir.

"Eğer, Kundalini Enerjisi, onuncu kapıda spiral çizmez ve burayı açmazsa, insan Sonsuzluğu anlayamaz, deneyimleyemez ve tadını çıkaramaz."

Yogi Bhajan

Sınırlandırılmamışlık, evrensel bilinç ile, Yaratıcı, yüksek gücümüz ya da Tanrı ile bağlantıya geçme becerimizi içerir. Dünyadaki her dinde, ruhun enginliği için bir terim vardır. Bunu "Sınırlandırılmamışlık" olarak adlandırmayı seçtim, çünkü bu, ruhsal bağın soyluluğunu akla getirdiği halde herhangi bir dinsel yolu çağrıştırmayan bir sözcüktür.

Martin Luther King, Gandhi, Rahibe Teresa inanılmaz ölçüde fazla sınırlandırılmamışlığa sahip insanlardı. Onlar, bu dünyanın gerçek hükümdar ailesindendiler. İçlerindeki sınırlandırılmamışlık yeteneği sayesinde, ülkelerin tarihini değiştirmişlerdi.

İnsandaki her yetenek değerlidir ve hiçbiri diğerinden daha iyi değildir. Çoğu insanın, sistem içinde güçlü ve zayıf yanları vardır. Bazı insanlar, bazı konularda diğer insanlara göre doğal olarak daha yeteneklidirler. Bunu özellikle, sınırlandırılmamışlık yeteneğiyle bağlantılı olarak hissederim.

"Kaderin akışı" deyimini çok severim. Fiziksel olarak maceracı bir insanımdır ve bilinmeyen olarak görünen şeylere atılmayı hep çekici bulmuşumdur, fakat gerçekte sevgi dolu bir Tanrı'nın güçlü ve rahat kolları beni taşır ve rahat ettirir. Belirli kalıp ve sınırlara takılı kalmadan kendini kaderin akışına bırakma yeteneği, bu dünyadaki evimiz olan bedenimizin en tepesinde bulunan yedinci çakrada yer almaktadır.

Yedinci çakra aynı zamanda, epifiz bezine de ev sahipliği yapar. Uzun yıllardır, Batı tıbbı, bu salgı bezini gizemli bir şey olarak görmüştür; kısa bir süre öncesine dek de, herhangi bir işlevi olmayan "ölü bir salgı bezi" olduğunu iddia eden doktorlar da vardı. Son yıllarda, bilim bu bezin, sağlıklı bir uyku uyumak için anahtar unsur olan melatonini salgıladığını keşfetti. Size şiddetle önerdiğim, "Brain Longevity" (Beynin Uzun Yaşaması) adlı kitabında dostum Dr. Dharma Singh Khalsa, melatoninin son derece güçlü bir antioksidan olduğunu ve beynimizin yaşlanmasının başta gelen nedeni olan yağ asitlerinin yarattığı tahribatın önlenmesinde yardımcı olduğunu belirtmektedir.

> **"Herkesin bedeninde, epifiz bezi diye adlandırılan bir gün ışığı noktası vardır, burada saat yönünde saat yönünün tersinde bir çevrim olur. Bu hareket, sizin ya daha kutsal ya da daha bölünmüş olmanızı sağlar."**
>
> **Yogi Bhajan**

Pek çok hastayla çalışan Dr. Dharma, reçete olarak melatonin yazdığında, hastalarından düzenli meditasyon yapanların çok az bir doza gereksinim duyduklarını belirtmektedir, çünkü yaptıkları meditasyon onların epifiz bezini uyararak bu mucizevi maddenin daha fazla üretilmesine neden olmaktadır.

Meditasyon, beynimizin daha uzun ömürlü olmasını sağlar ve tıp bilimi de bu inanış hakkındaki hatasını telafi etmektedir.

Ders verdiğim yıllar boyunca, düzenli yoga ve meditasyon yapan öğrencilerimin çok az uyuma zorluğu çektiğini gördüm, araştırmalar da bu yöntemlerin gerçekten işe yaradığını kanıtlamaya devam etmektedir. Araştırmalar, uykusuzluk çeken bir kontrol grubunun yüzde 75'inin düzenli bir günlük meditasyon programı uygulandığında normal bir şekilde uyuyabildiklerini göstermiştir. Ayrıca, kronik olarak ağrı çeken insanların yüzde 34'ü ağrılar için aldıkları ilaçları azaltmışlar ve kısır olan kadınların yüzde 35'i de hamile kalabilmiştir. Bu türde araştırmalar, benim yıllardır yoga ve meditasyon öğreterek gördüğüm şeyleri doğrulamaktadırlar. Yoga ile sağlığınızda bir devrim yaratabilirsiniz.

Harvard Tıp Okulu gibi büyük üniversiteler bu tür olayların incelenmesi için zaman ve kaynak ayırmaya başlamışlardır. Son zamanlarda, olumlu ve genişlemeye elverişli zihinsel tutumlar izlemenin, insanı iyileştirebildiği düşüncesini inceleyen önemli araştırmalar yapılmıştır. 1931 yetişkin üzerinde yapılan yakın zamanlı bir araştırmada, herhangi bir türde ruhsal bir çalışma yapan kişilerin, insanlardaki kronik rahatsızlıklarda etkili olan ve bağışıklık sistemimizde bulunan interlökin-6 adlı maddenin düzeyinin çok daha az olduğu gözlenmiştir.

Yoga ve meditasyon gibi ruhsal bir çalışma yapmak ve isterseniz herhangi bir dini izlemek, sağlığınızı iyileştirecektir.

Her tür egzersiz, beyne giden kan akışını artırır fakat, Kundalini Yoga'da inanılmaz derecede harika olan, bu egzersizlerin özellikle endokrin sistemindeki tüm salgı bezlerini uyarmak için tasarlanmış olmasıdır. Yoga biliminde, salgı bezleri hep "sağlığın koruyucuları" olarak adlandırılırlar.

Klasik çakra sisteminde, yedinci çakra Tanrı'ya ya da aydınlanmaya giden geçittir. Örneğin, Kundalini Yoga'da, epifiz bezi "ruhun merkezi" olarak bilinir. İnsan öldüğünde, ruhu başının tepe noktasından çıkar. Bedenin bu bölümü her zaman ışıkla ilişkili görülmüştür ve tüm dünya dinlerinde de hale simgesi dini tasvirlerle görülebilir.

"Gücünüzü daha yüce bir varlıktan ya da Tanrı'dan alırsanız ve sizi çevreleyen hileyi yansıtarak konuşursanız dünyayı yenebilirsiniz."

Yogi Bhajan

Bilim, epifiz bezinin işlevini giderek daha fazla anlamaya başladıkça epifiz bezinin de ışıkla uyarıldığı daha açık bir şekilde anlaşılmaya başlandı. Bu da, mevsimsel duygusal bozukluklar (SAD-Seasonal Affective Disorder) çeken insanların neden melatonin üretmediklerini ve düzenleyemediklerini açıklamaktadır. Yedinci çakra, ışık sayesinde işlev gören bir çakradır.

"Ölüm eşiği deneyimi" (NDES-Near-death Experiences) geçiren insanlar, sürekli olarak parlak beyaz bir ışık gördüklerinden söz etmekte ve bu ışığın Tanrı olduğunu düşünmektedirler. Bir öğrencim de, "by-pass" ameliyatı geçiren babasının, ameliyat sırasında yaşadığı ölüm eşiği deneyimini anlatmıştı.

Bu öğrencimin babası ameliyattayken çevresine ışık saçan bir kadın gördüğünü söylemiş. Kızına anlattığına göre "tamamen sevgi" gibi görünen bu kadın, ona henüz ölme zamanının gelmediği mesajını vermiş. Işıkla dolu olan bu kadın, onun daha hâlâ yapacak şeyleri olduğunu söylemiş. Bu, adamı biraz endişelendirmiş, çünkü amacına ulaşmayı seven biriymiş ve dünyadaki görevi her neyse onun tamamlandığından emin olmak istermiş. Kadının daha sonra söylediği ise çok ilginçti. Kadın, önemli olanın yaptığının sonucu değil bunun için gösterdiği çaba olduğunu söylemiş. Tanrı ondan bir sürü şeyi başarmasını beklemiyormuş. Gösterilen çaba, başarıdan çok daha önemliymiş. Bunu duymak adamı fazlasıyla rahatlattığı gibi bu öyküyü duymak da bana büyük bir esin verdi.

Bu, sınırlandırılmamışlığın esasıdır. Yaratıcı, her birimizden belirli bir sonuç isteyen korkunç bir patron değildir. Bizler Tanrı'nın işçileri değiliz.

Ben, yapan bir insan değilim, ben, var olan bir insanım.

"Ben, yapan bir insan değilim, ben, var olan bir insanım" deyimini çok severim. Bunu söyleyen birini duyduğumda, bunun çok derin bir düşünce olduğunu anlamaya çalışır ve sonra günlük işlerime geri dönerek, önemli olan noktayı tamamen kaçırırdım. Son zamanlarda bu küçük deyiş bana daha çok anlam ifade etmeye başladı. Günün sonunda kendimi neyi "başardığımla" değerlendirdiğimi ve her seferinde kendimi yetersiz bulduğumu anladım.

Neyse ki, yıllarca meditasyon ve yoga yapmak bana, kendimi, sağlıksız bir kalıp içinde hapsettiğimi görme farkındalığı sağladı. Dikkatimi "yapan insan" üzerinde yoğunlaştırdığımın farkına vardım. Kendimi bu kalıba soktuğumu görünce de, bu yıpratıcı çevrimden çıkmamı sağlayacak bir meditasyon ve yoga programı izlemeye başlarım.

SA-TA-NA-MA MEDİTASYONU

Sa-Ta-Na-Ma meditasyonu kendinizi bunalmış hissettiğinizde yapabileceğiniz yedinci çakra ile ilgili harika bir meditasyondur. Çok basittir. Yüksek sesle ya da sessizce de yapılabilir.

1. Bağdaş kurarak rahat bir şekilde oturun, gözlerinizi kapayın ve üçüncü gözünüze doğru çevirin.
2. El bileklerinizin tersini dizlerinizin üzerine koyun, dirsekleri düz tutun.
3. Her iki elinizin de baş parmağını şu sırayla parmak uçlarınıza sıkıca bastırın: Baş parmak işaret parmağına, orta parmağa, yüzük parmağına ve serçe parmağa.
4. Sözlü ya da zihinsel olarak "Sa-Ta-Na-Ma" diye tekrarlarken her hecede bir parmağınıza bastırın. Sesleri tekdüze bir şekilde tekrarlayın.
5. Bitirdiğinizde, tekrar işaret parmağıyla başlayıp

serçe parmakla bitirerek ikinci tura başlayın. Devam edin.

6. Yedi-on bir dakika kadar yapmaya devam edin.

Etkileri: Bu basit meditasyonun muhteşem bir gücü vardır. Öncelikle sözcüklere bir bakalım. Sözcükler, Sanskrit dilinde "Ben Gerçeğim" anlamına gelen "Sat Nam" cümlesinin uzatılarak söylenişidir. Bu cümle dört heceye uzatılmıştır, çünkü yoga geleneğinde bu dört ses bize, hiç bitmeyen yaşam-doğum-ölüm ve gene doğmak döngüsünü hatırlatır. Geleneksel olarak, bu da bize, şu anda olup biten her şeyin bir yanılsama olduğunu hatırlatır; diğer bir deyişle, "bu da geçicidir." Bu, bilinçaltındaki geçmiş acıların temizlenmesine yardımcı olur, böylece kişi, bilincinin Sonsuzluk içinde erimesini deneyimlemekte özgür kalır.

Bu meditasyon hayatımın bir amacı olduğunu, hayatın bir döngü olduğunu ve Tanrı'nın benim için bir planı olduğunu hatırlamama yardımcı olur. Bu plan, eğer kendimi Tanrı'ya açmama izin verirsem, sınırlandırılmamışlık duygum içinde yaşamaya başlarsam ve tam şu anda var olursam bir anlam kazanmaya başlayacaktır.

Öğrencilerim bu çalışmayı çok sevmekte ve günlük hayatlarında onlara yardımcı olduğunu söylemektedirler. Bu meditasyonu trende, sırada beklerken, büyük bir tanıtımdan önce, ne zaman isterseniz yapabilirsiniz. Öğrencilerimden biri, gerilimli bir toplantıdayken masanın altında bu el meditasyonunu yapmayı çok sevmektedir.

Geleneksel olarak, mantra ya da ses kullanan her meditasyona "Naad Yoga" denir. Arizona Üniversitesi, Naad Yoga'nın etkileri üzerinde bir deney yapmıştı. Araştırmacılar, "Sa-Ta-Na-Ma" gibi Naad Yoga mantralarını söyleyen hastaların beyin fonksiyonlarındaki değişikliklere bakmak için bir pozitron emisyon tomografi (PET) okuyucusu kullandılar. PET okuyucusu, sesleri tekrarladıkları sırada hastaların beyin fonksiyonlarında güçlü değişiklikler olduğunu ortaya koydu. Beynin önemli etkinlikleri sol taraftan sağ tarafa ve sağ taraftan da sol tarafa aktarılmaktaydı.

Beyin araştırmacılarına göre, fiziksel değişiklik, ruh halindeki bir gelişmenin ve farkındalıkta bir artışın belirtisidir.

Yüksek sesle mantra söylediğinizde, damağınızdaki ana refleks noktalarını uyarmaktan ileri gelen yararları da görürsünüz. Sinir uçlarının yoğun olduğu bölgeleri uyarmak, tüm sağlık üzerinde açıklaması pek de kolay olmayan bir etki yaratır. Öğrenciler bunu genellikle, dersten sonra hissettikleri "yoga esrimesi" olarak adlandırırlar. Bunu uyuşturucunun verdiği esrime durumu ile karıştırmamak gerekir, bu duygunun sonrasında uyuşturucu, alkol, hatta şeker gibi maddelerle ulaştığınız esrimeden sonra gelen parçalanma duygusu gelmez.

Tek bir meditasyonun sağladığı yararlar yetmezmiş gibi, bu küçük meditasyon aynı zamanda parmak uçlarında bulunan meridyenleri de uyarır. Akupunkturcuların da size anlatabilecekleri gibi el ve ayak parmak uçlarımız meridyen sistemindeki etkinlik noktalarıdır. Bu güçlü ve tekrarlanan baskı ile onları uyararak, kendi iyileşmemize de fazlasıyla yardımcı olabiliriz.

Bu kitabı okuyan herkesin Tanrı'ya inanmamasını anlıyorum. Bu çakranın ve bu bölümün işinize yaramayacağını düşünüp düşünmediğinizi merak ediyorum. İzin verirseniz biraz bunun üzerinde durmak istiyorum.

En önemli bilgelik kendini bilmektir. En dünyevi dinlerde bile, çoğu insan, "kişiliklerinin" beyinlerinin bir parçası olduğunu düşünür. Eğer kişiliğiniz görevini yapamıyorsa, "delirdiğinizi" söyleyebiliriz. Sizi yaratan dışsal bir güce inanmasanız bile, kendinize, kendinizin, kişiliğinizin gerçek olduğuna ve var olduğunuza inanıyor olmalısınız. Tabii ki, var olduğunuza inanmıyorsanız, kesinlikle yanlış kitabı okuyorsunuz demektir; bir felsefe kitabı alıp okumanın zamanı gelmiştir. Sanırım karşılaştığım pek çok insan var olduklarından emindirler.

Eğer, bir Tanrı'nın olduğunu bilmek düşüncesi size zor geliyorsa, bu düşünceleri kendinizi tanımanız için kullanın. Kendinizi nasıl takdir edebileceğinizi ve değerlendireceğinizi öğrenin, böylece diğer varlıkları da takdir edebilir ve onları değerlendirebilirsiniz. Kendinizi tanımak, Tanrı'yı tanımaktır.

Kendinizi beslemek ve kendinize dikkat etmek için bu yöntemleri kullanın. Benim görevim bu kitabı yazarak olabildiğince çok sayıda insana, kendilerini -bedensel, ruhsal ve zihinsel olarak sevmeye ve kabullenmeye başlamalarında yardımcı olmaktır.

Yedinci merkez olan taç çakrası, ruhun merkezidir- bu düşünce pek çok kültürün geleneğinde de yaygındır. Dinsel imajlarda hale ya da bir taç görülür. Bu düşünce, tüm dünyadaki kültürel ve dinsel sınırlardan daha üstündür. Pek çok dinsel ve kültürel gelenekte, bir şapka, peçe, taç, takke ya da türban giymek kendimize hayatımızda ruhun varlığını hatırlatmanın bir yolu olarak gelişmiştir. Başı örtmek neredeyse her dinde görülmektedir. Ben bir Sih'im ve türban takarım. Çoğu insan, günlük hayatlarında geleneksel dini kıyafetler giymez.

Ben türbanımı taç çakramın harika bir uzantısı olarak görürüm. Bana Tanrı'yı tanıdığımı hatırlatır. Kumaşı başımın çevresine dolama eylemi, bedenimi, zihnimi ve ruhumu birleştirmem üzerinde yoğunlaşmama olanak tanıyan bir dini törendir. Kumaşı başımın çevresine sararken, bana bugün bir insan bedeni içinde yaşadığımı ve onu onurlandırıp ona dikkat etmemi hatırlatan fiziksel bir eylemde bulunurum.

Kumaşı başıma, taç çakramın çevresine dolamam aynı zamanda bana, harika ve karmaşık bir insan beyni ile donatıldığımı hatırlatır. Türbanı, başımın tepesinden hafifçe göğe doğru uzatırken, bedenimin ve zihnimin, daha yüce bir şeyle; evrensel bir yaratıcı veya Tanrı ile bağlantılı olduğunu hatırlarım.

Sadece başımı örtmek gibi günlük bir dini törenin, bana değer verdiğim şeyleri hatırlatacak bir simge olma gücü vardır. Tabii ki, sabah evden çıkarken türbanımın mükemmel bir şekilde bağlanması tüm gün boyunca bedenimin, zihnimin ve ruhumun bir bütün halinde kalmasını sağlamaz. Ben de, trafik sıkıştığında sabırsızlanabilir ya da geç kalmaktan ötürü endişe duyabilirim.

Giyinme tarzım, yoga, meditasyon gibi ruhsal çalışmamı oluşturan şeylerden hiçbiri, beni her dakika mutlu etmez. Bu yol boyunca kullanabileceğim araçlar, anımsatıcılar ve yol işaretleri vardır. Yıllar geçtikçe hayatımın her gününde, daha fazla huzur ve mutluluk bulmaktayım.

Kendimiz için dini törenler yaratmak, bize kişisel inancın temeli olan öz değerlerimizi hatırlatmanın çok etkili yolu olabilir.

Ne yaparsanız yapın ona bir anlam yükleyin. Bu, yoganın da esasıdır. Yoga, öylece oturup, üç dakika boyunca ellerinizi başınızın üzerinde tutmak değildir. Yoga, kendiniz için bir şeyler öğrenmek amacıyla, oturup, üç dakika boyunca ellerinizi başınızın üzerinde tutmaktır. İşte bu nedenle Kundalini Yoga'ya "Farkındalık Yogası" denir.

Yoga, kendimizi fiziksel bir aşamada tanımak için çalışmamıza olanak tanır.

Bir kaza nedeniyle belden aşağısı felç olan bir öğrencim vardı. Bu adamın, Merkez de yoga hocası olan oğlu onu sınıfa getirir, tekerlekli arabadan inmesine yardım eder ve onu minderin üzerine yerleştirirdi. Gerektiğinde, oğlu adamın oturur durumdan yatar duruma geçmesine yardım ederdi, fakat çoğunlukla, bu engelli adam derse tek başına devam ederdi ve elinden gelenin en iyisini yapardı. Bu adamda, müthiş bir kendine inanma ve olağanüstü bir ilerleme gördüm. O sıradaki bedensel kapasitesi için de, inanılmaz derecede güçlenmişti. Sınıftaki diğer herkes gibi ona da zor gelen hareketler vardı. Eski bir sporcu olan oğlu bile bazı egzersizlerde zorlanırdı.

Verdiğimiz mücadeleler, gelişme fırsatlarımızdır.

Bir yoga sınıfındaki hiçbir şey, ne kadar atletik veya esnek olursa olsun herkes için o kadar kolay değildir. Her ne kadar bu adam ve oğlu dersin farklı bölümlerinde zorlanıyor olsalar da her ikisinin de bu çalışmayı yapmaktan kaynaklanan bir şeyler öğrenme becerileri vardı. Yoga, bedensel düzeyde kendimize inanmamızı sağlar. Hem baba hem de oğul, her gün yaptıkları yoga ve meditasyon sayesinde bedensel, zihinsel ve ruhsal olarak ilerleme kaydetmişti.

Herkesin yoganın farklı kısımlarında zorlandığını söylediğimde bunu, en olumlu şekilde söylemiştim. Verdiğimiz mücadeleler, gelişme fırsatlarımızdır. Genellikle, insanlar hayatlarını değiştiren ve bir şeyler öğrenip gelişme kaydettikleri olayları anlatırken, belirli bir kararlılık ve devam etme azmi de görürsünüz. Yoganın sağladığı ise, bu mücadeleyi yaşamak, acıyı hissetmek ve bundan öğrenmek için güvenli, besleyici bir çevredir. Yaptığımız her egzersiz, kuşkusuz dış dünyada yaşayacağımız daha büyük bir hayat deneyimi için bir simgedir. Yoga, sadece bedenimizi daha esnek yapmaz. Esnek bir omurga, esnek de bir zihin yaratır.

Yedinci enerji merkezi yoluyla, kendimizin ve diğer insanların ölümlerini anlamaya başlarız. Her ne kadar çakraların her biri ölümlülük ile ilgili olsa da, beynin ölümü, fiziksel bedenimizin de ölümü olarak kabul edilir. Bu, kadim Doğu inanış sisteminde olduğu kadar Batı tıbbında da doğru kabul edilir. Ruh, epifiz bezinde yer alır. Ruh, bedeni terk ettiğinde, beyin de çalışmayı keser ve beden ölür. Kalbimizin son kez atmasını ve akciğerlerimizin son kez nefes almalarını söyleyen beynimizin ölümüdür.

Beden ölür, fakat ruh ölümsüzdür, doğmamıştır ve kendini ışıtır. Başı ve sonu yoktur. Hiç doğmamıştır ve hiç ölmeyecektir.

Aldığımız her soluğun değerini bilmek için, bir gün kesinlikle son nefesimizi alacağımız gerçeğini bilmeliyiz.

NEFESİ BOŞALTMA MEDİTASYONU

Yedinci enerji merkezinde, ölüm korkumuzla yüzleşmenin ve ruhumuzun ölümsüz varlığını deneyimlemek için bu korkunun ötesine geçmenin kolay bir yolu da, nefesi tutup sonra boşaltma yöntemini çalışmaktır.

1. Ellerinizi, avuç içleriniz yukarıya bakacak şekilde önünüzde birleştirerek sakince oturun, sanki birisinin avuçlarınıza nimet döktüğünü düşünün.

2. Derin bir nefes alın ve gözlerinizi onda bir oranında açık tutarak nefesinizi tutun.
3. Yavaşça, ciğerlerinizdeki tüm havayı boşaltın.
4. Nefesinizi boşalttığınızda, zihninizden dört kez "Sat Nam" diye tekrarlayın.
5. Tekrar nefes alın, yavaşça nefes verin ve nefesinizi tutarak bu mantrayı beş kez tekrarlayın. Her nefes verişte bu mantrayı yavaşça, sekiz kez tekrarlamayı başarana dek tekrar sayısını artırın.
6. En az üç dakika boyunca çalışmaya devam edin.

Etkileri: Bu çalışmayı yapmak için en iyi zaman, sabah uyandıktan hemen sonradır. Eğer isterseniz, bu çalışmayı gözleriniz açık yatarken de yapabilirsiniz.

Bu nefes meditasyonunu yapmak sizde pek çok zihinsel ve duygusal değişim yaratabilir, çünkü bunu çalışmak nefes almadan bedeninizde olmanın getirdiği doğal korku ile yani ölümle yüzleşmek demektir.

Ciğerlerimizdeki son havayı da vermemize neden olan her çalışma ya da meditasyon, son nefesimizi verdiğimiz anı yaşamamıza olanak tanır. Bir öğrencim, sınıfta bu tür çalışmalar yaptığımızda kendisinde küçük sinir krizleri olduğunu söylemişti. Kalp atışları hızlanmakta ve sanki son nefesini veriyormuş gibi avuçları terlemekteydi. Bu meditasyonu yaptıkça korkusu da yatışmıştı. Ölüm korkusunu yendiğinizde de gerçekten yaşamaya başlarsınız.

Bu çok alışıldık bir tepkidir. Pek çok insan gayet mantıklı olarak bunun anlamını merak edebilir. Öncelikle, bu fiziksel çalışma, hava alma kapasitenizi artıracaktır. Çoğu insan, eğitimli sporcular bile, ciğerlerindeki tüm havayı nasıl vereceklerini öğrenmezler. İnsanlar daha çok sığ bir şekilde nefes alırlar ve nefeslerinin tamamını vermezler, bu da belirli bir miktar karbondioksitin akciğerlerinizin dibinde kalması anlamına gelir. Eğer soluğunuzu tam olarak vermeyi öğrenirseniz, akciğerlerinizi de oksijenli hava ile doldurursunuz ve kan sisteminize daha fazla oksijen girmesine olanak tanırsınız.

Bu çalışmanın bir diğer yararı da duygusaldır. Beyninizin, nefessiz kalma duygusunu yaşamasına izin vererek, bu durumda olma endişe ve korkusunu da atmaya başlarsınız. İçsel olarak, varlığınız bir gün artık nefes alamayacağınızı bilir ve bu çalışma da ölüm korkusuyla yüzleşmenize yardımcı olur, böylece sınırlıdan Sonsuza ya da sınırlandırılmamışlığa doğru olan bu adımı atmış olursunuz.

Eski yogi metinleri, yaşantımız boyunca bize belirli sayıda nefes ayrıldığını söylemektedirler ve ancak onları kullandıktan sonra bedenimizden dışarı çıkabiliriz. Bu dünyadaki yaşayacakları yılları uzatmak için tüm hayatlarını son derece uzun, yavaş ve derin nefes teknikleri çalışarak geçiren yogilerin öykülerini duyabilirsiniz.

Bir bayan öğrencim, bu nefesi boşaltma çalışması sırasında panik atak yaşadığını söylemişti. Fakat bu çalışmayı yapmak onu korkutsa da her şekilde yapmaya karar vermişti. Önceleri, ciğerlerindeki havayı verdikten sonra paniğe kapılıp nefes almadan sadece bir ya da iki saniye kadar nefesini tutabiliyordu. Ona böyle bir şeyin gerçekleşme tehlikesinin olmadığını, çünkü kimsenin nefesini verdikten sonra tekrar nefes almamayı istemeyeceğini söylediğim halde öleceğini sanıp paniğe kapılıyordu.

Sonunda, bu çalışmada kaçındığı şeyin, kendi ölümlülüğünün kaçınılmazlığı karşısında duyduğu korku ve dehşet olduğunu anladı. Tabii ki bu da hepimizin yüzleşmekten kaçındığı bir şeydir.

Bu öğrencim de pek çok insan gibi, kendisinin ya da bir başkasının ölümü düşüncesi ile başa çıkamayan biriydi. "Hastanelere dayanamıyordu" ve bir yakını hasta olduğunda onu ziyaret etmemek için her zaman bir neden buluyordu. Hatta ilk yeğeni doğduğunda onu görmek için hastaneye gitmekten bile kaçınmıştı. Bu öğrencim, ölümün kendisinin ya da önem verdiği birinin başına gelecek bir şey olmadığı yanılsaması içinde yaşıyordu. Bu nefesi tutma meditasyonunu yaparak ve bu direnci deneyimleyerek, daha yüksek bir güce teslim olma korkusunu yenmeyi başardı.

Eğer, fiziksel aşamada da anlam ifade eden gerçekçi bir yolla ölüm korkusu ile baş etmemize olanak tanıyacak araçlar geliştiremezsek, ölüm karşısında dehşete düşmeye devam ederiz. Yoga, bu araçlardan biri olabilir.

İşte bu nedenle sizi, nefesi boşaltma çalışmasını yapmak için cesaretlendiriyorum.

EGZERSİZ

GENÇLİK VE YENİLENME İÇİN KİLİTLERİ KAPAMAK

Bu çalışmaya ekleyebileceğiniz bir başka yoga yöntemi de "kilitleri kapamaktır."

1. Gözlerinizi kapayın ve üçüncü gözünüze doğru çevirin.
2. Burnunuzdan derin bir nefes alın ve sonra ciğerlerinizdeki tüm havayı burnunuzdan güçlü bir şekilde verin.
3. Rektum, göbek deliği ve cinsel organların çevresindeki kasları kasmaya başlayın.
4. Üç dakika kadar bu kilitleri çekmeye devam ederek nefes alırken "Sat" ve nefes verirken "Nam" seslerini tekrarlayın.

Etkileri: Alttaki üç merkezi kastığınızda, omurgadan yukarıya, beyne doğru omurga sıvısı akmaya başlar. Bu da sizi genç, tazelenmiş ve zihninizi berrak tutarak, beyninizi gençleştirir.

Bu teknik, regl döneminin ilk üç gününde olan ya da hamile kadınlar tarafından uygulanmamalıdır.

Şimdi, bu öğrencim hakkındaki tartışmamıza geri dönebiliriz. Nefesi boşaltma çalışmasına bir seferde birkaç saniye ile başladı. Giderek, birkaç ay içinde, korkusu yatışmaya başladı. Tek bir özel çalışmayı yapmanın bile, onun sözleriyle söylersek "hayatı üzerinde derin bir etkisinin" olması çok dikkat çekiciydi.

Bu çalışmayı kararlı bir şekilde yaptığı dönem boyunca, hayatında da önemli değişiklikler yapmaya başladı.

Çok ağzı bozuk bir insan olan kocası ile yüzleşti ve kocası yıllardır karşı gelmesine rağmen sonunda bir evlilik danışmanına gitmeye karar verdiler. Düzenli olarak bu çalışmayı yapmaya başladıktan kısa bir süre sonra, öğretmen olan bir arkadaşının kanserin dördüncü aşamasında olduğunu öğrendi. Önceden yeni doğmuş bir bebeği görmek için bile hastaneye gitmeyen bu öğrencim, ölmekte olan bu dostunu düzenli olarak ziyaret etmeye başladı. Arkadaşıyla daha fazla zaman geçirdikçe, bu boşluk duygusundan da daha az korkmaya başladı. Hastane ve orada olup bitenler de artık onu daha az korkutuyordu. Her gün yaptığı nefes çalışmasında, ciğerlerindeki havayı daha fazla boşalttıkça, boşluk duygusundan da daha az korkmaya başlamıştı.

Aylar geçtikçe, arkadaşının kanseri artık kemiklerine yayıldı ve öğrencim, arkadaşı korkunç acılar çektiği sırada bile onun yanında olmayı başardı. Bu karanlık ve korkunç zaman boyunca, öğrencim bana, arkadaşına tekrar morfinin verilmesi gerektiği sırada kontrolsüz bir şekilde acı ile sarsıldığını söylediği oluyordu. Bu sırada, öğrencim aynı nefesi boşaltma çalışmasını bu arkadaşına da öğretti ve ona yardımcı oluyordu. Onu kucaklıyor ve nazikçe ona nefes almasını söylüyordu. Her ikisi de nefeslerini tamamen veriyorlar, bir an için bu boşluk durumunda kalıyorlar ve sonra tekrar nefes alıyorlardı. Hemşire yeni bir doz morfinle gelene dek bunu beraberce yapıyorlardı. Bir seferde bir nefesle, arkadaşının bu korkunç acıya dayanmasına yardımcı oluyordu.

Onunla o kadar gurur duyuyor ve bu basit nefes çalışmasını yapmanın, tam anlamıyla arkadaşının yanında olabilmesine yardımcı olduğunu düşünüyorduk. Farklı bir insan olmuştu, arkadaşına bakarak yaşadığı deneyimin onun için bir armağan olduğunu düşünüyordu.

Arkadaşının ruhunun, çıktığı yolculuğun bir başka kısmına geçtiğini bilmenin onun için bir ayrıcalık olduğunu düşünmekteydi. Arkadaşının ölümünü yaşamak, bu öğrencimi daha derin bir kavrama duygusuna yönlendirmişti. Arkadaşı ya da kendisi için artık korku duymuyordu. Sizde bu dönemin onun için basit ya da kolay geçtiği izlenimi bırakmak istemiyorum; bu hayatında geçirdiği en zor zamanlardan biriydi. Genç ve bedensel olarak sapasağlam birinin eriyip gitmesini izlemek onun için korkunçtu. Ölen kişi yaşlı, hayatı tam anlamıyla yaşamış biri değildi. Öğrencimden sadece birkaç yaş büyük, otuzlu yaşlarının ortasında olan bir kadındı.

Her ne kadar sevgiyle yaklaşsa da çok az bir zamanı kaldığını bilmek onun için korkutucuydu. Arkadaşını acı çekerken görüp sonra kendini düşündüğü için de kendini bencil hissediyordu. Sanırım, hepimiz başkalarının acılarına bakıp bunu biz yaşasaydık ne olurdu diye düşünürüz. Hepimiz cenaze törenlerine gittiğimizde kendi cenazemizin nasıl olacağını hayal ederiz; bu anlaşılabilir bir insan doğasıdır.

Bir arkadaşını kanserden kaybetme deneyimini yaşamak onun için çok korkutucuydu. Bu tür durumlarda ruhsal, zihinsel ve bedensel çalışmalar yapmanın, olan biten hakkında yanılgıya düşmeden gerçekte ne olduğunu deneyimlememize kesinlikle olanak tanıdığını düşünüyorum. Arkadaşına bu ölüm yolculuğunda yardımcı olmak hakkında söyledikleri gerçekten de her şeyi özetliyordu: "Bu korkunç dönem sırasında yoga çalıştığım için çok müteşekkirim. Yoga ve meditasyon yaptığım için, tüm acımın içinde tam anlamıyla var olabildim. Artık o öldü ve ben daha önce aklıma gelmeyen yollardan sevinci ve minnettarlığı yaşayabildiğimi gördüm. Hayatım sanki sadece gri ve soluk pastel renklerle boyadığım bir resim gibiydi ve şimdi, parlak, koyu, gösterişli, sade her türden renge sahibim!"

Sınırlandınlmamışlığı düşündüğümde, aklıma şu klasik ışık, aydınlanma, ışığa doğru gitme görüntüsü geliyor.

İnsanlar, ruhsal bilgeliğin çok ağır, zorlu bir konu olduğunu düşünürler. Ben tamamen tersi bir düşüncedeyim. Sınırlandırılmamışlığı düşündüğümde, aklıma şu klasik ışık, aydınlanma, ışığa doğru gitme görüntüsü gelmekte. Günlük hayatımda, bunu sadece "neşelenmek" olarak düşünmekteyim. Bu nedenle ruhsal konularla ilgili fıkralar harikadır. Budist gelenekte, sonunda aydınlanan ve sanki büyük bir kozmik şakanın sonuç cümlesini söylermiş gibi tüm gün boyunca gülmek dışında başka bir şey yapmayan insanların öyküleri vardır.

Belki de bu nedenle en çok sevdiğim şakalardan biri de bir Zen Budist şakasıdır. Pizza sipariş eden bir Zen Budist ne der? "Bana içinde her şey olan bir yapın."[5] Budist parayı ödedikten sonra üstünü istediğinde, pizzacı çocuk, "Değişim içten gelir" diye yanıt verir.[6]

Çok neşeli, muhteşem kahkahalar atan ve mucizevi diye adlandırılabilecek bir iyileşme yaşayan çok iyi bir öğrencim vardı. Otuzlu yaşlarını süren bu kadın, onu sakat bırakabilecek derecede ciddi artrit romatizması nedeniyle bana gelmişti. O sırada, dört yaşında olan bir oğlu vardı. Artritini bu kadar ciddi bir biçimde neyin azdırdığını tam olarak söyleyebiliyordu. Annesi çok hastalanmıştı ve babası da, eğer karısı ölürse kendisinin de kısa bir süre sonra öleceği düşüncesine kapılmıştı. Anne babasının yaşama isteklerini kaybetmeleri bu öğrencimi hayal kırıklığına uğratmış ve korkutmuştu. Onların devam etme arzularını kaybetmeleri onun kendi hayatını sorgulamasına neden olmuştu. Onları hayatı kucaklamaya ikna edemediği için kendini mahvetmişti.

Bu sırada bedeninde artrit ortaya çıktı ve dikkatini

---

5 Özgünü; "Make me one with everything", burada bir sözcük oyunu vardır ve "Beni her şeyle bir yapın" diye de yorumlanabilir, bu tür öğretileri izleyen kişilerin hiçbir şey beklemeden yollarında yürümeleri önerilir, fakat bu ifadenin de pek çok Doğu öğretisinde olduğu gibi Zen Budizmi uygulayan kişilerin ulaşmayı arzuladıkları aşamalardan birisi olan aydınlamayı simgelediği söylenebilir. (Ç. N.)

6 Burada paranın üstü olarak İngilizcede "değişim" anlamına da gelen "change" sözcüğü kullanılmıştır ve bir sözcük oyunu yapılmıştır. Özgünü: "When the Budist pays and asks for his change, the delivery guy replies, Change comes from within." Bunu sözcük sözcük çevirirsek şöyle bir anlam da elde edebiliriz: "Budist, bedelini ödeyip değişmek istediğinde, pizzacı çocuk, 'Değişim içten gelir' diye yanıtlar." (Ç.N.)

ebeveynleri hakkındaki takıntısından kendine çevirmesi gerekti. Ondan sonra da bana geldi. Artrit için ilaçlar alıyordu. Yoga çalışmaya başladıktan kısa bir süre sonra, kendi kendini iyileştirebileceğini ve ilaçlardan kurtulabileceğini anladı. Kendini yoğun bir şekilde yoga çalışmaya verdi. Doğrusu, kendini, iyileşmeye bu kadar gönülden adayan birini çok seyrek görmüşümdür. Sadece birkaç ay sonra, iyileşme yoluna girmişti bile.

Sınıfa ilk girdiğinde, tangırdayan, destekli ayakkabılar giymek zorundaydı ve artrit nedeniyle elleri tamamen şekilsizleşmişti. Her zaman sinirliydi, durmadan gözlükleriyle oynuyordu ve çok duraksayarak, kesik kesik konuşuyordu. Artık bu sorunlardan hiçbirini yaşamıyor. Şimdi, sakince konuşan, zarif bir biçimde yürüyen bir kadın, ve elleri son derece normal görünüyor.

Sonunda düzenli olarak derslere gelmeye ve sonra evde meditasyon yapmaya karar verdi. O kendini iyileştirdikçe, ailesinin de toparlanmaya başlaması benim için bir sürpriz olmadı. Sağlık durumları daha hâlâ çok iyi olmasa da kendilerine çok daha fazla yetmekteler ve çok daha iyimser bir görünümleri var. Öğrencim, yoga ve meditasyon çalışmaya devam ettikçe, artriti de iyileşmeye devam etti. Artık artrit için aldığı ilaçlardan tamamen kurtulmuş durumda. İşin daha da inanılmaz kısmı, sonraki yıllarda Kundalini Yoga öğretmenliği eğitimi almış olması ve şimdi yoga öğretmesi.

Her ne kadar istediği halde bir çocuk daha doğuramamış olsa da, Çin'den küçük bir kızı evlat edindi, bu onun sezgilerine uyarak yaptığı bir şeydi. Çinli bir kızı evlat edinme düşüncesi onda, meditasyona ilk başladığı sırada uyanmıştı ve bu düşünce aklından hiç çıkmadı. O sırada artrit ağrıları çektiği halde, istediği kız bebeği almak için Çin'e gitti. Her ne kadar kızı son derece enerji dolu bir çocuk olsa da, artık ağrılarından neredeyse tamamen kurtulduğu için onun ardından koşturmayı da çok iyi başarıyor.

Bir yoga öğretmeni olmaya çalıştıkça, bedenen ve ruhen de daha güçlü olmaya başladı. Tanrı'yı, ona iyileşme temelini veren bir Yapıcı olarak algılamaya başladı. Daha önceden ne Tanrı ile ne de kendisi ile bir ilişkisi yoktu.

Tüm hayatı boyunca, hayal kırıklığı içinde yaşayan ve hırsları olduğu halde bunları izlemeye korkan bir insan olmuştu. Her zaman, cesur ve atletik biri olmak istemiş fakat hiç olmamıştı ve sonra, hastalığı onu bedensel olarak zorlayıcı her tür şeyi yapmaktan alıkoymuştu.

Şimdi, çok güçlü ve bedenini kullanmak onun işi oldu. Ben, onun ruhunun arzularının sonunda bu hastalığı yaratarak onunla konuştuğuna inanıyorum. Sürekli olarak, pek çok şekilde bize mesajlar gönderilir, bunları dinleyip dinlememeyi ise kendimiz seçeriz. Yoga ve meditasyonun fazlasıyla işe yaradığı nokta ise burasıdır- bizim bu ince mesajları algılamamıza yardımcı olur.

Yoga ve meditasyon çalışması, bedeninizi ve zihninizi özgür kılmakla ilgilidir, böylece Tanrı'nın ve kendi ruhunuzun sesini duyabilirsiniz.

Ruhumuz hakkındaki gerçek, tüm olumlu ve olumsuz düşüncelerin gerisinde yatar. Gerçek, "nötr zihinde" yatar.

Bu öğrencime yoga ve meditasyon çalışmasının nasıl gittiğini sorduğumda, yoga öğretmeyi çok sevse de, meditasyonun düşüncelerini değiştirdiğini ve onu en çok iyileştirenin de bu olduğunu söylediğini duymak beni şaşırtmıştı. Bedensel hareketleri, zihnini meditasyona hazırlayan bir yol olarak görüyordu. Meditasyon yaptığı için de, sınırlandırılmamışlık yeteneğinin düşündüğünden de fazla geliştiğini hissetmekteydi.

Örneğin, okuldaki veli toplantısına son gittiğinde, kızı hakkında alaycı sözler söyleyen başka bir anne ile tanışmıştı. Eskiden olsaydı, bu kadına karşı saldırgan davranır ya da karşılık olarak yine alaycı şeyler söylerdi. Bunun yerine ise, gözlerini kapatıp birkaç saniye kadar dikkatini üçüncü gözüne yoğunlaştırmış ve şu duayı etmişti: "Tanrım, lütfen, benim de onu senin gördüğün gözle görmeme izin ver." Gözlerini açtığında kadın ona tamamen farklı görünmüştü. Bu kadının aşırı şişman ve sağlıksız görünüşlü biri olduğunu ve acı çektiğini görebilmişti. Ama, kısa bir süre için meditatif bir duruma girene ve Tanrı'nın ona yol göstermesini isteyene dek bu kadının acı çektiğini görememişti.

Sonsuz Zekânın frekansını yakaladığımız daha yüce güce ulaşmak için teslim olmak gerekir. Bu çağrıyı ancak bu şekilde duyarız.

Eğer üçüncü gözümüzün arkasında bulunan sezgi yeteneğimiz ile Sonsuz Zekânın frekansını yakalıyorsak, başımızın tepe noktasındaki sınırlandırılmamışlık deneyimi sayesinde de, bu çağrıyı tanırız. Bir keresinde birinin, en büyük duanın herhangi bir yazıtta ya da törende olmadığını söylediğini duymuştum; en büyük dua sadece "Yardım" çağrısında bulunmaktı.

Dua etmenin pek çok yolu vardır. Benim dinimde, Sih geleneğinin parçası olan şiirsel dualar ve şarkılar söyleriz. Ben, yardım isteme eyleminin gereken tek şey olduğuna inanıyorum. Yardım istemeye devam ederseniz, yanıt gelecektir, belki sizin zamanınızla değil ama Tanrı'nın zamanıyla gelecektir. Çoğumuz için zorlayıcı olan genellikle istemek değildir. Çoğunlukla bu çağrıyı yapmadan önce umutsuz olmamız gerekir. Babamın hep dediği gibi, "İnsan kapana kıstırılınca ateist kalmaz."

Her gün düzenli olarak meditasyon yapmak, Sonsuzluk ile daha derin bir ilişki kurmayı kolaylaştırır.

Ben, hem kendi kendime konuşmayı, aynı zamanda evrenin muhteşemliği nedeniyle Tanrı'ya teşekkür etmeyi ve çevreme bakınıp park edecek bir yer bulmak için bana yardımcı olmasını istemeyi başarabilirim. Neden olmasın ki? Çok sıkıcı olmak hakkında o kadar endişelenmemize gerek yoktur. Tanrı, sonsuzdur.

Bazı öğrencilerim, daha yüce bir güç ile bağlantı kurmayı deneyip, fakat hemen yanıt alamadıkları için cesaretlerinin kırıldığını söylerler. Her şeyin anında olmasını bekleyen bir toplumda yaşıyoruz ve yanıtlarımızın da hemen gelmesini bekliyoruz. Daha yüce güçle bağlantı kurmak için, tıpkı kendini sevmekte olduğu gibi gelişmek gerekir. Doğal olarak teslim olabilen ve bu sınırlandırılmamışlık duygusunu yaşayabilen insanlar vardır fakat pek çoğumuz böyle değiliz.

Tanrı'yı ya da kendinizi hemen tanımayı beklemek, tıpkı birinin, elinize bir keman vererek hemen bir sonat çalmanızı beklemesi gibidir. Bu, zaman alır fakat kısa sürede çok güzel bir şekilde çalmaya başlarsınız.

Öğretmenimin çok sevdiğim bir sözü vardır, "Gibi yapın, böylece sonradan gerçekten yaparsınız." Bu bana pek çok şeyi çağrıştırmaktadır. Örneğin, her pazar, Golden Bridge Yoga Merkezi'ndeki pazar dersinden sonra, tüm öğrenciler, harika bir aşçı olan kocamın hazırladığı yemek için bize davet edilirler. Son yemeğe, her zaman olduğunun iki katı daha fazla öğrenci gelmişti. Bu kadar çok olacaklarını düşünmüyorduk ama olmuşlardı işte. Çok pratik bir adam olan kocam, yiyeceklerin yetmeyeceğinden emin olduğu için endişelenmeye başladı. İşte o zaman, "gerçekten yapana dek, gibi yap" düşüncesi aklıma geldi. Çok fazla insan olmasına rağmen, bazıları onlardan asla istemediğimiz halde yiyecek bir şeyler de getirmişti. Fazla insan olmasına rağmen fazla yiyeceğe de sahiptik ve sonunda yemek herkes için yeterinden fazla geldi. Konuklar ikinci tabaklarını aldılar ve her zamanki gibi harika bir yemek oldu. Kendimi, sanki ekmek somunlarının ve balıkların hiç eksilmediği İsa'nın öyküsündeymişim gibi hissettim. Her şeyde olduğu gibi, yemek konusunda da, önemli olan elinizden geleni yapmaktı, diğer her şey zaten kendiliğinden yerine otururdu. Para konusunda da aynı durum söz konusudur. Milyarder olduğu halde, tanıdığım en yoksul kişiler olan insanlar biliyorum. Sürekli olarak para konusunda endişelenirler. Bizim Batı'da hayal bile edemeyeceğimiz alçakgönüllü koşullarda yaşayan insanların evlerinde konuk olma ayrıcalığına eriştim ve evleri yiyecek, kahkaha ve sevgi ile dopdoluydu. Bu insanlar, sınırlandırılmamışlık yeteneğinin cisimlenmiş halidirler. Bu, bakış açısı ile ilgili bir konudur.

Uzun zaman önce, Hindistan'da, Amritsar'da, Sih'lerin evi olan Altın Tapınak'taydım. Beni ve bir arkadaşımı, köydeki evlerine davet eden bir aileyle tanışmıştım. Son derece bozuk yollarda gitmek için motorlu bir çekçek kiraladık. Çok sıcak ve tozlu bir gündü. Küçük bir köyde bulunan, tek odalı, çamurdan, sade evlerine vardık, avluda bir inek vardı ve tüm aile -dört çocuk, anne baba, büyükanne ve büyükbabalar, dayılar, teyzeler hep beraber kalıyorlardı. Evleri küçücüktü ama temizdi. Çocuklar bizi neşeli gülücüklerle karşıladılar. Bize taze kesilmiş bir meyve tabağı sundular ve bizim için Kirtan ya da ruhsal anlamı olan şarkılar söylediler. Biz de eski bir armonika ile onlara eşlik ettik, sonra da hepimiz, geleneksel Hint tablaları ya da davul niyetine kullandığımız boya kutuları ile müzik yaptık. Beraberce şarkılar söyledik, çay içtik ve sürekli güldük. O sırada yaşadığım her şey, sanki her zaman saklayacağım cilalanmış bir elmas gibi belleğimde çok iyi korunmuş durumda.

Sınırlandırılmamışlık, Tanrı'nın bir lütfudur. Unutmayın, buna güvenin ve devam edin, böylece siz de gözetilirsiniz. Gerçekten de bu kadar basittir.

Hayatımda kendimi ruhumdan en çok ayrı hissettiğim dönemler, kendimi yalnız ve güçsüz hissettiğim zamanlardır. Nefesimin ve bu nefesin beni Sonsuzluğa bağladığının bilincine vardığımda, bu ruhsal yalıtılmış hemen ortadan kaybolmaya başlar.

Uyarıcılara bağımlı olduğum dönemde, ruhumla olan bağlantımı kaybetmiştim. Bir İtalyan ailesinde büyüdüğümüz için, çok erken yaşta kahveye çörek batırmayı öğrenmiştik.

Lisedeyken, diyet haplarını keşfettim, bunları ailedeki herkesten daha şişman olduğu düşünülen ablamdan alıyordum. Ellili yıllarda diyet haplarını bulmak kolaydı. Doktorlar size hiçbir şey sormadan reçeteyi yazıyorlardı. Bu küçük haplar öğrencilik hayatım boyunca benimle oldular, açlık hissi duymamı engelliyorlardı. Bir doktor tarafından verildikleri için onları bir uyuşturucu olarak düşünmüyordum.

Sonunda oltaya yakalandım ve her ne kadar dozajı artırmasam da her gün almaya başladım. Zihnimin gerisinde, bu konudan hiç söz edilmese de bunun bir bağımlılık olduğunu biliyordum. Tiyatro okulundayken de bu ilaçları almaya devam ettim. Kaliforniya'ya taşındığımda, reçetemi yenilemek istedim fakat başka bir eyaletin reçetesini kabul etmek istemediler. O zaman, amfetamin almaya başladım.

Amfetaminden sonra, diğer uyuşturucuları da denedim fakat sürekli olarak daha canlı, neşeli görünmek istiyordum. Bunun, daha yüce, daha sonsuz bir enerji formu ile bağlantı kurma isteğinden kaynaklandığını sanıyorum. "Bayan ikiyüzlüydüm." İnsanları mutlu etmek, onların "çökmüş" yanımı görmelerine izin vermek istemiyordum.

Sonunda yirmi yedi yaşında, bir Zen Budist merkezine girdiğimde bu bağımlılık döngüsünü kırabildim, bu merkezde bir yıl yaşadım. Fakat kafeinden asla vazgeçmedim. Bana bunun bir sorun olduğu asla öğretilmemişti, her köşede bir kafeterya vardı ve bu yasal bir durumdu, ayrıca bilimsel bulgular kafeinin etkileri hakkında kesin bir sonuç ortaya koyamamıştı, öyleyse neden olmasın ki? Yine de kendimi küçük bir miktarla sınırladım, bu da zihnimde huzurlu olmamı sağladı.

Belimde gerçek bir sorun yaşayana dek de bu sonuncu bağımlılığımı gözden geçirmem gerektiğini düşünmedim. Alçakgönüllü olmalı ve öğrencilerime bir yoga öğretmeninin bile belini incitebileceğini söylemem gerekir.

Şimdi elli yedi yaşındayım ve kendime "Bu kafein gerçekten de hayatımda olmalı mı?" diye sormam gerek. İçimde bir ikilem olduğunu hissetmeye başladım. Bir yanım yoga, meditasyon yapıp, varoluşun ustalıklı bir yanında yaşamaya çalışırken, diğer yanım "dans edebilmek", her zaman canlı, mutlu, partinin ışığı olmak için kafeine gereksinimim olduğunu düşünüyor. Kafeine gerek duyan yanım, her zaman kafeinin etkisinin kaybolmasını bekleyerek korku duyan, o olmadan nasıl devam edeceğinden emin olmayan bir kişilikti. Bir maddeye olan bu bağımlılık, benim daha yüce güç ile, sınırlandırılmamışlık yeteneğim ile olan bağımın bozulmasına neden oluyordu.

Bu son bağımlılığımdan da kurtulmak için büyük miktarda sınırlandırılmamışlık ve teslim olma duygusu gerekiyordu. Böyle daha fazla devam edemezdim. İlk baştaki zor dönemden sonra, kendimi daha mutlu, tam, özgür ve benim tüm maddelerden kurtulmuş olarak daha ustalıklı bir yaşama devam etmeme olanak tanıdığı için Tanrı'ya şükran dolu olarak hissediyorum.

Birkaç yıl önce, kökeninin genel olarak yedinci çakra olduğuna inandığım bir hastalık olan AIDS yüzünden ölmekte olan ve sınıfıma gelen bir öğrencimi hatırlıyorum. Bedensel olarak zayıftı ve kendisini tehdit eden ölüme baş eğmişti, fakat içinde barış yoktu. Bağlı olduğu dinin onu eşcinsel olmakla suçlayarak terk ettiğini düşünüyordu. Korkuyordu ve kendini çok yalnız hissediyordu, Tanrı'ya da büyük bir öfke duyuyordu, tabii gerçekten varsa.

Bu öğrencim, neden yoga dersine geldiğinden bile emin değildi, sadece hafif bir ses ona "sadece git" diyerek gelmeye zorlamıştı ve o da gelmişti. Sağlıklı olma kararlılığı içinde olan bir insan topluluğu içinde olmak kendini iyi hissetmesini sağlamıştı, o da gelmeye devam etti. Önceden ağırlık çalışıyordu fakat bedenini pek esnetmemişti, kısa sürede daha esnek olduğunu fark etti. Bu onun için eğlenceliydi, çünkü bedeni hasta olsa bile, yoganın sağladığı ilerlemenin verdiği küçük zafer duygusunu hissetmeye başlamıştı.

Derslere düzenli olarak gelmeye başladı. Bu sırada, doktorları ona deneme aşamasındaki engelleyici bir kokteyli uygulamaya başladılar. Bu kokteylin çok kısa bir sürede inanılmaz sonuçları oldu, sağlıklı, canlı bir insan durumuna geldi, hatta AIDS'in kendisi için bir ölüm tehlikesi olmadığını düşünmeye başladı.

Kendisiyle, iyileşmesi hakkında konuştuğumda beni çok şaşırttı çünkü bu muhteşem iyileşmesini, almaya devam ettiği ilaçlara bağlayacağını sanıyordum. Ama yanıtında, bu ilaçlar kesinlikle hayatını kurtarmış olsalar da, eğer yoga ve meditasyon yaparak kendine güvenini kazanmasaydı, bu ilaç için klinik bir deneye girmeyi asla denemeyeceğini söyledi.

Tabii ki, onu kurtaran sadece ilaçlar olsaydı, şimdi olduğu gibi disiplinli bir yoga ve meditasyon öğrencisi olmayacaktı. Onu güçlü ve canlı bir şekilde derslerde görmek çok büyük bir zevk. En güzel yanı da gülümseyişi. O güldüğünde sanki içten gelen bir ışıkla aydınlanıyormuş gibi oluyor. Eğer ışığımızın parlamasına izin verirsek hepimiz aydınlanabiliriz.

Bedenimizin sınırlı fakat ruhumuzun sınırsız olduğu düşüncesi, dünyadaki tüm büyük dinlerin bir parçasıdır.

Bedenimiz sınırlıdır. Ruhumuz ise sınırsızdır.

SINIRLANDIRILMAMIŞLIK İÇİNDE MEDİTASYON

Asıl önemli olan daha büyük resim ile bağlantıda olmamızın basit bir yolu da bize beden ile ruh arasındaki bu ilişkiyi hatırlatan hareketleri kullanmaktır.

1. Ellerinizi başınızın üzerine kaldırın ve avuç içlerinizi birbirine yapıştırın. Daha fazla destek almak için baş parmaklarınızı çaprazlayın.

2. Gözlerinizi kapayarak, burnunuzdan derin ve uzun nefesler alıp verin.

3. Gözlerinizi yukarıya doğru çevirin, üçüncü gözünüze değil, daha da yukarıya, sanki başınızın tam tepe noktasına bakıyormuş gibi yukarı doğru çevirin.

4. Üç-yedi dakika kadar buna devam edin.

Etkileri: Gözlerinizin pozisyonu, enerjinizi epifiz bezinizde yoğunlaştırır. Bu minik salgı bezinin uyarılması sınırlandırılmamışlık deneyimini artırır, kişi burada ne başlangıç ne de son hisseder ve her şeyle bir olur. Bu çalışmayı yedi dakika kadar yaptıktan sonra, hayatınızı etkileyen daha yüce bir gücün olduğunu anlarsınız.

Bu duruş, bir tartışma ya da kişisel ruhsallık anlayışınıza, hayatınızda etkili olan daha yüce bir gücün olduğu hakkındaki farkındalığınıza saldırıda bulunan herhangi bir durum sonrasında yapılabilecek harika bir çalışmadır.

Son derece acımasız bir iş ortamında çalışan bir bayan öğrencim vardı. İşi, her gün telefonda iş tartışmak ve arabuluculuk yapmaktı. İşinde çok başarılıydı, bana dediğine göre bir iş görüşmesine başlamadan önce, masasında birkaç dakika kadar bu duruşu yapıyor ve sonra telefonu kaldırıyordu. Bana, bu duruşta bir dakika bile kalmanın, girmekte olduğu herhangi bir görüşme hakkındaki asıl durumu görebilmesini sağladığını söylemişti. Bu duruş, onun herhangi bir noktada takılıp kalmamasına ya da egosunun zedelenerek görüşme sırasında başarmaya çalıştığı tüm hedefleri gözden kaçırmamasına yardımcı olmaktaydı.

Bu öğrencim, iş dünyasında sert fakat dürüst biri olarak görülüyordu, bu da masasında meditasyon yaparken üzerinde yoğunlaştığı yaklaşımdı. Bazen, eğer rakipleri onu, kendileriyle telefonda görüşmeden önce barışçıl ve rahatlamış olarak bu duruştayken görselerdi ne düşünürlerdi diye merak ederim. Sanırım şöyle derlerdi: "Hey, bu onun işine yarıyorsa benim de işime yarar." Tabii ki haklı olurlardı. Tıpkı, tek bir el darbesi ile bir yığın tahtayı kıramadan önce meditasyon yapan dövüş sanatçıları gibi, o da meditasyon sanatını iş görüşmesinde etkili fakat dürüst olmak için kullanmaktaydı. Tanrı'yı içinde hissetmeye izin vermekte ve kendisinin bir yapan olmadığını ve eğer iyi niyetle elinden gelini yaparsa işlerin de kendiliğinden onun istediği gibi gideceğini anlamaktaydı.

Güçlü bir sınırlandırılmamışlık duygusu, işlerin sonuçta nereye varacakları düşünülmüşse oraya varacaklarını bilmek demektir.

Bu, hepimizin bilebileceği bir gerçektir. Bazen tüm gün ya da saat boyunca kendimi kaybettiğim de bir gerçektir. Neyse ki, bir beden ve zihin çalışması yaptığım için, her zamankinden daha hızlı bir 'şekilde teslim olarak yolumu bulabilmekteyim.

Çakra sistemini, hiçbir katın diğerinden daha önemli olmadığı bir binanın katları arasında hareket eden bir asansör olarak düşünebilirsiniz.

Tıpkı asansörde olduğu gibi, sorunlar sadece tek bir katta olmaz. Bir asansör altıncı katta takılıp kalmışsa, belki de kablo yedinci katta bükülmüş ya da biri beşinci kat düğmesine basmış olabilir.

Çakralarımızın asansörünü de yeteneklerimiz arasında sakince iniş çıkış yapacak şekilde onarmak istediğimizde genellikle nedenin belirli bir yetenek ile ilgili sorundan kaynaklandığını çünkü aşağı ya da yukarı kattaki yetenekte bir tıkanıklık olduğunu buluruz.

YEDİ DALGA MEDİTASYONU
ÇAKRALAR HAKKINDA İÇSEL BİR DENEYİM

Bazen, meditasyon sırasında bir köşeye çekilip sakince otururken, hayal gücümü kullanıp gözlerimin önüne çeşitli görüntüler getirmeyi severim.

1. Bağdaş kurarak rahatça oturun, avuç içlerinizi göğsünüzün önünde birbirine değdirerek dua etme pozisyonu alın. Gözlerinizi kapayın. Bedeninizdeki çeşitli çakraları gözünüzün önüne getirin. Bir süre için onları gözünüzde canlandırın ve teker teker hissedin.

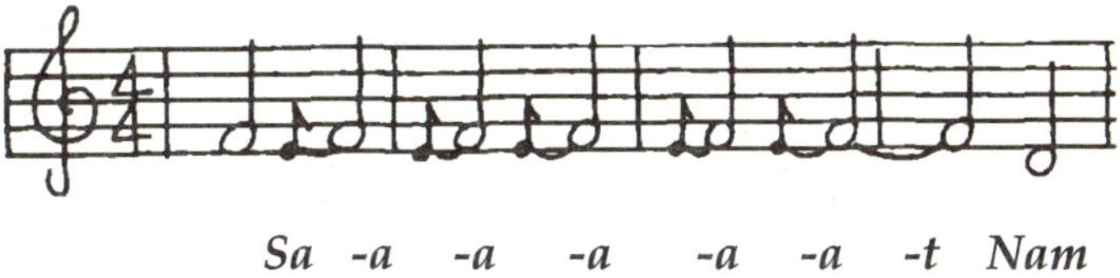

2. Omurganızın kökünden başlayarak, bir ışık dalgasının alt merkezlerden başınızın tepe noktasına doğru yükseldiğini, auranıza yayıldığını ya da döküldüğünü gözünüzün önüne getirin.

3. Gözünüzde enerjinin omurgadan yukarı çıktığını canlandırırken, yüksek sesle uzun bir "Sa-a-a-a-a-a-t Nam" söyleyin, "Sa-a-a-a-t" sesinin her seslendirilişinde bir çakradan geçin ve onu enerjiyle doldurun. Enerji, başınızın tepe noktasından au-

ranıza doğru akıp bedeninizi ışıkla çevrelediğinde "Naam" sesi ile bitirin.

4. Gözlerinizin önünde her çakranın aydınlandığını canlandırırken bu mantrayı tekrarlamaya devam edin.
5. Enerji, başınızın tepe noktasına ulaştığında, tıpkı bir çeşme gibi döküldüğünü, bedeninizi saran ışığı enerjiyle doldurduğunu ve sınırlı beninizi Sonsuzluğa bağladığını görün.
6. Bu çalışmayı yedi dakika kadar yapın.

Etkileri: Bu meditasyon, tüm gün boyunca duygularımızı dengelememize yardımcı olur.

Sınırlandırılmamışlık, denetimi elden bırakmak demektir.

Kişinin kendisini tamamen sınırlandırılmamışlığa teslim etmesi, varoluş ışığının her yerde parlamasına, her şeyi hayatımızı oluşturan resmin bir parçası olarak görmemize olanak tanır. Eğer çok kapalı kalırsak, ışığın parlamasına izin vermezsek bu resim anlamsız, bulanık bir leke olarak kalır. Eğer hayatımızı oluşturan bu resmi incelemek, üzerinde düşünmek için bir adım geri atar, inanç ışığının renklerini aydınlatmasına izin verirsek, ancak o zaman "asıl resmi" görebiliriz. Eğer ne amaçla yapıldığını görmemize olanak tanırsak hayatımızı oluşturan bu resim, güzel ve sürekli değişkendir.

YEDİNCİ ÇAKRA EGZERSİZİ

KENDİ HARİKALIĞINIZI ANLAMA MEDİTASYONU

1. Rahat bir şekilde, omurganız dik, bağdaş kurarak oturarak, parmaklarınızı birbirlerine kenetleyin ve başınızın arkasına yerleştirin.
2. Çenenizi ve göğsünüzü dışa doğru vererek, hızla kollarınızı başınızın üzerine doğru uzatın, avuç iç-

leri yere baksın ve parmaklarınız birbirlerine kenetli kalsın.

3. Ellerinizi tekrar ensenize indirin.
4. Burnunuzdan güçlü bir şekilde nefes alıp vererek üç dakika kadar bu harekete devam edin.

Etkileri: Bu çalışma, omuzlardaki katılığı alır. Ayrıca, damarlar, özellikle beyne giden ana damarlar için yararlıdır.

AYNA EGZERSİZİ

1. Rahat bir şekilde bağdaş kurarak oturun ve kollarınızı yukarı doru uzatın, avuç içleriniz birbirine baksın. Parmaklarınızı bitiştirin, baş parmağınızı ayrı tutun.
2. Kollarınızı ve avuçlarınızı tıpkı çelik gibi sert tutun. Ellerinizi ters yönlerde, ileri geri hareket ettirin, önce on beş, yirmi santimetre kadar dışa açın sonra tekrar eski yerlerine getirin.
3. Dört dakika kadar güçlü bir şekilde bu hareketi yapın.

Etkileri: Bu çalışma, beynin yarı küreleri arasındaki dengeyi artırır. Doğru yapılırsa, tüm beden kendini düzenler.

VECD İÇİNDE MEDİTASYON

1. Bağdaş kurarak oturun, omurganız dik olsun, el bileklerinizin arkasını dizlerinizin üzerine, avuç içleri açık, baş parmakla işaret parmağı bitiştirilmiş olarak koyun (gyan mudra).

2. Çok sakin ve sessizce oturun, gözlerinizi burun kökünüze (üçüncü göz) doğru çevirin.
3. Üç eşit seferde burnunuzdan nefes alın. Her nefes alışta sessizce "Sat Nam" mantrasını söyleyin.
4. Nefesinizi tutun ve başınızı sağ omzunuza doğru çevirin.
5. Nefes verin ve başınızı öne çevirin. Nefes verirken zihninizden "Wahe Guru" mantrasını tekrarlayın.

6. Başınız dik olarak, yine üç eşit seferde burnunuzdan nefes alın ve her nefes alışta sessizce "Sat Nam" deyin.
7. Nefes verin ve başınızı sol omzunuza çevirin.
8. Nefes verin ve başınızı öne çevirin. Nefes verirken zihninizden "Wahe Guru" mantrasını tekrarlayın.
9. Gözlerinizin önüne Sonsuzluğu getirerek yedi dakika kadar bu çalışmaya devam edin.

Etkileri: Bu çalışmanın tamamı sizi bir coşkunluk durumuna götürecek ve çevrenizde koruyucu bir kalkan oluşturacaktır.

8
SEKİZİNCİ ÇAKRA

PARLAKLIK, IŞILDAMAK

"Evet, herkes bir kandildir. Fakat herkes aydınlatmaz."

Yogi Bhajan

Kundalini Yoga'nın çakra sisteminde, insanın sekizinci bir çakrası olduğunu görürüz. Bu çakra, tüm bedeninizi çevreleyen elektromanyetik bir alandır.

Sekizinci çakra ya da aura alanı, bedeninizin çevresinden üç metre uzağa dek genişleyebilir. Bu son çakradan da insanın parlaklık yeteneği yayılır.

Bu çakra ile, ışıkla ya da Sonsuzluktan fiziksel dünyaya inen ışık tayfı ile en çok bağdaştırılan renk olan beyaz ile ilişkili bulunmaktadır. Evrenin bu küçük parçasına gelmek için milyonlarca ışık yılı katedek ışığın gücünü görmek için geceleri gökyüzüne bakabilirsiniz.

"Parlaklığınızla bir insanı gerçekten uyandırabilirsiniz. Böylece birisiyle beraberken o kişi kendini rahat hisseder."

Yogi Bhajan

Yine, günlük hayatımızda kullandığımız bazı bildik sözler, her insanın elektromanyetik bir alanı olduğunu kabul ettiğimiz düşüncesini uyandırmaktadır. Sık sık insanların bir "manyetik alanı" olduğundan söz edildiğini duyarız. İki insan arasında çok yüksek bir çekim varsa, "aralarında kıvılcımlar çaktığını görebilirsiniz". Yeteneğini gizlemeyen insanlar için de "ışığını gizlemiyor" deyimini kullanırız.

"En büyük trajedi, auranın etkisini bilmemektir. Parıldayan gücünüzün, düşünebileceğinizden çok daha fazla olumsuzlukları defetme gücü vardır."

Yogi Bhajan

İnsandaki bu parlaklık, ışıldama yeteneği kolayca görünmese de, diğer insanlar tarafından algılanabilir. Ne kadar ilginçtir ki, düğün gününde bir gelini anlatmak isteyen insanlar genellikle "ışıldıyor" sözcüğünü kullanırlar. Sanırım bunun nedeni, onun sadece fiziksel güzelliğini değil aynı zamanda bir başkası ile birleşirken ruhunun güzelliğini de tanımlıyor olmamızdır.

"Gerçekten ruhsal bir kişi, Sonsuzluk için yaşayan ve varlığı barış yaratan kişidir. Eğer varlığınız işe yaramıyorsa, her şey boşunadır."

Yogi Bhajan

Bedenimizin elektrik taşıyan bir organizma olduğu bilinen bir bilimsel gerçektir. Sinir yollarımızda taşınan tüm mesajlar elektriksel olarak iletilir. Bunun sonucunda da, bedenimiz içten dışa yayılan elektromanyetik bir alana sahiptir.

Sekizinci çakramız, boğazımız ya da midemiz gibi değildir; maddesel olarak dokunabileceğimiz bir şey değildir. Size bu aura alanının neye benzediğini hayal etmenizde yardımcı olmak istiyorum. Eğer yapabilirseniz, fiziksel bedeninizden çıktığınızı ve yerde duran kendinize baktığınızı düşünün. Bedeninizin her yerini, oval şekilli ya da kabuk gibi bir enerji sarmakta ve ışıltıyla titreşmektedir.

Eğer tüm çakralarınız dengeliyse, bu alanın yüzeyi düzgündür. Bedensel, ruhsal ya da zihinsel olarak hastaysanız, bu enerji alanında, çukurlar ve boşluklar görülür ve ışıldayan enerji donuklaşır.

"İnsanlar yalan söyler ama auralar asla söylemez."

Yogi Bhajan

Ruhsal becerileri son derece gelişmiş olan insanlar size, kişinin aurasında yazılı olan geçmiş "karmik" izleri okuyabildiklerini söyleyeceklerdir. Sadece auranın şekline ve düzgünlüğüne bakarak o insanın hasta olacağını ya da depresyona gireceğini görebilirler. Sadece aurayı okuyarak bir insanın yalan mı yoksa doğru mu söylediğini anlayabilirler.

AURA ÜZERİNDE ZİHİNSEL BİR EGZERSİZ

Sadece onun üzerinde düşünerek, auranın parlaklığını, gücünü ve canlılığını artırabiliriz. Oturup birisini beklerken şunu yapmayı deneyebilirsiniz:

1. Bedeninizin çevresindeki parlaklık üzerinde meditasyona başlayın.
2. Nefes alırken bunu genişlettiğinizi hayal edin.
3. Auranıza yeni bir renk eklemeyi deneyin.
4. Bırakın nefesiniz, Sonsuzluktan auranıza enerji ekleyen bir prana hattı olsun.
5. Çok yüce, parlak düşünceler düşünün ve auranızı ne kadar genişletebildiğinizi görmeyi deneyin.

Bir öğrencim, yaşadığı bir ölüm eşiği deneyimini anlatmıştı. Bir kabloya dokunduğu sırada kendisini elektrik çarpmış. Kalbi durmuş ve ilk yardım çağrılmış.

Bu öğrencim, kendisinin bedeninden yükseldiğini görmüş. Bunu yaparken de, acil yardım elemanlarının onu hayata döndürmeye çalıştıkları sırada elektromanyetik alanlarını görebiliyormuş. Elektromanyetik alanlarının, onu canlandırma çabası içinde beraberce bir ekip olarak çalışırlarken birbirlerine karışıp birbirleri içinde eridiğini görmüş. Bu öğrencim daha önceden, insanların auraları olduğu fikrini bile kabul etmeyen biriymiş. Buna ihtimal bile vermiyordu fakat işte şimdi oradaydı ve aşağıdaki insanların kollarını ve bacaklarını gördüğü kadar açık bir şekilde auralarını da görebilmekteydi.

"En büyük trajedi, auranın etkisini bilmemektir."
Yogi Bhajan

Sonunda ilk yardım ekibi onu hayata geri döndürmüş ve ruhu bedenine geri dönmüştü. Bu deneyimden sonra daha ruhsal bir arayış içine girmiş ve bu da onu yoga öğrenmeye yöneltmişti. Şimdi ise, artık bedenini terk ettiği sırada yaptığı gibi insanların aurasını göremediği için hayal kırıklığı yaşamakta. Yine de, bunun çok güzel bir görüntü olduğunu söylüyor, çünkü kendisini kurtarmaya çalışan ilk yardım ekibini izlerken onların gerçekte kim olduklarını görebildi. Onların ruhlarının gerçek güzelliğini, hepimizin içinde olan güzelliği görmeyi başardı ve ışıldama yeteneklerine tanık oldu.

Sekizinci çakra, gerçekte diğer yedi çakradaki güçlerin bir araya gelmesidir.

Eğer tüm çakralarımızı devreye sokabilirsek ve tıkanıklıkları kaldırıp, Kundalini enerjisinin omurgada aşağı ve yukarı serbestçe akmasına olanak tanırsak, bu elektromanyetik alanımız tam anlamıyla parıldar. Yanmaya başladığında da, sekizinci çakramız bizi hem dış dünyadan korur hem de gerçek doğamızı tekrar bu dünyaya geri yansıtır.

"Ruhunuzun sığlığı ya da büyüklüğü auranızda kendini belli eder."

Yogi Bhajan

AURA ALANINI GENİŞLETME EGZERSİZİ

1. Ayakta durarak bacaklarınızı omuz genişliğinde açın, gözlerinizi kapayın ve üçüncü göz noktasına doğru çevirin.
2. Derin ve tam bir nefes alarak kollarınızı göğe doğru açın. Avuçlarınız hafifçe birbirine değsin.
3. Kollarınızı sanki bir kuşun kanatları gibi bedeninizin yanlarına indirirken güçlü bir şekilde nefes verin.
4. Sonra onları tekrar açarak harekete devam edin -göğe doğru yükselirken nefes alın ve kollarınızı yanlara indirirken nefes verin.
5. Bu çalışmayı en az üç dakika kadar yapın.

6. Sonra bir dakika kadar oturun ve genişliğini hissederek auranızı değerlendirmeye çalışın.

Etkileri: Bu çalışmayı yapmak, sekizinci çakra olan elektromanyetik alanınızı tekrar dolduracak ve ışıltınızı güçlendirecektir. Sonsuzluk ile bağlantınızın koptuğunu ya da enerjinizin biraz sönükleştiğini hissettiğinizde bu çalışmayı yapmanızı öneririm. Bütünlük duygusunu çok iyi veren bir harekettir ve çok kısa bir sürede kendinizi daha parlak ve daha bütün hissetmenize yardımcı olur.

Bedeni çeviren aura alanı aslında insana bir kalkan olarak verilmiştir. Bir kalkan ya da koruma işlevi görür. Bu çakra parlayıp ışıldadığında, kişiyi hastalıklardan koruduğu, kötü talihi savuşturduğu ve kişiyi hayatın olumlu yanlarına doğru daha fazla çektiği söylenir. Bazen görünümü güzel olsa da bir şeylerin eksik olduğu insanlarla karşılaşırsınız. Bazen de fiziksel olarak çekici olmasalar da kendilerini çekici yapan bir şeylere sahip insanlar tanırsınız. Tüm bunlar onların yaydıkları ışık ile ilgilidir.

Ruhsal gelişim adına herhangi bir şey yapmasa da normal bir insanın bir metreden biraz fazla genişlikte bir aura alanı vardır. Cansız nesnelerin aura alanları ise elli santimetre kadar uzanır. Eğer aura alanınızın genişliğini artırmak istiyorsanız, beyaz pamuklu elbiseler giyebilirsiniz. Bu, aura alanınızın genişliğini on beş santimetre kadar artıracaktır.

Nefes ve yoga çalışmaları yaparak ve olumlu bir zihinsel tutumla, kişi, aura alanının genişliğini bir yanında üç metreye ya da her iki yanda da altı metreye kadar genişletebilir. Böylesi bir enerji alanına sahip birisinin yakınındaysanız, bu kişinin yanında olmaktan ötürü kendinizi çok rahat hissedersiniz. Daha parlak, daha geniş bir aura alanına sahip insanların yanında olmak gerçekten de çok şifa verici ve arındırıcı olabilir. İki insan konuşurlarken, örneğin bir anlaşma sırasında, daha parlak auraya sahip olan kişi genellikle "kazanır".

"Herkes, bir başkasının gücünü, enerjisini, ruhunu yaşamayı sever. Her aura, bir başkasının aurası aracılığıyla yaşar."

Yogi Bhajan

İnsanların auraları birbirleri içinde erir. Tüm gün boyunca aura alanlarımız başkalarınınkiyle karışır. Eğer aura alanınız güçlü değilse, aura alanınız aracılığıyla bir başkasının duygularını "topladığınızı" hissedebilirsiniz. Bu, endişelenecek bir durum değildir ve hepimizin başına geldiği için de bunda alışılmadık bir yan yoktur. Bu olayın farkında olmak, bu konuda duyarlı olmak isteyebilirsiniz. Bu konuda sakin ve ılımlı bir yol izleyin, bunu sanki bir oyunmuş gibi görün, çünkü tavrınız ve düşünceleriniz auranızın sağlığını ve gücünü etkiler.

Auraları görebilen insanlar, bir başkasının bedenini çeviren bu alanın rengini, şeklini ve boyutunu da görürler. Auranın rengi, kişinin ruh durumuna göre değişir. Eğer o kişi çok öfkeliyse, aurasının rengi kırmızı olabilir. Eğer ruhsal olarak gelişiyor ve büyüyorsa, parlak sarı bir aurası olabilir. Bu, sürekli değişiklik gösteren bir durumdur.

Ruhunuzun dünyadaki görevini tamamladığınızda, parlaklık yeteneğiniz en güçlü ve titreşimli noktasına ulaşır.

(Ruhun Yolu) "The Soul's Code" adlı kitabında James Hillman, ruhumuzun bu dünyada tekrar beden bulmadan önce kendisi ile yaptığı anlaşmalardan, yönlendirmelerden ve daha yüce güçten söz etmektedir. O da benim gibi, bu dünyaya çok özel şeyleri öğrenmek ve başarmak için geldiğimize inanmaktadır.

Ruhunuzun yaptığı çağrıyı dinleyip dinlemediğinizi görmek için bir şeyi incelemeniz gerekir. Kendini bütünlenmiş hissediyor musunuz? Eğer kendinizi hayatınızı dolu dolu, tam anlamıyla yaşadığınızı gerçekten hissediyorsanız, o zaman ruhunuza karşı da dürüstsünüz demektir.

Eğer ruhunuzun kaderini tam anlamıyla izlemişseniz, ışık saçmaya da başlarsınız.

"BEN" MEDİTASYONU

Hayatınızın ne yöne gittiğinden emin olmadığınızı hissettiğinizde yapabileceğiniz çok basit bir meditasyon da kendi kendinize şu mantrayı tekrarlamaktır: "Ben, BENİM."[7] Bunu isterseniz yüksek sesle, isterseniz zihninizden sessizce tekrarlayabilirsiniz. Kendi kendinize, "Ben güçlüyüm" ya da "Ben başarılıyım" demeniz gerekmez. Sadece, "Ben, Benim" gerçeğini doğrulamanız yeterlidir.

İlk "Ben" dediğinizde kendinizi sınırlı bedeniniz içinde sıkışmış hissedersiniz. İkinci kez "Ben" dediğinizde ise, auranızın parlaklığı yoluyla çevrenizdeki sonsuz enerji ile

---

[7] İngilizcesi: "I am, I AM." (Ç. N.)

bağlantıya geçersiniz. Bu sözü her tekrarlayışınızda çevrenizdeki ışıltının genişlediğini deneyimleyin.

Sizin, işiniz, ırkınız, geliriniz, eşiniz ya da çocuklarınızın olmadığını unutmamanız önemlidir. Siz, yüzünüz, bedeniniz, kullandığınız otomobil ya da giydiğiniz elbiseler değilsiniz. Siz sadece varsınız. Kendi kendinize, "Ben, BENİM" demeye devam edin.

"İnsan ruhu, evrendeki elektromanyetik alanın bir parçasıdır ve bu frekans bu bağ ile beslenir."

Yogi Bhajan

Hayatınızda ne olursa olsun, siz tanısınız, siz eksiksizsiniz, siz yeterlisiniz. Bu elektromanyetik alanınız hayatınızda gereksindiğiniz şeyleri çekecektir. Aslında, her zaman gereksindiklerinizi çeker. Bazen, gereksinimiz olan, acı ya da sıkıntılar yoluyla bir dersi öğrenmektir. Ruhunuz, insani iradeniz ve zihniniz olmadığında bile Yaratıcı ile hep bağlantıdadır. Ruhunuz, gelişmeye devam etmek için neye gereksindiğinizi bilir.

Hayat bir üniversitedir ve burada bazı dersleri öğrenmek için bulunuyoruz. Ruhunuz, kendini bu gezegende gösterebileceği bir bedene gereksinir, böylece bu dünyadaki hayatın size öğreteceği dersleri almak için tüm yeteneklerinizi kullanabilirsiniz. Ruh da bedenden doğar, çünkü gerçekte hepimiz bağlantılıyız. Sadece tenimizle sınırlı değiliz ve ruhumuz bu gerçeği kesinlikle bilir.

Ben, ruhumun ışığıyım. Ben cömertim, ben güzelim, ben mutluluğum. Ben, BENİM.

Bazen Kundalini Yoga'da, aura alanımızın unsurlarından gizli bedenlermiş gibi bahsederiz. Bu sözcüğü seviyorum, çünkü bu gizlilik normalde üzerinde düşünmediğimiz bir şeydir.

Bu enerji girdabını anlamak zorunda değiliz, çünkü burası ruhumuzun yetki alanıdır. Ruhumuz, zihnimizin anlayabileceğinden daha bilgedir. İçimizdeki bu ışıldama yeteneği, aslında ruhumuz olan bu engin, sonsuz ihtişamın bir an için göze görünmesidir. Biz, bunun, tam olarak açıklanmayacak gizemli yollardan farkına varırız. Bunun için de gerçekten minnettarım.

SEKİZİNCİ ÇAKRA EGZERSİZİ

ELEKTROMANYETİK FREKANSINIZI ARTIRIN

1. Omurganız dik bir şekilde bağdaş kurarak rahat bir şekilde oturun. Kollarınızı yanlara açın, yere paralel olsunlar ve avuç içleri yukarı baksın. Parmaklarınızı kasın, elleriniz tıpkı bir pençe gibi sert ve gergin olsun.
2. Kollarınızı başınızın üzerine kaldırın, bilekler birbirlerine çapraz duruma gelsinler, sonra kollarınızı tekrar yere paralel olacak şekilde yanlara doğru açın.

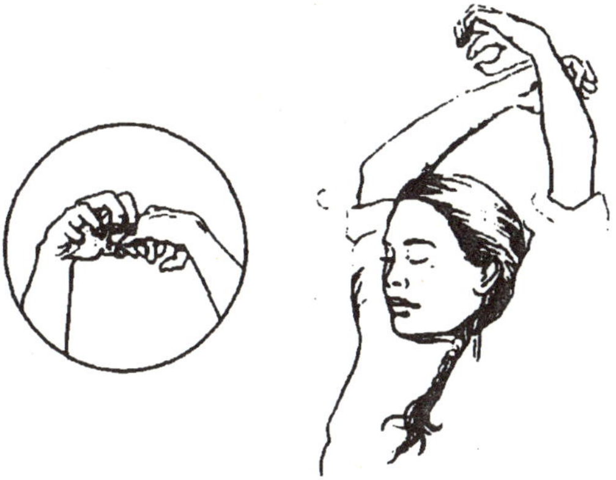

3. Bileklerinizi değişimli olarak başınızın üzerinde çapraz duruma getirin, önce sağ bilek önde sonra da sol bilek önde olsun. Sağ bileği önde tuttuğunuz sırada eller daha çok alna doğru dururken, sol bilek önde olduğu sırada da, eller başın arkasına doğru olsunlar.

4. Güçlü bir şekilde hareket edin, her harekette bir nefes alıp verecek şekilde nefesinizi ayarlayın.

5. Dokuz dakika kadar buna devam edin. Sonra...

6. Kollarınız yanlardayken derin bir nefes alın ve nefesinizi tutun. Dilinizi olabildiği kadar dışarı uzatın ve on beş saniye kadar böyle tutun. Nefes verin. Bunu bir kez daha tekrarlayın. Sonra...

7. Nefes alın ve dilinizi otuz saniye kadar dışarıda tutun.

8. Nefes verin, ellerinizi kucağınıza indirin. Birkaç dakika kadar oturmaya devam edin ve size esin veren bir şarkı söyleyin ya da isterseniz çevrenizde oluşturduğunuz enerjiyi deneyimlerken sessizliği dinleyerek derin ve uzun nefesler alıp vermeyi seçebilirsiniz. Üç dakika kadar buna devam edin.

Etkileri: Bu, beynin elektromanyetik alanını çalıştırır. Parmaklar, beynin çalışması ile ilgili bölgelerine baskı uygular. Lenf ve sinir sisteminin enerjisi dengelenir, güçlü ateş soluğu da hipofiz bezini uyarır ve epifiz bezinin manyetik alanınızın parlaklık frekansını değiştirmesine neden olur.

RUHSAL FARKINDALIK MEDİTASYONU

1. Rahat bir şekilde oturun. Gözlerinizi onda bir oranında açık olacak şekilde kapatın.

2. Kollarınızı başınızın üzerine kaldırın ve yirmi santimetre kadar yukarıda parmaklarınızı kenetleyin, avuç içleriniz aşağı baksın. Dirseklerinizi başın çevresinde bir yay oluşturur gibi hafifçe kırın.
3. Derin bir nefes alın ve nefesinizi tutun.

4. Nefesinizi tamamen verin ve nefesinizi tutun. Uzun, derin, tam nefesler alıp verdiğinizden emin olun.
5. Yedi dakika kadar buna devam edin. Çalışma süresini, zamanla on bir dakikaya kadar çıkarabilirsiniz.

Etkileri: Bu meditasyon, zihinsel kapasitemiz ve yaratıcılığımız içindir. Manyetik alanı artırmak için omurganızı dimdik tutun. İlk başta, kollarınızda biraz ağrı yaşayabilirsiniz, fakat zamanla derin bir gevşeme hissedersiniz. Eğer bu meditasyonu düzenli ve doğru olarak yaparsanız, ruhsal dayanıklılığınız da artar.

9
SONUÇ

"Çakra bilimi, kişinin bulunduğu her davranışta çeşitli özelliklerinin farkında olmasını sağlayacak şekilde geliştirilmiştir. Çakralarınız denetim altında olmadığında, dostlarınız da sizinle olmaz."

Yogi Bhajan

Bedenlerimiz, iç içe geçmiş karmaşık dünyalar gibidir. Nerede başladıklarını ve sona erdiklerini biliriz, fakat asla anlayamayacağımız kadar engin ve gizemlerle doludurlar. İnsanoğlu, insan bedeninden daha karmaşık ve ustalıklı hiçbir makine tasarlayamamıştır.

Kadim çakra sistemi, sadece bedenimizi simgesel düzeyde anlamamızın bir yoludur. Her ne kadar bu enerji merkezlerine bazı duygu ve özellikler yüklesek de, aralarında sürekli olarak devam eden gizemli etkileşim olduğunu da biliyoruz. Korktuğumuzda, kalbimiz daha hızlı atar ve daha hızlı soluk alıp veririz; bu nedenle de korkunun hayatımızı nasıl etkilediğini anlamanın bir yolu olarak korkuyu kalp çakrasının gölge duygusu olarak sınıflandırırız.

Korku baş edilmeyecek duruma geldiğinde diğer tüm çakralara da sızabilir. Boğazımızın sıkışması ya da karnımızda dolaşan kelebekler yoluyla bunu hissedebiliriz. Gördüğünüz gibi, çakra sistemi, kesin doğrulardan oluşan katı bir sistem değildir.

Bedenimiz büyük oranda sudan oluşur ve tıpkı bedenimizde sürekli bir akışın olması gibi çakralar ve onlara yüklediğimiz yetenekler arasında da bir akışın olduğunu bilmeliyiz.

Bu sistemin yararlı yanı, bilinçli farkındalığımızın başımızda olmadığı düşüncesidir; kalbimizde, karaciğerimizde ve hatta küçük ayak parmaklarımızda yaşar. Eğer tüm bedenimizi, bir tür yol rehberi olarak kullanmaya başlarsak, olumlu özelliklerimizin ya da sekiz yeteneğimizin, bedensel, zihinsel ve ruhsal sağlığımızı da nasıl geliştirebileceğini görürüz. Umarım, Kundalini Yoga ve Meditasyonu denersiniz, bunun için ve hayatınıza sevgi dolu, besleyici bir yol sağlaması, olumlu yanlarınızın açığa çıkmasını sağlaması için dua edeceğim.

Gelişmek amacıyla öfkeden kurtulmanız gerektiğini anlamak yerine şimdi elinizde bu iyi niyeti eyleme geçirmek için kullanabileceğiniz bazı özel bedensel hareketler de var.

Bu kitapta, size sadece Kundalini Yoga ve Meditasyonunun hayatınıza getirebileceği zenginliklerden bazı örnekler verdim. Kundalini Yoga'yı ben bulmadım, yoga yaptığım her gün, bana tam anlamıyla bir insan olma sanatı hakkında bu kadar çok şey öğrettiği için şaşkınlık ve minnettarlık karışımı bir his duymaktayım. Bu mucizevi tekniği Batı dünyasına getirdiği için öğretmenim Yogi Bhajan'a sonsuz derecede minnettarım ve bunu sizlerle paylaşabildiğim için de şükran doluyum.

Yoga ve meditasyonun güzelliğinin bir kısmı da, hepimizin kendi yolumuzu deneyimlememizdedir. Benim öğrendiğim ise, bir işi başarmak için elimden gelenin en iyisini yapmamın, ileride ihtiyacım olan dersi bana öğretecek olmasıdır.

Öğrettiğim yoga türünün diğer yoga ya da egzersiz türlerinden daha iyi olduğunu iddia edecek değilim. Sadece benim işime yaradığını biliyorum ve binlerce öğrencimin hayatlarında da işe yaradığını gördüm. İşte bu nedenle, Kundalini Yoga ve Meditasyonu sanatı ve bilimi, hayatımın görevini, yani çevremdeki insanlara yardım etmek ve onları yüceltmek görevini yerine getirmek için seçtiğim bir araç oldu.

İnsanların zihinsel hastalıklar, bağımlılıklar, kanser, kısırlık ve AIDS karşısında zafer kazandıklarını gördüm. İnsanların dramatik şekillerde iyileştiklerini gördüm ve sayısız kişinin daha gizemli bir düzeyde şifa bulduklarını sanıyorum. Bazen, yogada yaptıklarımız ilk bakışta saçma gibi görünür, fakat eğer insanlar bu çalışma şekliyle kendilerini daha iyi hissetmeselerdi yıllarca yoga dersine gelmeye devam etmezlerdi.

Keşke bu kitabı okuyan herkes bir günlüğüne gelip bizimle derse katılabilseydi, ama bunun fiziksel olarak mümkün olmadığını biliyorum. Yine, lütfen bu kitabı ne zaman açıp, bu teknikleri yapmak için sağlam ve cesur bir adım atarsanız dualarımın sizinle olduğunu bilin.

En büyük rüyam, insanların, kendi bedensel sağlıklarının ve zihinsel refahlarının yaratıcıları olmalarında etkin bir rol oynamalarıdır.

Bu kitabı, size anlam ifade eden her yolda kullanmanız konusunda yanınızdayım. Her bölümün içerdiği sekiz egzersiz ve meditasyondan her birini seçebilirsiniz. Ya da bu kitapta anlatılan çeşitli çalışma ve meditasyondan sadece birini seçebilir ve onun üzerinde yoğunlaşabilirsiniz. Belki de bunlardan birini kırk gün boyunca yapmaya karar verirsiniz.

Bu kitabı kullanmanın diğer bir yolu da, başınız belada olduğunda ve sorunun nereden kaynaklandığını bilemediğiniz zaman bu kitaptan yararlanmaktır. Kitabı elinize alın ve bir küçük dua okuyun, Tanrı'dan size gereksindiğiniz rehberliği etmesi için sezgilerinizi izlemeyi isteyin. Sonra kitabın herhangi bir yerini açın. Gözlerinizi açın ve hangi sayfada olduğunuzu görün. Kitabın hangi sayfasını açarsanız açın, tam o sırada üzerinde yoğunlaşmanız gereken mesajın orada olduğunu kabul etmeye istekli olun. Hangi yetenekten söz ediliyorsa bırakın o gün için üzerinde yoğunlaşacağınız yetenek o olsun. Ruhsal anlamda esin verici bulduğum kitaplar için bunu sık sık yaparım ve tam da aradığım yanıtı bulamadığım hiç olmadı.

Tanrı'nın, öğrenebilmemiz için bize insan bedenleri verdiğine inanıyorum.

Bedeninizi onurlandırın. Onu sağlıklı besinlerle besleyin, taze su için, sevgi ile yıkayın, giydirin ve süsleyin. Eğer onu esnetir ve güçlendirirseniz, arzu duyduğu sınırsız oksijeni almasına izin verirseniz ve bu sırada yüceltici duyguların olumlu destekleyiciliği ile beslerseniz, bu beden de size sadakatle hizmet edecektir.

Dünyadaki hiçbir başarı, para ya da bilgi, insanın kendini bedeninde rahat hissetmesi kadar değerli olamaz.

Bu araçlar size dünyadaki en değerli özelliği, sağlığınızı verir ve bu çabayı göstermek isteyen herkes için de uygundur. Sağlıklı bir insan olmayı ve bedeninizde kendinizi evinizde gibi hissetmeyi seçebilirsiniz. Bunun mükemmel olmakla ilgisi yoktur, kendini harika hissetmekle ilgisi vardır.

Annenizin karnındayken yaptığınız esnetme, dönme ve sallanma hareketleri, gerçekte bedeninizin uzun, sağlıklı ve esnek bir hayat yaşamasını sağlayacak duruş ve egzersizlerdir. Sadece bedensel sağlığınızın değil, ayrıca duygusal ve ruhsal sağlığınızın da gelişeceğini size garanti ederim.

Hayatınızda bu araçlardan bazılarını kullanın ve bedeniniz Yaratıcı'nın özgün planına göre işlemeye başladığında meydana gelen o hoşluğu hissedin. Sonrasında Kundalini Yoga ve Meditasyonu günlük hayatınızı bir parçası yapmanız konusunda sizi tüm kalbimle destekliyorum. Özellikle herhangi türde bir yoga sınıfına katılmanızı isterim. Grup enerjisinin yararları, bu çalışmanın etkilerini de artıracaktır. Bu eylem halindeki sekizinci çakranın gizemli güzelliğidir- ne zaman iki ya da daha fazla sayıda kişi bir araya gelse, aura alanlarının birleşen enerjisi katılan herkese yarar sağlar. Bunun nedeni bana çok gizemli gelmektedir, yine de gerçek olduğunu biliyorum, çünkü grup enerjisinin güçlü etkilerini hayatımın her günü görmekteyim.

Eğer ders verdiğim bir sınıfa gelirseniz, her dersi şarkı şeklinde söylediğimiz bir dua ile bitirdiğimizi görürsünüz. Bu şarkıyı her gün pek çok kereler duyduğum halde, şarkıyı ya da içerdiği mesajı söylemekten hiç yorulmam. Özellikle hamile yogası sınıfına katılan annelerin bebeklerinin sınıfa gelip bizi bu şarkıyı söylerken dinlemeleri çok hoşuma gider. Tüm dikkatleri bize yönelir, bu şarkıyı karanlıkta, annelerinin rahminin ılık rahatlığında duyduklarını hatırlarlar.

Sözü, bu duanın sözleri ile bitiriyor ve bu sözleri okuyan herkesin Tanrı'nın onlar için istediğini bildiğim mutluluğu ve şifayı bulması için dua ediyorum. Yolculuğunuzun bir parçası olarak beni izlediğiniz için teşekkür ederim.

Güneş senin üzerinde parıldasın
Tüm sevgi seni sarsın
Ve içindeki saf ışık
Yolunu aydınlatsın
Yolunu aydınlatsın
Yolunu aydınlatsın
Sat Nam

EK A

ÇAKRALAR HAKKINDA GENEL BİLGİ

"Çakra" sözcüğü tam olarak "tekerlek" anlamına gelir ve bir lotusa benzetilir. Çakralar enerji merkezleridir. Sekizinci çakra olan auranın haricinde, bedende omurganın kökünden başın tepe noktasına dek çıkan çeşitli noktalara karşılık gelirler. İnsan bedenimiz içinde bulunan enerjiyi anlamanın yolları olarak kullanılırlar ve tüm ruhsal değişim ve gelişmenin esas yakıtı olan Kundalini ile etkin duruma getirilirler.

Birinci çakra, kuyruk sokumu bölgesindedir. Kişinin içgüdüsel ve en ilkel güvenlik ve yaşamını sürdürme ihtiyacını karşılama güdüsü ile ilişkilidir.

İkinci çakra, insanın üreme ve yaratıcılık üzerinde yoğunlaştığı cinsel organların olduğu bölgededir.

Üçüncü çakra, göbek deliği ile solar pleksus (göğüs boşluğu) arasındaki bölgeye karşılık gelir. Enerjinin esas olarak depolandığı bölgedir, bu da niçin gücün, sağlığın ve canlılığın merkezi olduğunu açıklamaktadır. Açgözlülük ve kişisel güç kazanma hırsı bu merkezde tıkanıklığa yol açıp kişisel gelişimi durdurabilir.

İlk üç çakra, alt üçgen olarak bilinir. Yogilere göre, dünyadaki insanların büyük bölümünün hayatını yönlendirdiği aşamayı temsil ederler. Burası duygu ve düşüncelerin yurdudur; kişinin hissettiği doğru olarak kabul edilir. Kararlar, o anın gerçekliği ve kişinin temel gereksinimlerine dayanarak alınır, daha yüksek idealleri ya da değerleri dikkate alınarak değil. Bu nedenle, bir Kundalini Yoga öğrencisinin ilk hedefi, enerjisini, bilinç ile ilişkili olan dördüncü çakraya yükseltmektir.

Dördüncü çakra ya da kalp merkezi, göğüs kemiğinin (sternum) bulunduğu bölgede yer alır ve kişinin sevgi ve sevecenliği deneyimleme ve ifade etme kapasitesi ile ilişkilidir. Bu merkezde, kişinin bilinci, çelişkili ve güvensiz duygular yaşamaktan bütün, sağlam ve istikrarlı duygular yaşamaya doğru bir değişim gösterir.

Beşinci çakra, boğaz bölgesindedir ve kişinin doğrudan iletişim kurma becerisi ile ilgilidir. Burası, gerçeği yansıtmanın merkezidir.

Altıncı çakra, Ajna çakra ya da üçüncü göz noktası olarak da bilinir ve iki kaşın arasında yer alır. Hipofiz bezine karşılık gelir ve bilgi, bilgelik ve kişinin sezgi gücünün gelişimi ile ilişkilidir.

Yedinci çakra, Shashara ya da onuncu kapı olarak da bilinir ve başın tepe noktasında, yeni doğmuş bir bebeğin başında yumuşak bölge diye bilinen noktada yer alır. Bedendeki yönetici bez olan Epifiz bezine karşılık gelir ve kişinin kendini tanıması, birliği ve tüm evreni deneyimleme ile ilişkili bulunur. Burası kişinin zaman, mekan ve nedenin ötesine geçebildiği sınırlandırılmamışlığın ülkesidir.

Sekizinci çakra, aura olarak da bilinir ve insan bedenini çevreleyen enerji alanıdır. Bir insana "renk" ya da "parlaklık" sağlayan bu çakradır ve kişinin genel zihinsel ya da bedensel sağlığını yansıtır. Geleneksel olarak aura, diğer sistemlerde her zaman bir çakra olarak kabul edilmez. Kundalini Yoga'da ise, etkin duruma getirildiğinde kişinin fiziksel bedenimizin ötesindeki yerleri de deneyimlemesine kolaylıkla olanak tanıyan bir bilinç merkezi olarak biliriz!

EK B
BİR ARMAĞAN

MÜKEMMEL SAĞLIK İÇİN KUNDALİNİ YOGA ÇALIŞMA SETİ VE MEDİTASYON

1. Sırt üstü yatarak, sağ dizinizi kırın ve bedeninizi tıpkı bir kedi gibi esneterek sol tarafınıza doğru yatırın. Kollarınız ve omuzlarınız yere değsin. Önce sola sonra sağa doğru bedeninizi esnetin, bu hareketi her iki tarafa da yirmi bir kez yapın.

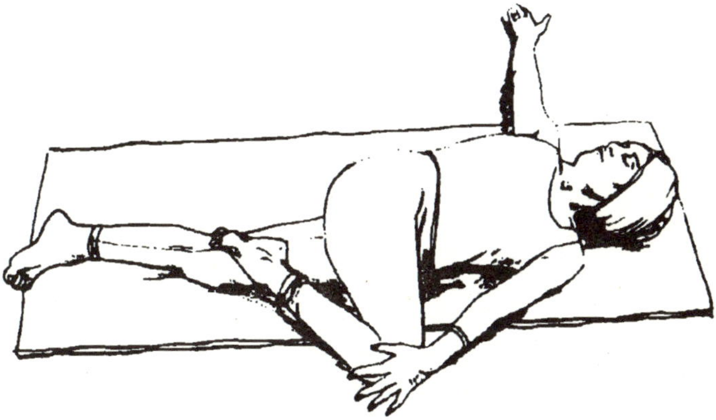

2. Sırt üstü yatmaya devam ederek, sol bacağınızı doksan derece kaldırın, sonra aşağı indirirken sağ bacağınızı doksan derece kaldırın. Bir buçuk dakika kadar, değişimli olarak bacaklarınızı kaldırmaya devam edin.

3. Yine sırt üstü yatmaya devam ederek kollarınızı ve bacaklarınızı doksan derece kaldırın, sonra iki dakika boyunca kollarınızı ve bacaklarınızı indirip kaldırmaya devam edin.

4. Yüz üstü yatın. Arkaya uzanıp sol ayak bileğinizi yakalayın ve sol kalçanıza değene dek bacağınızı çekin. Sonra sol ayak bileğiniz bırakın ve sağ ayak bileğinizi yakalayarak sağ kalçanıza değene dek bacağınızı çekin. Bir dakika boyunca değişimli olarak bacaklarınızı esnetmeye devam edin.

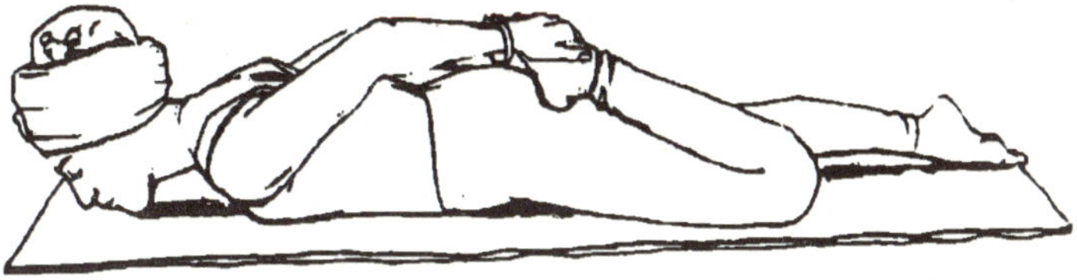

5. Yüz üstü yatmaya devam edin, her iki ayak bileğinizi de yakalayın, bacaklarınızı, başınızı ve göğsünüzü yerden kaldırıp esneterek yay duruşuna geçin. Karnınızın üzerinde tıpkı bir oyuncak at gibi ileri ve geri sallanın. Dilinizi dışarı çıkarın ve bir buçuk dakika boyunca ateş solunumu yapın.

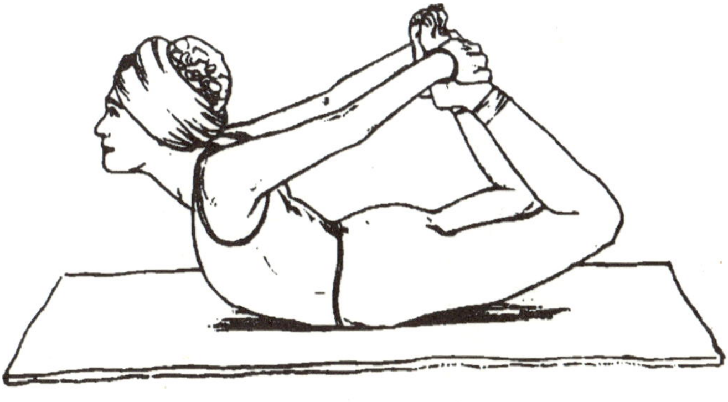

6. Hızlı bir şekilde sırt üstü dönün. İki dakika boyunca bedeninizi yukarı aşağı zıplatmaya başlayın.

7. Kobra duruşuna geçin. Karnınızı ve çenenizi yere koyun ve ellerinizi de omuzlarınızın altına yerleştirin. Başınızı geriye doğru esnetin, kollarınızı ve dirseklerinizi düzleştirerek omuzlarınızı ve omurganızı yukarı ve geriye doğru itin. Tekrar yere uzanıp sonra kobra duruşuna geçin. Hareket sırasında ne çok yavaş ne de çok hızlı olun. Bedeninizi yukarı iterken dilinizi tamamen dışarı çıkarın ve ağzınızdan nefes alıp verin. Elli dört, kobra kalkışı yapın.

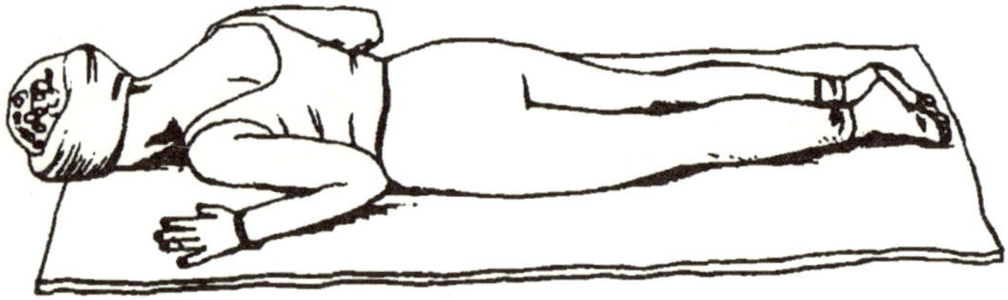

8. Sırt üstü yatın, dizlerinizi kırın ve göğsünüze doğru çekerek kollarınızla dizlerinize sarılın. Burnunuzu dizlerinizin arasına koyun ve iki dakika boyunca omurganız üzerinde ileri geri sallanın.

9. Yine sırt üstü uzanarak, bacaklarınızı ve kollarınızı ileri uzatın ve iki dakika boyunca ileri ve geri çapraz çizin.

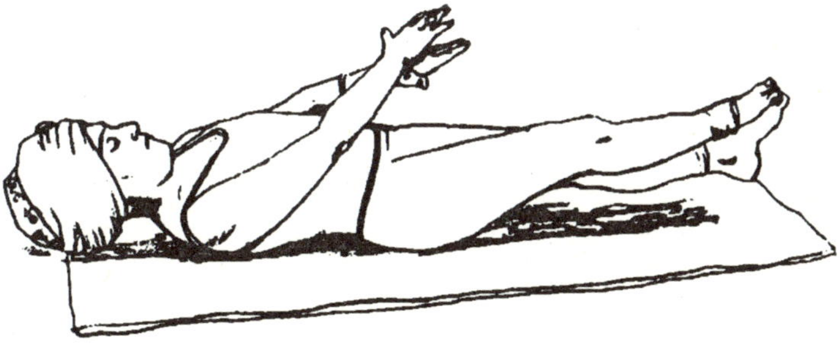

10. Sırtınızın üzerinde yarım tekerlek duruşuna geçin. Bu duruşa geçmek için dizlerinizi kırın ve ayaklarınız yere değecek şekilde ayak bileklerinizi yakalayın. Omuzlarınız ve başınız yerde kalacak şekilde omurganızı yay gibi bükün. Bu duruşta altı buçuk dakika kadar kalın. Bu sırada rahatlatıcı bir meditasyon müziği dinleyebilirsiniz.

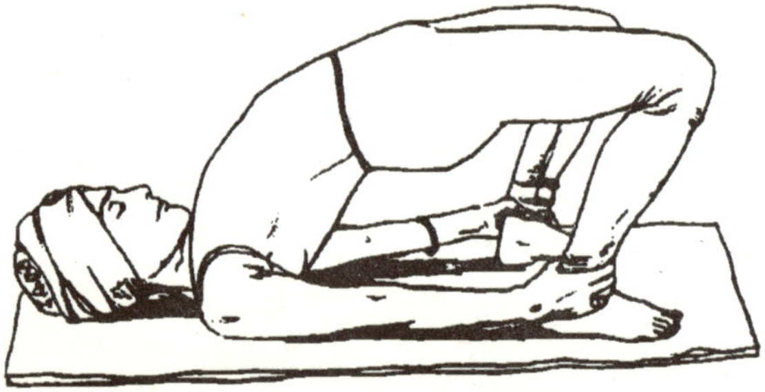

11. Karın üstü yatın ve sekiz dakika kadar daha gevşemeye devam edin.
12. Tek bir hareketle karın üstünden sırt üstü yatışa geçin, gevşeyin fakat uykuya dalmaktan kaçının. On bir dakika kadar rahatlatıcı bir müzik dinleyin.

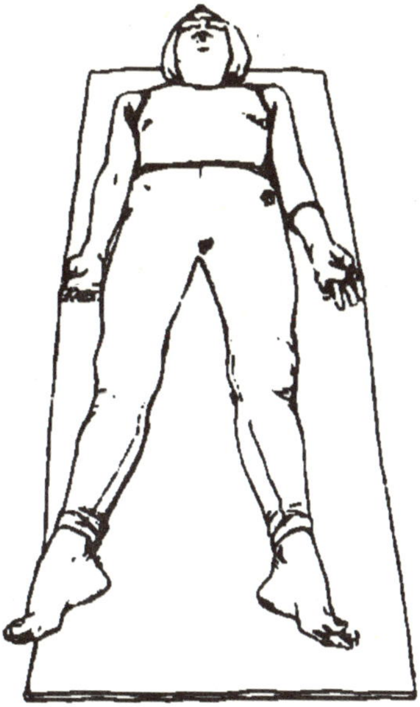

13. Ellerinizi ve ayaklarınızı çevirin. Tekrar tıpkı bir kedi gibi bedeninizi esn etin ve uyanmak için birkaç kez omurganız üzerinde ileri geri sallanın.

MEDİTASYON

Gözlerinizi kapatarak rahat bir şekilde oturun, kapalı gözlerinizin altından burnunuzun ucuna doğru bakın. Bunu üç buçuk dakika kadar yapın. Üç buçuk dakika sonra, dikkatinizi kaşların burnun üst kısmında birleştikleri yer olan güç merkezi üçüncü göze çevirin.

KAYNAKÇA

Bu Kitaptaki Deyişler Hakkında

Sevgili eğitmenim Yogi Bhajan, o kadar şiirsel bir masumiyetle konuşur ki bu kitap aracılığıyla onu sizle paylaşmak benim için tam bir kutsanma anlamına gelmektedir. Bu kitapta okuduğunuz deyişlerin çoğu ona aittir.

Diğer İlgili Konular

Bizimle bağlantıya geçmek isterseniz ya da Los Angeles'a geldiğinizde bizi ziyaret etmek isterseniz, işte adresimiz:

Golden Bridge
590 1 EW. 3rd Street
Los Angeles, CA 90036
323-936-4 172
doyoga@pacbell. net
www.goldenbridgeyoga.com

Gurmukh Khalsa'nın web adresi:
www.gurmukh.com

Kendinize yakın bir Kundalini Yoga eğitmeni arıyorsanız, aşağıdaki internet sitesinde tüm dünyadaki sertifikalı Kundalini Yoga eğitmenlerinin bir listesini bulabilirsiniz:
www.kundaliniyoga.com

Kundalini Yoga ile ilgili organizasyonları parasal olarak destekleyen ve tüm dünyaya yayılmış ruhsal ailemiz için toplantılar düzenleyen 3HO Organizasyonu'nun yıl boyu düzenlediği etkinliklerin listesini almak için www.3HO.org web sitesini ziyaret edebilirsiniz.

Kundalini Yoga hakkındaki kitap, kaset ve videoları,

Golden Temple Enterprises
Box 13, Shady Lane
Espanola, NM 87532
800-829-3970

Ancient Healing Ways
PO Box 130
Espanola, NM 87532
877-753-5351

Cherdi Kala Music
1601 S. Bedford St.
Los Angeles, CA 90035
31 0-550-6893
www.cherdikala.com

yoluyla edinebilirsiniz.